大缺貨

供應鏈斷裂、通膨飆升與地緣衝突如何拖垮全球經濟？

詹姆斯・瑞卡茲
James Rickards

吳國卿 譯

SOLD OUT

How Broken Supply Chains, Surging Inflation, and Political Instability Will Sink the Global Economy

導讀

台北論壇執行長／何思因

新冠病毒從二〇二一年年初開始肆虐，到了二〇二二年年底開始逐漸褪散。這兩年就是《大缺貨》成書的時間。「大缺貨」原文的副標題是「破損的供應鏈、惡化的膨貨膨脹、以及政治動盪如何搞垮全球經濟」。確實，從二〇二一年開始，我們就看到了全球供應鏈失靈，許多地方貨架上空空如也，但是碼頭倉庫卻堆得滿坑滿谷，貨運不出去，也運不進來。其結果就是惡化的通貨膨脹。作者認為原因既是天災，也是人禍。新冠病毒這個天災打亂了生產，也打亂了貿易運輸；它壓抑了需求，也改變了工作型態（人們可以遠距上班的就絕不進公司，不能遠距上班的，例如侍者或是生產線工人，工作成了冒險，因此寧可待在家裡）。人禍則是俄羅斯入侵烏克蘭，美中兩國的地緣政治競爭，以及各國政府對付新冠病毒的公共政策不當。

這本書總共五章。前三章講供應鏈，後兩章講通貨膨脹。

第一章說明全球供應鏈的由來及型態。這章簡單明瞭，把供應鏈的歷史及現況做了清楚的交待。

第二章把供應鏈和複雜理論連在一起，說明供應鏈的複雜性。複雜理論在數學、自然科學、以及社會科學都有相當的探討、應用。這些探討已進展到或者是用精深的數學做推測、或是用電腦作若干億次的虛擬，以解開某些現象背後的複雜性。莎士比亞，海明威，艾略特（見書中引用）都提到很多正常的現象（本書的例子就是新冠病毒發生前，我們對供應鏈的正常運作習以為常，哪有什麼斷裂的顧慮），一夕之間風雲變色，就垮掉了。複雜理論研究的就是表象下的諸多因素如何互動，導致一夕之間風雲變色。有興趣的讀者可以找一些這方面的書來讀讀。第二章結尾，作者對拜登總統的供應鏈政策大加指責，認為作秀大於實質。但對川普的諸多作為（例如用關稅打斷多國與美國之間的貿易供應鏈）卻輕輕放下。

第三章接著討論供應鏈斷裂的人禍。在了解作者所說的人禍之前，我們得先了解一九八〇年代以來的美國的政治經濟思潮。一九七〇年代中期開始美國經歷了居高不下的通貨膨脹。芝加哥學派的佛里曼認為控制貨幣供給是控制通貨膨脹的不二法門。沃克於一九七九年開始提升利率，以就是減少貨幣供給以控制通貨膨脹。一九八〇年共和黨的雷根當選總統，他篤信減稅，降低政府在經濟中規範的角色，這樣才能刺激經濟成長。這一套金融、財政、政府規範的思潮就稱為保守派，也是共和黨的思想標杆。反之，也就是金融、財政、政府規範都要擴張，則稱為自由派，也是民主黨的思想標杆。作者所說的人禍，都是基於共和黨的保守派理念。他認為供應鏈斷裂以及通貨膨脹的人禍包括：

- 氣候變遷是「偽綠色地球科學」造出來的假議題，地球氣候多少萬年來都在變遷，因此任何政府的規範都是多餘的；
- 政府限制石油、天然氣的開採，徒然減少石化原料的供應，造成能源價格上漲；
- 新冠疫苗有打和沒打差不多，更糟的是政府還強制施打，造成很多人為了避免打疫苗不去上班上工。其他政府措施例如強迫帶口罩也是毫無必要；
- 社會福利太好了，因此降低了人們的工作意願，尤其是疫情期間的社會福利措施（例如發錢給人們可以過日子、減免貸款以免生意人資金斷鏈、房租可以暫時不付，以免租房子的人流落街頭，等等）更是讓人不想工作，因而造成工資上漲，從而形成通貨膨脹；
- 認為中國經濟已經不行了（僅管中國世界上第二大經濟體），但俄羅斯復興在望（僅管俄羅斯在二〇二二年二月入侵烏克蘭，經濟因為國際制裁，狀況很糟）。

這是典型的共和黨外交政策心態。

作者認為新冠肺炎發生前（二〇一九）的全球供應鏈1.0版已經無法修復了，因此他提出2.0版。這個供應鏈2.0版完全基於地緣政治的考量，也就是國際貿易投資應該是好人一邊、壞人一邊。美國應該聯合起世界上自由民主國家把供應鏈建在自己人這邊，免得被壞人的貿易鍊威脅。他特別提出一定要把中國踢出貿易鏈2.0，但沒提俄羅斯，也沒提沙烏地阿拉伯（美國在中東重要盟友，但是是個專制政權），也沒提越南（共產國家，但對制衡中國十分重要）。作者也承認他的構想還不完整，也了解他的供應鏈2.0會提高商業成本，但全球供應鏈的重整一定要朝這個貿易投資的冷戰方向進行。

讀者在看第三章時，要想到作者對供應鏈及通貨膨脹的診斷及解方，都是根據保守主義（政治上則是共和黨）的論述。讀者可以想見自由主義者（政治上則是民主黨）如果提出他們的診斷及解方，一定和作者的看法大相逕庭。坊間也不乏自由派這方面的書，有興趣的讀者可以找來看看，對美國這方面公共政策的了解，可以有更全盤的看法。

另外，這本書是二〇二二年十二月出版的，在本書寫作時，供應鏈的斷裂到處都看得到。在台灣，讀者也許會注意到，航運股大漲了一陣，這就是供應鏈斷裂的現象（貨運不出去，或是船進不來，一船難求，因此航運股大漲）。到了現在，全球供應鏈已經逐漸修復（航運股股價也下來了），作者對全球供應鏈的預測，看來是太悲觀了點。但這並不表示作者有錯，全球供應鏈未來還是有可能斷裂，我們還是要加強對供應鏈的了解。

第四章和第五章處理通貨膨脹的問題。通貨膨脹是總體經濟學的大哉問。在疫情開始逐漸降溫，美國的經濟學家也展開了疫情對通貨膨脹影響的辯論。一派以做過財政部長、哈佛大學校長的桑默斯為代表，認為通貨膨脹一定會變得很劇烈，如果沒有像八〇年代初的緊縮政策（也就是要用經濟衰退），不足以遏止通貨膨脹。另一派以諾貝爾獎得主克魯曼為代表，認為通膨不會太嚴重，因此不必太緊張，也不必用到會引起經濟衰退的政策才能讓通貨膨脹降下來。結果是，桑默斯的悲觀派在通貨膨脹上是對的，美國的通貨膨脹率在二〇二二年七月達到高峰，九．一％。但是到了二〇二三年七月，已降到三．二％。聯邦準備理事會（美國的中央銀行）把目標利率升到五．二五％到五．五％的區間，但是並沒有引起經濟衰退，美國就業依舊強勁。拜登政府創下一九九〇年代以來的最佳就業成績，失業率在二〇二三年七月只有三．五％（美國的長期失業率是五．七二％）。桑默斯派對了前一半，疫情初緩，美國的通貨膨脹確實很嚴重。克魯曼派對了後一半，通貨膨脹緩解不需要讓經濟衰退，經濟依舊可以成長（美國現在是先進工業國家中，經濟成長最強勁的）。

在這個後見之明下，我們來看看作者怎麼處理通貨膨脹這個大哉問。第四章，作者主要採用貨幣學派的理論—也就是前面提到的佛理曼的理論—解釋通貨膨脹。他引用了諸多學術論著，其中包括了諸多影響通貨膨脹的因素（包括人口成長率、債務赤字、原物料供給等），說明通貨膨脹的現象。讀者在讀第四章時，不必搞到皓首窮經，非要把書中寫的通貨膨脹的因果關係搞個清楚。因為這是幾輩子的經濟學家都在研究的現象，不是我們搞得通的。讀者只需把幾個影響通貨膨脹的因素找出來，看看這些因素的趨勢就可以了。

第五章的主題是前面提到的兩派辯論的主題——疫情引起的通貨膨脹，到底需不需要靠通貨緊縮才能遏止？作者的預測和現在的美國經濟走向接近。作者認為通貨緊縮的力量會逐漸把通貨膨脹的力量拉下來。這一章還有個重點，就是作者認為聯邦準備理事會是個不靈光的機構，每次決策都落在經濟走向的曲線之後。例如聯準會對二〇〇七年到二〇〇九年的金融危機就沒能洞燭機先，造成金融災難。這是真的。但是聯準會在每次金融危機後，也都能收場收得還過得去。讀者看到這裡時，要問的問題是：聯準會確實有些時候不靈光，但是沒了聯準會，情況是否會變得更嚴重？那麼聯準會如果改變它的決策模式，是不是可以減少不靈光呢？答案是未必。聯準會不是只為華爾街服務，它後面還有很多老闆，包括總統、國會、民意、其他國家的中央銀行（手上持有大量美元資產），它都得顧到。聯準會這個機構，以及它的決策模式，是個政治產物，不是唯經濟掛帥。

以上請本書讀者參考。

凡有的，還要加給他，叫他有餘；
凡沒有的，連他所有的，也要奪去。

——馬太福音十三章十二節

目次

前言

有時候技術創造了如此複雜的操作，以至於人們不再了解地點是如何運作的。

——史隆（Reuben Slone）、狄特曼（J. Paul Dittmann）、門澤（John T. Mentzer），《新供應鏈議程》（*The New Supply Chain Agenda*），二〇一〇年[1]

供應鏈並不是什麼新鮮事。它們的歷史和商業一樣悠久，和文明一樣漫長。

一九八二年在土耳其南部海岸，附近一個叫烏魯布倫（Uluburun）的地方，有一位名叫卡基爾（Mehmed Çakir）海綿潛水伕發現一艘青銅時代的沉船。根據卡基爾描述他在沉船殘骸看到的東西（包括「帶耳朵」的金屬錠，被專家確認是為了方便搬運的突起），位於博德魯姆（Bodrum）的土耳其航海考古博物館展開了一系列勘查，以確定殘骸的範圍和沉船裡面的東西。潛水挖掘從一九八四年持續到一九九四年。那艘船的年代可追溯到約西元前一三〇〇年，即青銅時代晚期。這次挖掘帶來了歷來地中海出土最壯觀的青銅時代晚期文物集之一。

從船上貨物中發現的貿易貨物和藝術品，包括三百五十四個銅牛皮錠、一百二十一個橢圓形銅錠，和一噸錫。銅和錫可以合金製成青銅。其他物品包括可能在今日以色列製造的迦南罐、綠松石、薰衣草和鈷藍色玻璃錠、來自非洲的烏木、象牙、玳瑁、琥珀珠、黃金、雕像、獎章，以及刻有埃及皇后和法老阿肯那頓（Akhenaten）之妻娜芙蒂蒂（Nefertiti）名字的聖甲蟲。

這艘船還運載大量食物，包括杏仁、無花果、橄欖和香菜。貨物中還發現武器，它們包括箭頭、錘矛、匕首、斧頭，以及四把不同類型的劍，分別被確認為來自邁錫尼、迦南，和可能來自義大利。船隻本身用黎巴嫩雪松製作。

這艘在烏魯布倫發現的船沿著地中海貿易路線航行，依靠盛行風循逆時針方向往東沿非洲海岸行駛，往北時沿著黎凡特海岸行駛，往西則沿今日的土耳其海岸進入愛琴海和愛奧尼亞海，並停靠沿途的港口和宮殿。除了龐大的尺寸外，這艘船之貨物最顯著的特點是來源地和目的地的多樣性。

聖甲蟲將被運往埃及。烏木和黃金來自非洲。琥珀來自波羅的海地區。罐子可能來自黎凡特。部分武器來自邁錫尼，即今日的希臘。事實上，烏魯布倫沉船的位置，正好是在一條複雜供應鏈的中心，從今日的蘇丹到瑞典、從西西里到敘利亞，涵蓋超過五百萬平方英里的區域。這艘船從未在波羅的海或紅海航行，來自那些地區的貨物將必須運往羅德島（Rhodes）、克諾索斯（Knossos）和皮洛斯（Pylos）等地中海港口，再由商人從那裡把貨物委託船運出口，或接收在那裡交付的貨物。黃金最後將被運往波羅的海，琥珀將被運送到古代孟菲斯。這個過程沒有亞馬遜 Prime 服務那麼快，但撮合供應和需求的目的是相同的。

在西元前四世紀，亞歷山大大帝藉由縮短他軍隊的供應鏈而徹底改變了戰爭。他堅持要求他的部隊自己攜帶大部分武器和糧食，免除了漫長的供應鏈、手推車、役畜和支援人員。這給了他前所未有的機動性，使側翼行動和奇襲變成可能。亞歷山大在戰鬥中保持不敗。也許他的導師亞里士多德才是真正的及時庫存（just-in-time inventory）管理之父。

今日距離遙遠的全球供應鏈（從重慶到紐約七千六百英里）也不是新鮮事。絲綢之路從古羅馬到文藝復興時代開始繁榮，它從長安（今日的西安）一直延伸到君士坦丁堡，直線距離為四千二百五十英里。實際的陸路距離還更長，與今日的任何物流路線一樣令人生畏。絲路沿途的撒馬爾罕和喀什等城市有許多重要的市場。絲綢、玉石、寶石和香料等貨物不是由同一個商隊從頭到尾運送的，它們可以在途中的市場城市卸貨，並轉移給其他商隊。這種轉移可以媲美今日物流運輸中所稱的越庫配送（cross-docking）。一九八〇年代後期，沃爾瑪（Walmart）在零售業首創了越庫作業的做法。十二世紀的撒馬爾罕商人可能對這種說法提出異議。

從埃及到愛爾蘭跨越地中海的供應鏈，隨著七世紀和八世紀的伊斯蘭教興起而中斷，不過人類的聰明才智和對貿易的渴望從未被完全打敗。北歐人開闢了新物流路線，向東穿過波羅的海，然後沿著第聶伯河和維斯瓦河向南通往君士坦丁堡。這條路線最終繞越伊斯蘭教的障礙，並解釋了為什麼在維京人的墳墓中會發現羅馬硬幣，以及為拜佔庭皇帝提供保護服務的金色長髮瓦蘭吉衛隊（Varangian Guard）的崛起。

伊斯蘭教徒對地中海貿易的封鎖，在十一世紀末開始被十字軍打破，當時正值威尼斯共和國興起，並從十三世紀到十七世紀達到其金融和航海勢力的頂峰。威尼斯及其在熱那亞和比薩的敵對海上強權，重新開啟了過去五百年來大體上關閉的地中海與中東的貿易聯繫。今日伊斯坦堡的地標加拉達石塔，是由熱那亞人在一三四八年於義大利和拜佔庭商業的鼎盛時期建造的。即使在一二九一年聖地十字軍東征結束後，威尼斯人與黎凡特的貿易關係仍然保持著，因為穆斯林和基督教徒發現海上通道對彼此都有利而捨不得放棄。

供應鏈向來與軍事的成敗息息相關，亞歷山大大帝的例子就說明了這一點。拿破崙在莫斯科和希特勒在史達林格勒遭到慘敗，部分原因都是他們的供應鏈緊繃。

艾森豪在諾曼第登陸日取得成功的部分原因，是盟軍掌握了後勤技術，並擁有與進攻部隊保持同步的糧食、水、燃料和彈藥的補給。今日的中國軍事威脅勢必受到中國缺乏石油或天然氣的現實影響，因為中國的海上供應線很容易被封鎖。

十九世紀的帝國因為軍事和商業動機而建立了一些有史以來最長、最複雜的供應鏈。從波托西（Potosi）到剛果等地開採的貴金屬和其他自然資源，都被用來供應歐洲的製造業和支援歐洲的金融。回程貿易的產品，包括在殖民地興建鐵路和其他基礎設施的製成品和重型設備。帝國依靠軍事力量和各種奴役形式的支持，這在今日都不是好典範。但它們確實創造了世界史上從未見過的大規模貿易路線和供應鏈。

帝國時代在第一個全球化時代（一八七〇年—一九一四年）達到高峰。從普法戰爭（一八七〇年）結束到第一次世界大戰爆發（一九一四年），大國之間的衝突相對較少。帝國時代高峰和世界貿易高峰並存。凱因斯（John Maynard Keynes）在他一九一四年夏天發表的書《和平的經濟後果》（*The Economic Consequences of the Peace*）中總結了這種情況：

倫敦的居民可以一面在床上喝著早茶，一面用電話訂購全世界的各種產品，買到他認為滿意的數量，並合理地預期它們早日送到他家門口；他可以同時以同樣的方式，冒險投資世界任何地區的自然資源和新企業，毫不費力地分享它們未來的成果和好處；或者他可以自己決定或聽從資訊的推薦，與任何大陸上、任何重要城市有誠意的市民合夥進行投資。如果他願意，他可以立即以廉價和舒適的方式入境到任何國家或地方，無需護照或其他手續，並可以派遣僕從到鄰近的銀行辦公室以取得想要的貴金屬供應，然後就可以出發前往外國，無需了解外國的宗教、語言或習俗，隨身帶著鑄幣形式的財富，並且只要遭到任何一點干擾就會感覺受到莫大的委屈和驚訝。但最重要的是，他認為這種狀況是正常、必然和永久的，而且未來將朝著更加進步的方向發展[2]。

在新冠疫情時期，出國旅行並不像凱因斯在一九一四年描述的那樣容易。一直到一九九〇年代後期亞馬遜崛起前，全球購物並不怎麼方便。不管如何，凱因斯描述的全球體系隨著第一次世界大戰爆發而崩潰。

在一九一七年到一九二二年間，俄羅斯、德國、奧匈帝國和奧圖曼帝國相繼崩潰。中國的清朝在一九一一年瓦解，儘管它從幾十年前在帝國主義的影響下就已逐漸衰落。接著是從第一次世界大戰結束（一九一九年）到柏林圍牆倒塌（一九八九年）的七十年期間，世界貿易和全球供應鏈並不像一九一四年那樣無遠弗屆。

國際貿易在一九二〇年代開始復甦，但德國、奧地利和後來法國發生的惡性通貨膨脹，加上戰後曠日持久的賠款困難阻礙了進步。貿易在一九三〇年代的大蕭條中崩潰，並在第二次世界大戰期間（一九三九年—一九四五年）因戰爭物資需求而再次中斷。布列敦森林機制（一九四四年）的目的是緩解一九二〇年代匯率和準備貨幣的挑戰，但外匯管制以及德國和日本重建工業的成本，導致一九五〇年代的進展緩慢。直到一九六二年的《美國貿易擴張法》和《關稅暨貿易總協定》（一九六四年—一九六七年）的甘迺迪回合，把大部分非農產品關稅削減了三五％，使國際貿易擴張的新時代得以展開。儘管如此，共產黨中國、蘇聯及其鐵幕後的衛星國並未參與，所以由此產生的貿易體系並不是真正全球性的。

第二次全球化時代始於一九八九年的柏林圍牆倒塌。緊接著發生的是一九九一年蘇聯解體，和中國在鄧小平領導下崛起為全球貿易大國。鄧小平的改革始於一九七九年，但在一九八九年天安門廣場事件後遭到嚴重挫折。鄧小平藉由他的南巡（一九九二年）、人民幣大幅貶值（一九九四年）和香港回歸中國（一九九七年），使中國的現代化努力重回正軌。鄧小平在一九九七年去世，但他後期的努力在二〇〇一年隨著中國加入世界貿易組織（ＷＴＯ）而達到高峰。世貿組織是關稅暨貿易總協定的繼承機構；俄羅斯遲至二〇一二年才加入世貿組織。

在俄羅斯和中國開放貿易的同時，西方持續鞏固它戰後的進展。歐洲經濟共同體（一九五七年—一九九二年）成功之後，歐洲聯盟（EU）在一九九三年成立。美國、墨西哥和加拿大在一九九四年簽訂《北美自由貿易協定》（NAFTA），成為建立廣泛的低關稅或零關稅貿易區的里程碑。NAFTA在二〇一九年更新為美墨加協定（USMCA）。俄羅斯和中國、歐盟和USMCA的整合，完成了世界貿易的全球拼圖。全球貿易和全球供應鏈再次呈現出一九一四年的範圍和複雜性，但規模要大得多。

如果全球供應鏈不是新鮮事，為什麼媒體要大肆報導相關的新聞？消費者不只是每天閱讀半導體、能源和肉類，以及牛奶和雞蛋等主要食物供應鏈中斷的消息，他們還親眼看到超級市場曾經堆滿的產品被搶購一空這種中斷。隨著貨船堵塞在洛杉磯港和卡車短缺，導致即使已從貨船卸下的貨櫃也只能像煎餅那樣堆疊著，使得這種中斷的規模變得愈來愈大。

供應鏈不是新鮮事，但供應鏈管理的科學卻很新。幾千年來，商人必須應付不確定性、災禍和海盜等各種問題。一直到速度極快的電算能力、掃描、無線通信和複雜的應用數學興起並普及，商人和製造商才終於擁有足夠的工具，可以克服把大宗物資和製成品從來源運送到消費者的挑戰。「供應鏈」這個詞在一九八〇年代前幾乎沒有人使用，如今供應鏈科學已成為所有商業流程不可或缺的一部分，包括從小型零售業務到大規模企業風險管理。供應鏈管理技術在大學授課，有專家做研究，並由高級顧問提供收費諮詢。

這種應用科學帶來了驚人的突破，例如及時庫存、多式聯運（intermodal transportation）、隔夜交貨、越庫作業、無線射頻辨識系統（RFID）、全球衛星定位系統（GPS）追蹤等。這一切都是在一心一意追求效率的情況下完成的。供應鏈經理人無情地從供應鏈中縮減成本和延遲，以降低消費者的成本並提高顧客滿意度。儘管如此，這種效率仍然得付出高昂且通常是隱而未顯的代價。消除冗餘會降低韌性。在延長供應鏈以汲取中國廉價勞動力的過程中，不良後果的風險也出現指數性的擴增。當無法及時交貨時，及時庫存會導致整座工廠關閉。當唯一的供應來源因火災、洪水或地震而中斷時，貪圖唯一供應商的折扣可能導致破產。

這些類型的中斷已經被供應鏈專家辨識並且部分解決了，尚未被辨識的是複雜系統的動態。這些動態具有產生突現（emergent）的屬性，它們無法藉由完全了解系統中的每個因素來推斷。當這些屬性出現時，它們會迅速地連鎖產生一系列故障。每個系統故障都會導致鏈條中的另一個故障。這與導致雪崩、電網崩潰或海嘯的過程完全相同。一連串失控的故障就是我們今日在全球供應鏈看到的情況。

全球供應鏈失靈的負面結果之一就是通貨膨脹。供應鏈和通貨膨脹之間的關係有些是明顯易見的。商店貨架空了大半應該會導致其他產品的價格上漲。不過，通貨膨脹的故事遠比這個解釋複雜。除了供應鏈斷裂外，其他促成因素還包括貨幣供給、資產泡沫、消費者預期心理、瘟疫以及世界兩大經濟體——中國和美國——百年一遇的脫鉤（decoupling）。最諷刺的是，通貨膨脹可能會很快導致通貨緊縮（deflation），因為供應問題會跟隨著銷售減少、裁員和成長減緩。

本書探討了這些動態和它們之間複雜的相互作用。第一章著眼於供應鏈1.0（一九八九年—二〇一九年）的歷史，包括供應鏈管理科學的定義和發展。我們將解釋追求效率如何導致當前中斷的核心問題——脆弱性。供應鏈斷裂是全球性的，不只局限於半導體和船運。從香檳到乳酪蛋糕的各種東西，都可能從貨架上消失。我們將研究這種情況的原因。責怪卡車司機和港口運營商無濟於事，政治、瘟疫和人口結構都扮演部分角色。

在第二章我們將更深入地探討具體原因。川普的貿易戰、機器人、綠色偽科學、經向洋流引起的真實氣候變化、中國的新冠清零政策、強制接種疫苗，以及學術理論與真實世界實踐之間的不符，都是供應鏈崩潰的原因。造成斷裂的最大因素是複雜性（complexity）本身。任何擴展得太大的系統都會因為自身重量而崩潰。這只是時間遲早的問題。

第三章將介紹供應鏈2.0（二〇二〇年迄今）。之前的供應鏈已經斷裂，而且不會恢復初始的形式。一個新的供應鏈典範將取而代之。這將需要十年的時間才能建立，所以目前的中斷將伴隨我們一段時間。供應鏈1.0不會恢復的原因，包括習近平國家主席呼籲建立一套新世界秩序，其部分基礎是中國採購和生產的自給自足。美國將藉由製造業回流而在國內生產藥品、半導體和電子產品等關鍵產品來支援這個大脫鉤。美國也將禁止高科技出口，減少智慧財產權盜竊，並在人工智慧（AI）和量子計算方面超過中國。中國和美國都很少人知道的是，戰爭、人口、能源短缺、自然災難，以及自我挫敗（例如格拉斯哥淨零金融聯盟〔GFANZ〕這個菁英的愚蠢計畫，準備引導一百三十兆美元的資產用於停用廉價可靠的石油、核能和天然氣能源）將導致未來全球供應鏈的大洗牌。日子將繼續過，供應鏈將重建，只不過它們和不久之前的供應鏈將大不相同。

在第四章，我們將跨越供應鏈的邊界到金融，並研究當前大幅攀升的通貨膨脹。通貨膨脹是真實的，而且是全球性的。問題是它會持續多久？短期的驅動因素包括供應鏈造成的短缺、央行政策、現代貨幣理論（主張幾乎無限制的支出和貨幣創造）、政府施捨、基數效應，以及資產泡沫。儘管如此，通貨膨脹仍可能攜帶造成自身滅亡的種子。當央行試圖控制通貨膨脹時，它們更常導致市場崩潰和經濟衰退，甚至蕭條。勞力短缺是一種統計錯覺，實際上有數千萬名失業的美國人沒有包括在官方失業人數中。勞動市場的疲軟是推升物價上漲的另一個潛在因素。我們將在第五章中探討這種反通貨膨脹的論述。

世界正在快速變化已經是明顯可見的事實，甚至這還是太過輕描淡寫。但今天的挑戰不是變化的速度，而是變化的種類。當人為或自然的系統經歷物理學家所說的相變（phase transition）時，它們不會發生相同的突現。冰變成水；水變成蒸氣。它們都由 H_2O 分子組成，但它們的形式和狀態不同。

供應鏈1.0已經結束。供應鏈2.0尚未完全出現。你的貨架將時而有貨品、時而缺貨，並持續一段時間。你的錢的價值可能會被通貨膨脹或通貨緊縮扭曲，但更大的變化正在進行中。我們對金錢本身的概念可能消失，取而代之的是數位化的模擬物或實體的東西。本書將深入探究這些改變，尋找未來的線索，並為下一步做好準備。我們希望你將發現這本書有趣而且內容豐富，更重要的是它將在動盪時期成為值得你信賴的指南。

第一篇

全球供應鏈

第一章 貨架是空的

供應鏈中斷的基本特性之一是，它們幾乎從來都不是單一失靈的結果。大規模中斷通常是幾個因素集合的結果……通常有許多跡象顯示即將發生中斷。

——約西．謝菲（Yossi Sheffi），《堅韌的企業》（*The Resilient Enterprise*）[1]

沒有盡頭的供應鏈

供應鏈不是經濟的一部分，它們就是經濟。我們不可能想到有任何商品、程序或製成品不是供應鏈的一部分。這個規律適用於自然資源和人製造的物品。它適用於物件和無形的東西，它適用於商品和服務。我們沉浸在供應鏈中。諷刺的是，我們幾乎看不到它們。

「供應鏈」一詞只是我們對物流、投入、加工、運輸、包裝、配送、行銷、客戶關係、供應商關係，以及人力資本整個連結的稱呼，這些連結共同支援了地球上和太空中每一件實體的、數位的、智慧的或藝術的物品之供應和需求。供應鏈無所不在。

近幾十年來的供應鏈管理已取得如此大的進步，並帶來了如此高的效率，以至於消費者把順利的交貨視為理所當然。亞馬遜和沃爾瑪是以高效率交付高品質、低成本產品的領導廠商，但同樣高效率的廠商不在少數。供應鏈效率已經滲透到精品零售層面，業主可以上網並輕鬆追蹤從泰國藉由貨櫃送達區域配送中心的一批雕刻托盤貨品。當我們走進一家精品商店時，我們期待可以買到托盤。當我們在亞馬遜購物時，我們期待貨品第二天可以送抵家門口。我們不認為這有什麼特別。我們視它為理所當然。

在零售購物者看不到的幕後不只是一條漫長而複雜的供應鏈，還有一支由裝配線工人、碼頭工人、船員、司機、倉庫管理員和其他物流專家組成的大軍，致力於保持供應鏈的運轉。供應鏈中的環節確實會中斷，但專業者會藉由備用供應商、替代卡車運輸線路、安全庫存（因應中斷情況的額外庫存），和其他讓貨架上保持有貨物的技術，來為這類事件做準備。大部分這些事情是消費者看不到的，這也是一般人不是很了解供應鏈的原因。

大多數消費者對供應鏈的運作只有最基本的概念，很少人了解它們有多廣泛、多複雜和多脆弱。如果你到商店買一條麵包，你就知道麵包不會神祕地出現在貨架上。它是由當地一家烘焙廠送來，由店員放到貨架上，然後你買下它，帶它回家，和晚餐一起上桌。這是對一條簡單供應鏈的簡潔描述——從麵包烘焙廠到商店、再到家庭。

這種描述幾乎連表面都未觸及。把麵包從烘焙廠送到商店的卡車司機呢？烘焙廠從哪裡得到製作麵包所需的麵粉、酵母和水？用來烤麵包的烤箱呢？當烘焙麵包時，它被放在某種透明或紙質的包裝中。誰製造了包裝紙？當我們提出這些問題時，我們就從簡單的供應鏈轉向所謂的延伸供應鏈（extended supply chain），這個概念包含了供應商的供應商，並一直回溯到農產品和礦產品的來源。

即使是對延伸供應鏈的這種描述，也在一定程度上簡化了完整的鏈條。用於烘焙的麵粉來自小麥，小麥是在農場種植的，並以重型設備收割。農戶僱用工人，使用水和肥料，並把小麥送去加工和包裝後才運送到烘焙廠。

生產烘焙廠烤箱的製造商有自己的供應鏈，它包含了鋼鐵、鋼化玻璃、半導體、電路和製造烤箱所需的其他投入。烤箱可能是手工製作的（依照訂單設計），或是在工廠批量生產，可以使用裝配線或單獨的製造單元來完成工作。工廠需要電力、天然氣、供暖和通風系統的投入，以及熟練的勞工來啟動烤箱。

銷售麵包的商店位於眾多個別供應鏈的接收端。它還需要電力、天然氣、供暖和通風系統以及熟練的勞工，來保持大門敞開並保持商品庫存。這家商店設有裝卸平台、庫存後室、叉車和傳送帶，可把商品從卡車搬到貨架上。對家得寶（Home Depot）或沃爾瑪等大型商店來說，商店就是倉庫。大型商店的目的是把如此眾多的商品塞進一個商店裡，以便賣家可以省去實際的倉庫和配送中心，以便降低供應鏈成本，和提供沃爾瑪所謂的「天天低價」。

延伸供應鏈中的每個環節都需要運輸。農民依靠卡車或鐵路運送種子、肥料、設備和其他投入。烤箱製造商依靠卡車或鐵路來運交它投入的烤箱元件。烘焙廠和商店主要依靠卡車運送它們的食材或食品，包括成品麵包。消費者依靠他們的汽車前往商店和返家，解決物流專家所說的最後一英里問題。這些運輸方式都有自己的供應鏈，牽涉卡車司機、火車工程師、高速公路、鐵路、鐵路支線和能源供應，以維持火車和車輛的移動與準時交貨。

這整個網絡（農場、工廠、烘焙廠、商店、卡車、鐵路和消費者）依靠能源來維持運作。能源可以來自核反應爐、燃煤或天然氣發電廠，也可以來自再生能源，例如太陽能模組和風力渦輪機。這些能源被匯入包含高壓電線、變電站、變壓器和地方線路的電網，以到達最終使用者。

前面的每一項描述，都位於生產麵包所需要的複雜供應鏈中的某個部分。現在再想像雜貨店裡的每一項產品（水果、蔬菜、肉、家禽、魚、罐頭食品、咖啡、調味料等）所需要的供應鏈，然後想像每一家商店和購物中心提供的所有產品和服務（家居用品、服裝、藥房、五金、餐館、體育用品），以及每一種產品和服務背後的供應商形成的供應鏈。這個思想實驗一點也不誇張。事實上，這種延伸供應鏈的描述仍然是對實際供應鏈的嚴重簡化。麵包供應鏈的完整描述應追溯到更遠的地方（小麥的種子來自哪裡？）和切線方向的分支（麵包包裝紙來自哪裡？）。麵包供應鏈的完整描述還包括供應商選擇分析、品質控制測試和批量購買折扣，以及其他決策樹分支。完整的描述可以輕易增加到幾百頁，大公司的供應鏈管理手冊就有這麼長。

了解供應鏈的複雜性和普遍性的另一個方法是，讓自己置身於個人供應鏈的中心。麻省理工學院學者謝菲在他的著作《堅韌的企業》[2]中提出這種方法。謝菲的思想實驗是這樣的：

你早上聽到鬧鐘的聲音後醒來。時鐘可能是在沃爾瑪購買的，並且是在中國製造。你翻身起床（從分別由喬治亞州、比利時、印第安納州和加拿大製造各層結構的Casper Wave床墊起身），並為自己沖了一杯咖啡（來自巴西或哥斯大黎加）。你準備美味的早餐，包括雞蛋（從當地農場用卡車運來）、烤麵包（來自當地烘焙廠）和柳橙汁（從佛羅里達州以冷藏火車廂運來）。

吃完早餐後，你查看電子郵件和新聞（用一台中國製造的電腦，電腦使用台灣製造的處理器），然後開汽車（由一家日本公司於田納西州製造）去採購一些東西。你購買新時裝（泰國和越南製造），到驗光師那裡拿已經為你準備好的眼鏡（採用德國鏡片和義大利鏡架），在回家的路上為你的汽車加滿汽油（從墨西哥開採原油，用在百慕達登記的Frontline公司擁有的油輪，運送到休斯頓的煉油廠，在那裡提煉成汽油後，再以卡車運送到當地的加油站）。

你的一天繼續進行，你與全球供應鏈的個人接觸也持續著。你被來自世界各地的實體商品與服務包圍，它們被卡車、鐵路或船舶運送到區域配送和訂單履行中心，然後再運交到你當地的商店或你家門口。你是個人供應鏈的中心。

接下來我們把延伸供應鏈分析應用在你的個人供應鏈上。你的中國製鬧鐘有來自世界各地供應商的零件（半導體、銅線、塑膠模件，LED顯示幕）。你的早晨咖啡是以滲濾器或滴漏式咖啡壺沖的，這台咖啡機由德國、台灣和墨西哥供應商提供的不鏽鋼、強化玻璃、半導體和其他元件製成。咖啡豆在國外烘焙、包裝，並由馬士基（丹麥）、中國遠洋（中國）或赫伯羅特（德國）的貨櫃船以貨櫃運送到美國。這些貨櫃船本身是在南韓建造的。你購買的汽車使用台積電公司（台灣）製造的半導體。你購買的衣服是以埃及種植的棉花製成，並使用馬來西亞製造的鈕扣。

我們可以沒完沒了地繼續這種分析。馬來西亞鈕扣工廠使用的塑膠樹脂來自德國的一家化學公司。織物染料由京都的山田化學株式會社生產。這就是重點，供應鏈確實是無窮無盡的，因為每個產出都有一個或多個投入，這些投入都有自己的投入，可以一直追溯到採礦和鋼鐵等基礎產業。當然，這些產業有各自的機械和電力投入。讓這一切保持運作的是人力資本，包括從技術專長到體力勞動。供應鏈永無止境。

供應鏈中斷的情景

供應鏈不是一個物件，而是一個過程。建立供應鏈沒有單一的正確方法——這個問題牽涉到如何開發出一個能滿足低成本運作和客戶滿意度等目標的流程。這些目標並非總是能兼容的。有時候為了讓客戶滿意並贏得他們的信任和再度光顧，你會產生額外的成本。另一些時候你可能不得不辜負客戶對選項的期望，以實現顯著的節省，進而滿足客戶對低價的渴望。在這些情況下，賣家強調溝通，將期望導引至正確方向。戴爾電腦以其善於運用這種技術而廣受讚譽。他們提供有限的筆記型電腦配套功能，但以快速交付、可靠性和低廉的價格彌補這一點。客戶可能位於供應鏈末端，但他們仍然是供應鏈的一部分，需要像其他部分一樣進行管理。

延伸供應鏈不一定散布在眾多供應商和物流服務商之間。事實上，歷史上延伸最長的供應鏈之一是局限在一家公司內——一九二七年到一九四〇年這段期間的福特汽車公司。即使是研究商業史的一般學生也知道亨利・福特（Henry Ford）因發明裝配線製造而備受讚譽。他還把這個創新推得更遠。如果能夠避免，福特寧可只依賴外部供應商。他經營的是一家所謂的垂直整合公司，從一九〇八年就開始推出批量生產的T型車。福特的努力最終以一九二八年密西根州迪爾伯恩（Dearborn）胭脂河綜合廠區（River Rouge Complex）的完工達到高峰。胭脂河廠區佔地兩千多英畝，它開張時是全世界最大的工業廠區。

雨果斯（Michael Hugos）在他的《供應鏈管理要點》（*Essentials of Supply Chain Management*）書中，對福特的整合生產方法做了簡潔的描述：

> 在二十世紀上半葉，福特汽車公司擁有供應汽車工廠所需的大部分東西。它擁

有並經營開採鐵礦砂的鐵礦，它也擁有把礦砂轉變為鋼鐵產品的製鋼廠，還擁有製造汽車零部件的工廠，以及生產成品汽車的裝配廠。此外，福特還擁有農場，種植亞麻以製造亞麻汽車頂棚。他們種植可以砍伐的森林，擁有鋸木材的鋸木廠，以便用來製造木製汽車零件。福特著名的胭脂河廠區是垂直整合的紀念碑——鐵礦砂從一端進入，汽車從另一端出來。亨利．福特……吹噓他的公司可以從礦場運入鐵礦砂，並在八十一小時後生產出一輛汽車[3]。

當然，垂直整合模式在今日普遍遭到嘲笑。現代供應鏈經理人以盡可能委外生產為榮，並把他們的直接製造流程局限在所謂的核心能力上。儘管如此，隨著供應鏈的崩解和與中國脫鉤的動力增加，福特的模式再度提醒世人，複雜供應鏈不一定需要大量外包供應商。

為了尋找一個擁有多樣供應商、製造商和分銷網絡的二十一世紀供應鏈例子，我們援引專家狄特曼（Paul Dittmann）和史隆（Reuben Slone）在為惠而浦公司（Whirlpool）的供應鏈提供諮詢時的描述：

惠而浦生產各種款式的洗衣機、烘乾機、冰箱、洗碗機和烤箱，在十三個國家或地區設有製造工廠。它透過大大小小的零售商銷售這些電器，也賣給建造新住宅的建築公司和開發商。它的物流網絡包含八個工廠配送中心、十個區域配送中心、六十個地方配送中心，和將近二萬家零售和契約客戶。最重要的是，它有數千個存貨單位（stock keeping unit，SKU）。（一個存貨單位代表一種可以藉由掃描條碼識別的單獨產品。）[4]

當然，這種描述雖然聽起來很複雜，但仍然可以被視為一條簡單的供應鏈。延伸供應鏈包括採購的所有製造投入，和為從來源到製造商、到配送中心，以及到最後零售店運送貨物的運輸物流服務商。

正如前面談到，供應鏈管理的目標是降低成本並提供客戶滿意度，這些目標通常合併在效率的大項目下。如果你能提高供應鏈的效率，那麼快速交付符合期望的高品質商品，將帶來節省成本和客戶滿意度的結果。

有數百種方法可以提高效率，下文將介紹其中的許多方法。效率的最大單一驅動因素是準確的供需預測。這聽起來不言而喻。不是所有的經濟決策都可以歸結為供應和需求的曲線，交會在一個以最低價格產生最大供應的點上嗎？理論上這是真的；但在實踐中，準確的供需難以實現。

如果你確知六個月後客戶對特定時裝的需求是多少，你就可以組織整個供應鏈以達成該目標。你將向製造商下訂單，以取得完全符合所需顏色、尺寸和布料的預期款式。運輸服務商將在工廠裝卸平台排隊，以便在產品下生產線時接收產品。貨櫃和貨船航班的預訂日期將吻合來源國卡車交貨的日期。在美國入境港口的卸貨將準時進行，將有更多卡車在美國港口等待接運貨櫃到配送中心，最後再運交給零售商。這個過程將是無縫接軌和高效率的。

相反的，如果一家時裝經銷商確知亞洲工廠可以提供什麼，那麼它的供應鏈就可以量身定製，以便最大化地銷售最有可能取得的商品。如果男士的平織西裝外套比精紡羊毛西裝外套供貨更多，經銷商的行銷團隊就可以鼓勵訂購平織外套，並促銷這種特定的布料產品。同樣的，運輸物流將進行調整，以便及時運送男士西裝外套到零售店，滿足預先促銷活動所創造的需求。

現實與這些理想的供需預測無關。製造商的採購困難、其他經銷商的需求、設備故障、勞工的困難、停電和許多其他導致中斷的因素，都可能使供應變得極其不穩定。需求是不可預測的，尤其是在時裝領域，因為品味會發生變化，流行會在一夜之間突然出現，甚至意外的寒冷天氣也可能導致對毛衣的需求激增，而不是短裙。

預測供應與需求的困難是每一種供應鏈管理技術的核心。如果一家供應商可能發生中斷，你可以與兩、三家供應商簽約，以便你在必要時轉移訂單。如果洛杉磯港堵塞，你可以把運輸物流重新定向到休斯頓港。如果卡車運輸公司遇到罷工，你可以透過鐵路把貨物運送到配送中心，不同的卡車司機可以從那裡完成送貨到零售商的工作。如果出現新的時裝趨勢，你可以大幅降價並在商店傾銷庫存，同時透過空運把新時裝趕運到你最好的地點。時尚達人刺激的需求，將有助於彌補運輸成本增加所需的更高價格。供應鏈經理人和他們的銷售與流通同僚從來不休息。

儘管以強化韌性之名進行永無休止的創新，但這些都只是日常的運作。今日全球供應鏈發生的事已不再是日常的運作。當前商品和服務的採購、製造和交付發生的斷裂，已遠遠超過供應鏈 1.0 時代的常態。自第二次世界大戰（因為配給）或大蕭條（因為企業破產）以來，稀缺性正以從未見過的方式攀升。超市和雜貨店的部分貨架被搶購一空，這是已開發經濟體大多數消費者從未見過的。社交媒體上的照片和購物者的第一印象顯示，商店的情況類似第三世界國家或冷戰期間鐵幕後面的商店。即使是買得到的商品，飆升的價格也以令人聯想起一九七〇年代後期。這讓許多消費者被排除在市場之外，不是因為商品沒有庫存，而是因為他們買不起。

目前供應鏈機能失靈的程度，超過瘟疫期間發生的情況。在二〇二〇年，有關好市多（Costco）紙製品貨架被搶購一空的故事有很多。這些故事是真實的，購物者囤積衛生紙、餐巾紙和紙巾的原因並不完全清楚，也許那是消費者最擔心會用完的物品。如果是這樣，那麼作家絲薇佛（Lionel Shriver）果真是先見之明。她二〇一六年出版的小說《曼迪波家族》（The Mandibles）描繪了不久的未來將發生一場金融崩潰，和生活受到的影響。她的角色們針對一群人如何在沒有衛生紙的擁擠房子裡相處做了深入的討論。最後衛生紙問題解決了，責任也分配了。大多數好市多購物者不太可能閱讀絲薇佛的書，但她的訊息似乎已散播出去[5]。

儘管紙製品貨架是空的，但好市多和大多數其他商店，在新冠疫情早期階段仍然庫存充足。如果商店因封鎖而關閉，購物者只要轉移到網路上訂購即可。亞馬遜和沃爾瑪很樂於接網路訂單。它們和 Netflix 等其他因封鎖受益的公司股價大幅飆升。你無法在商店買到或電影院看到的東西，可以直接運送到你家門口，或直接串流到你的螢幕上觀賞，日子照舊過下去。

今日的情況不一樣了。除了紐約、洛杉磯和華盛頓特區等較不平靜的地區外，大多數商店都開門營業。問題是部分貨架空了。線上購物並沒有像二〇二〇年那樣提供緩解，因為包括亞馬遜在內的所有線上供應商，都遭遇和實體商店一樣的供應鏈斷裂。

線上購物者仍然會找到一些友善的網站有他們想購買商品的漂亮圖片，但是只有在你下訂單時，才會發現商店沒有你要的尺碼、款式或顏色的庫存。我最近試圖從 Brooks Brothers 的網站購買一些牛仔褲，我毫不費力地找到網頁和產品，但唯一有貨的腰圍是三十英寸。抱歉，我的腰圍稍大了些。我的線上體驗與到實體商店卻發現空貨架沒有什麼不同。如果貨品被困在加州海岸附近的貨櫃船上，不管你流覽商店走道或是上網都無濟於事——你不會很快買到這些貨品。

我們很快就會解釋供應鏈斷裂的技術原因，但另一種解釋方式是透過軼聞。學術經濟學家不喜歡軼聞——基本上就是說故事——因為它可能比較主觀和難以定量。得到的結果也無法納入他們的封閉式方程式。那種觀點荒謬至極，最複雜的經濟體只不過是數十億人單獨行動或透過代理做出的數十億個決策的總和。每一個決策背後都有一則故事。只要離開你的辦公桌，走出去，去旅行，與路上遇到的人交談，就是聽故事和了解正在發生什麼事的好方法。以下是解釋史無前例供應鏈崩潰的眾多故事中的幾則：

彷彿是為了證明供應鏈問題不只局限於半導體和重要藥物，《紐約郵報》在二〇二一年十二月十八日報導，耶誕節的準備工作已遭遇拐杖糖短缺的障礙。經濟糖果店（Economy Candy）的店主科恩（Mitchell Cohen）表示：「我們只收到耶誕假期糖果訂單的一半貨品，而且幾乎馬上就賣光。我們目前的庫存為零。」[6]雖然拐杖糖稱不上是重要商品，但短缺的原因指向更深層的問題。薄荷作物歉收和受新冠疫情影響的物流中斷造成雙重打擊。不幸的是，拐杖糖短缺也加劇了用這種紅白條紋糖果裝飾的薑餅屋的短缺。

奶油乳酪是另一種感受到供應鏈中斷影響的熱銷食物。奶油乳酪短缺歸因於幾個因素，包括卡車司機短缺、製造業勞工短缺，以及封鎖和隔離導致人們在家裡增加奶油乳酪的消費。像往常一樣，最初的短缺會產生連鎖反應。紐約的貝果消費受到缺乏奶油乳酪的影響；布魯克林地標性的Junior's餐廳因為缺乏奶油乳酪而不得不暫停生產其世界著名的乳酪蛋糕；Junior's乳酪蛋糕，由八五%的奶油奶酪製成[7]。

超級市場正爭先恐後地保持熱銷商品的庫存。家樂氏（Kellogg）報告說，該公司一直追趕不上對其品客（Pringles）品牌薯片的需求。金寶湯公司（Campbell Soup）表示，正在努力滿足其Prego系列醬汁的訂單。受歡迎的榛果可可醬品牌能多益（Nutella）在雜貨店的貨架也供不應求。超市經理人描述保持商品庫存的過程就像打鼴鼠遊戲（Whack-a-Mole），新短缺出現比舊短缺解決的速度快[8]。能多益短缺是供應鏈中斷如何根深蒂固的另一個例子。能多益是以榛果製作的，土耳其提供了世界榛果產量的七〇%。土耳其的貨幣危機使榛果種植者幾乎不可能獲得肥料、種子和其他基本投入。據《華爾街日報》引述土耳其出口專家盧爾費卡（Turgan Zülfikar）的話報導：「世界正瀕臨榛果短缺。」[9]為什麼小亞細亞的貨幣危機會導致聖地牙哥的三明治抹醬短缺？這個問題可能很難一眼看出，但這就是細長、複雜的供應鏈的本質。鏈條遙遠角落的干擾可能以不可預見的方式產生全球連鎖反應。

二〇二二年除夕夜的狂歡者不得不面對香檳短缺的問題。在美國買得到國產的氣泡酒，但真正的香檳在許多地方很難找到，包括 Veuve Clicquot 和 Taittinger 等流行品牌[10]。稀缺的原因並不完全是葡萄酒本身短缺。瓶子的標籤、禮品盒包裝，甚至瓶子頂部固定軟木塞的鐵絲籠都短缺。這種短缺也是預測供需原本就很困難的一個例子。與二〇一九年比較，二〇二〇年的香檳消費量下降了一八％，部分原因是疫情期間的封鎖。香檳生產商在二〇二一年調降產量目標，卻因為需求激增而措手不及。《葡萄酒愛好者》（*Wine Enthusiast*）雜誌估計，香檳短缺可能會持續數年[11]。該雜誌引用頂尖供應鏈專家瓦基爾（Bindiya Vakil）的話報導：

> 「看起來供應鏈問題將持續到二〇二三年。」瓦基爾說。勞力和原材料短缺、港口瓶頸和氣候變化，是延遲全球香檳生產和運輸的關鍵因素。不幸的是，我們目睹這個產業正值一年中最繁忙的時候，香檳供應卻無法趕上需求的增加。

軼聞不限於新聞報導和產業研究。通常最好的消息來源是那些在第一線的人。有一天晚上我在一家地方的海鮮餐廳吃晚飯時，我問我們的服務生，這家餐廳的運營有沒有碰到供應鏈問題。她說：「有，絕對有。」我要求她描述是什麼問題，並預期她會說出一種或多種可能供不應求的食物。但她出乎我意料地說：「我們的桌布來不及更換使用。我們一直缺少餐巾紙和桌布。」我沒有研究桌布延遲的根本原因，雖然洗衣店的勞力或洗衣車司機短缺是很可能的解釋。重點是，如果沒有直接碰上商品和服務短缺，你就不知道從什麼方向探究。

短缺並不局限於食物和飲料。獵人和射擊手很熟悉彈藥嚴重短缺，包括許多AR－15步槍中使用的五點五六毫米子彈，以及最常用的點三五七麥格農和十毫米等手槍子彈。生產限制只是短缺的部分原因。主要原因是二〇二〇年美國城市的暴動刺激需求激增，以及二〇二一年主要城市的謀殺率急劇上升。這些事件導致自衛槍枝銷售大增。沒有彈藥，槍枝就沒有用處，因此槍枝購買增加，很快轉化成彈藥需求也急劇成長。彈藥短缺是意外需求造成的，而非供應不足所引起，但這並不改變供應鏈未能完全達成其目標的事實。彈藥短缺的後果之一是價格急劇上漲。美國國家射擊運動基金會的奧利維亞（Mark Olivia）告訴記者史托勒（Matt Stoller）說：「AR－15步槍的五點五六彈藥，過去每發約三十三美分，現在已漲到每發接近一美元[12]。」這也說明了供應鏈失靈與消費者通貨膨之間的緊密關係。

供應鏈問題不限於發生在商品，還包括服務。我最近與一位律師討論德拉瓦州一家企業顧問客戶遭到訴訟的威脅。當然，訴訟應該盡可能避免，但威脅必須認真對待。威脅方的總部設在瑞士，所以未必熟悉德拉瓦州的待審案件登記。律師說：「如果他們提起訴說，一定會後悔莫及。受到新冠疫情影響，法院無法審理案件，待審案件已經累積多年。如果他們執意訴訟，他們能在二〇二三年年底之前獲得審理就已經很幸運了。」連法律供應鏈也堵塞了。

供應鏈大師蘋果和亞馬遜分別報告它們的系統面臨的挑戰。據《華爾街日報》報導，蘋果在二〇二一年一月二十八日的季度財報電話會議上說：「供應鏈中斷正在阻礙 iPhone 和其他產品的製造，並為重要的耶誕購物季帶來更多挑戰。」該報也報導：「亞馬遜公布的第三季銷售低於預期，原因是勞動力和供應鏈的挑戰使成本增加了二十億美元，導致更難滿足需求。該公司不得不重新調整產品路線，並在某些區域出現人員配置不平衡的情況。」[13]亞馬遜的常客顯然已經注意到，在某些情況下的隔夜或兩天交貨保證已被取消，而不確定交貨期限則延長了三到五天不等，從下訂單後兩天開始算起。亞馬遜對客戶坦誠相告值得嘉許，但交貨期限保證縮水說明了很多事。

供應鏈中斷不只出現在美國的商店和經銷商。它們是全球現象。受到全球能源短缺波及，印尼在二〇二二年一月禁止向中國出口煤，以確保冬季的國內煤供應。

印尼是中國最大的煤來源國，約佔中國煤進口總量的六〇%。在此之前中國已切斷從澳洲的煤進口，原因是澳洲呼籲，對中國武漢實驗室釋出新冠病毒進行獨立調查，導致兩國之間的貿易戰。中國有能力從其他來源進口煤來因應印尼的禁令和對澳洲的抵制。儘管如此，這種長期供應鏈通路陷於混亂和相關成本上升，是全球供應鏈崩潰的另一個徵兆。

二〇二一年十二月，羅馬尼亞最大的化肥供應商 Azomures 表示，面對能源成本高漲，它將減少產量[14]。歐洲的天然氣價格正在飆升，而天然氣是氮基肥料的主要原料之一。全球的其他化肥公司也宣布類似的減產，包括美國的ＣＦ工業控股、立陶宛的 Achema、挪威的 Yara，和德國化工巨頭巴斯夫（ＢＡＳＦ）。隨著減產持續，人們愈來愈擔心春季種植季節的化肥短缺，將對歐洲的作物生產造成不利影響，進而可能導致二〇二三年年底的糧食短缺。供應鏈中斷從來不只局限於眼前的短缺，而是會蔓延到相關行業和鏈條下游的短缺。這是短缺會助長通膨和通膨預期的又一例證。

南韓是全球供應鏈動盪的另一個來源。二〇二一年十二月二十八日，南韓《中央日報》報導，南韓最大的供應鏈管理公司ＣＪ物流的工人，因為未獲加薪而罷工，儘管運輸成本上升使他們的公司受益[15]。ＣＪ物流的工人罷工將導致南韓的進出口運作中斷，送貨司機也有可能加入罷工行列。從表面上看，一樁地方的勞資糾紛不應該產生全球性的後果，但當供應鏈為了追求效率而繃得太緊時，它們就會產生全球性的後果。橡皮筋可以伸縮，但拉太長就愈會斷裂。

二〇二二年三月一日，商船費利西蒂艾斯號（Felicity Ace）因為二月十七日開始的火災而在亞速爾群島附近沉沒。該船運載了四千輛豪華汽車，包括保時捷、奧迪、賓利（Bentley）和藍寶堅尼（Lamborghini）等車款。沒有人為富有的買家流淚，但經銷商和銷售人員面臨了長達數個月、代價高昂的供應鏈延誤。二〇二二年三月二十日，加拿大太平洋鐵路公司發生勞資糾紛，牽涉退休金和加薪的爭議，而管理人員罷工導致的火車停駛更加劇了這場混亂。罷工只持續幾天，但和所有複雜系統一樣，它的影響持續了更久。二〇二二年四月四日，新加坡海事及港務管理局宣布，正在調查三十四艘船收到遭汙染燃料的案件，其中十四艘船嚴重受損。檢查和清理導致航運嚴重延誤。雖然這些案例都可以個別處理和解決，但就是這種小事件的積累，導致緊密連結的系統發生骨牌式的崩潰。

媒體報導豐田汽車因為無法從越南供應商獲得零組件，而停止其兩家日本工廠的生產，凸顯出全球交互關聯的特性。反觀越南的零部件製造商遭遇勞動力短缺的傷害，部分原因是新冠疫情爆發，疫情很可能是始於中國實驗室洩漏的致命病毒。

因此來自中國的病毒導致越南零部件短缺，進而導致日本汽車短缺，最終表現為日本汽車購買者面臨供應減少和價格上漲。供應鏈在順利運作時很有效率，在發生中斷時則帶來毀滅性的影響。

供應鏈中斷的影響並不局限於供應鏈本身的供應商和消費者。空貨架和延遲更廣泛地影響消費者的行為，囤積就是一個顯而易見的表現。如果你在雜貨店尋找自己最喜歡的商品之一（例如白醬）時發現貨架空了，你會感到失望。當你下次再去購買時，你可能發現白醬有庫存，即使其他物品已經賣光。如果你通常是購買一罐白醬，那麼這次你可能會購買三罐，以便在家中建立自己的安全庫存。你希望保護自己免於下次購物時受到商品缺貨的影響。這在個人層次上是明智的，但只需要四、五個顧客做同樣的事就可能再次買光該物品。這變成一個自我實現的預言，因為未來的顧客很快會發現同樣的空貨架，這將促使更多顧客囤積更多貨品。過去出現在商店貨架或倉庫的庫存，現在藏在全城的廚房櫥櫃中。這促使該商店的經理人（和許多其他商店的經理人）訂購更多，其結果是導致供應鏈更加堵塞。沒有簡單的方法可以解決這種行為適應（behavioral adaptation），因為它會自我強化。

另一種行為適應——剋扣式通膨（skimpflation）——也已出現[16]。它指的是服務商以一致的價格提供熟悉的服務，但服務的品質縮水到等於以相同價格提供較少產品和服務。換句話說，服務商剋扣服務。那就像以同樣價格銷售洋芋片，但把包裝大小從十二盎司降到十盎司。記者歐倫（Helaine Olen）描述這種現象：

剋扣式通膨是旅館不再提供每日的客房清潔服務，或是餐廳以提供QR碼取代紙質菜單。也是銀行僱用的電話接線生不夠多，讓你打進電話時必須苦苦等候有人接聽。或者像美國的航空公司在疫情放緩後未及時僱回員工，以至於樞紐城市發生天氣問題，就會使數千人的行程陷入混亂。

奧倫描述的情況還有許多其他例子。我最近住在紐奧良的一家知名旅館，我必須記下一則電話訊息，所以到處尋找在較好的旅館客房一定會提供的筆和便條紙，但卻找不到。我下樓到大廳的禮品店買了一枝筆，但禮品店因為疫情而關門。最後我絕望地去門房乞求一枝筆，她慷慨地從辦公桌拿了一枝筆給我，讓我十分感激。儘管如此，這枝向來是免費提供的筆讓我費了好大工夫才拿到。當你以相同的價格獲得更少的服務時，你就碰上了剋扣式通膨。

拜登政府聲稱供應鏈危機已經在二〇二一年十二月下旬結束，因為耶誕包裹都已準時寄達。總統新聞秘書莎琪（Jen Psaki）喊道：「我們拯救了耶誕節。」拜登本人說：「今年秋季稍早，我們聽到許多可怕的警告，說供應鏈問題將導致假期前後的危機。所以我們行動了……而各方預測的危機並沒有發生。包裹順利運送，禮物準時交貨，貨架沒有空。」[17]

這大多是胡說八道，貨架空空如也。沒錯，優比速（UPS）、聯邦快遞（FedEx）和亞馬遜Prime運送的包裹大多準時交付，但那是因為美國人在十月時聽說供應鏈緊繃而提前訂購。另一個原因是經銷商可能用光它們的安全庫存以滿足需求。這種做法曾經管用，但是當安全庫存用光後，供應鏈中的任何失靈都會迅速顯現出來。準時交貨也是自己選擇的結果，因為如果供應商註明沒有貨品或不太可能準時交付，顧客根本就不會訂購它們。如果你只訂購可以交付的東西，那麼準時交付就應該不足為奇，這略過了所有想購買但沒有人訂購的商品。拜登和莎琪錯誤解釋了這些訊號[18]。

似乎是為了凸顯供應鏈短缺正在惡化而非好轉，二〇二二年四月出現了最嚴重和最具威脅性的一種情況——嬰兒配方奶粉短缺。這不只是造成不方便，而是可能損害數百萬名嬰兒的健康，和讓父母和照顧者感到焦慮。嬰兒配方奶粉不是普通商品，而是有經過審慎調製的配方奶粉，專為患有過敏、呼吸道不良反應和會因牛奶和其他替代品引起疾病的嬰兒提供營養。許多人無法選擇哺餵母乳，有些嬰兒也不適合母乳。早在二〇二一年秋季一些媽媽就發現配方奶粉短缺；當然，造成短缺的政府官員是最後知道這個問題的人。

與大多數政府製造的禍害一樣，這件事有許多失敗點。亞培（Abbott）公司透過密西根州斯特吉斯（Sturgis）的一家工廠，提供約四二%的美國嬰兒配方奶粉，包括心美力（Similac）和Alimentum等受歡迎的品牌。美國食品和藥物管理局（FDA）在二〇二二年二月發出一封警告函，把近來的嬰兒死亡案例與亞培工廠的情況牽連在一起，導致亞培關閉該工廠。但深入調查後並未發現死亡與該工廠之間的關聯。儘管如此，對供應鏈的傷害已經造成。包括雀巢、利潔時（Reckitt）和Perrigo在內的其他供應商，都無法彌補損失的產量。

FDA剛開始的失誤被美國農業部（USDA）進一步放大。USDA管理婦女、嬰兒和兒童特殊補充營養計畫（WIC），而WIC計畫覆蓋一半的美國配方奶粉市場，它的規範要求每個州都要有一家唯一的配方奶粉供應商。如果這家唯一供應商的品牌產品售光，WIC禁止媽媽們購買不同品牌的配方奶粉。負擔得起的富裕母親可以更換品牌，但較貧窮的母親只能選擇不餵嬰兒，或購買沒有WIC的昂貴配方奶粉。與任何短缺一樣，囤積現象因而出現。很快的，所有人都買不到不論有無ＷＩＣ的配方奶粉。

在公眾強烈抗議之後，拜登總統援引以維護國家安全為宗旨的冷戰法規「國防生產法」，徵用民用飛機從海外運送必要的原料，雖然沒有證據顯示原料出現短缺。瓶頸發生在工廠和物流通路而非原料供應。與拜登做的大多數事一樣，國防生產法的公告都是為了作秀，對解決問題沒有任何幫助。

二〇二二年年初，美國各地發生一連串離奇的食品加工廠火災和爆炸案，對供應鏈中斷和糧食短缺帶來雪上加霜的打擊。二〇二二年二月二十二日，俄勒岡州赫米斯頓（Hermiston）一座Shearer's食品公司的洋芋片加工廠發生爆炸並起火。公司主管估計，重建工廠設施需要長達十八個月的時間。二〇二二年四月十三日，一架小型飛機墜毀在愛達荷州海本（Heyburn）的一座馬鈴薯加工廠。同樣在四月十三日，加州薩利納斯（Salinas）的泰勒農場食品廠，因為四次火災警報而停擺。四月二十一日，另一架小型飛機在喬治亞州科文頓（Covington）的通用磨坊工廠墜毀並爆炸。其他爆炸和火災發生在德州聖安東尼奧和埃爾帕索的食品加工廠。根據報導，從三月下旬到四月下旬的一個月期間，食品加工廠發生了十幾起火災和爆炸事件。沒有證據顯示這波食品工廠事故是出於陰謀或刻意破壞。儘管如此，這種巧合十分驚人，對食品供應鏈的不利影響也不容否認。

問題的核心

有無數例子和軼聞證明供應鏈危機的嚴重程度。儘管如此，有兩個行業比其他行業更關鍵，因為它們影響了許多供應鏈，這兩個行業是半導體和汽車。在進一步探討供應鏈診斷和列出全球供應鏈崩潰的原因清單之前，我們將先詳細考量這兩個行業。

半導體是稱為晶片的小型化積體電路，由數十億個電晶體、電容器和電阻器組成，分層鋪在矽上。半導體不只是其他設備的零件，它們是我們使用的大多數實體和數位系統的心臟、大腦和肺。電腦和智慧手機是半導體最明顯的用途，但它們還只是整體用途的表面。你的洗衣機、烘乾機和洗碗機都有內嵌晶片，可以調節溫度、週期和時間。你的咖啡機、冰箱、家庭警報系統、跑步機和恆溫器也是如此。最重要的是，如果沒有由半導體控制的訊號和感測器，你的汽車將無法行駛。工業設備和機器人技術靠半導體運行，這些和其他更多應用都被納入物聯網（IoT）的大項下。這些裝置不但在你使用它們時與你互動，它們還會與設備製造商進行通訊。這就是為什麼你會定期收到電子郵件或簡訊，詢問你是否需要更換印表機墨水匣、汽車機油或新濾水器的原因。裝置已經知道答案並提示你採取行動。在一個暗藏凶險的趨勢中，這些裝置還可以互通訊息。社區中的一組 Alexa 監聽裝置可以相互通知被認為不尋常的事情。我們距離 Alexa 打電話給員警——或聯邦調查局——只有一步之遙。

半導體不只是無所不在；它們構成了全球經濟的龐大部分。全球 GDP 的二二％以上是由半導體推動的數位經濟活動組成。半導體是世界上第四大的貿易產品。智慧手機和電腦中使用的晶片嵌入事先設計的功能，包括中央處理單元和圖像處理內核。智慧手機、個人電腦、伺服器和記憶體佔整體半導體應用市場的六〇％。剩下的四〇％屬於工業電子、消費電子、汽車和無線基礎設施應用。我們生活在智慧家庭，並在智慧廚房中做飯。一輛典型的汽車有超過一千四百個半導體，用於處理從安全帶警告燈到引擎轉速各系統的資訊。你的汽車是有輪子的電腦。半導體就像空氣——它們無所不在，沒有它們你就無法生存。

這意味著全球供應鏈與全球半導體供應鏈是一體的。即使是像紡織品和有機農產品這種軟商品，也是使用半導體的設備製造和運輸。不幸的是，全球半導體行業高度集中在源頭。二〇二〇年年全球半導體製造業收入的六〇％以上來自一個國家——台灣。超過五四％的全球營收由一家公司創造——台灣積體電路製造

（tsmc）。全球半導體製造業營收佔比超過一〇%的唯一另一個國家是南韓，佔比達一八%；幾乎所有佔比都由三星（Samsung）創造。台積電和三星的重要性不只是它們的市場份額，也是因為它們生產幾乎所有最先進的晶片（現在是五奈米級，很快將達到三奈米級）。共產中國是一個相對較小的參與者（約佔全球產量的二五%），且幾乎沒有最先進的晶片產能。這種高度集中的來源對任何製造業投入來說，都違背供應鏈風險管理人的建議。多樣的採購來源可以在發生中斷時保持韌性。但高度集中是現實。

現在，這種集中正以供應鏈瓶頸的形式付出代價。二〇二一年十月二十八日《華爾街日報》報導[19]：

全球半導體短缺正在惡化，等待時間拉長了，買家紛紛囤積產品，要想結束這種短缺可能到明年才會實現。需求沒有一如預期那樣放緩。供應路線發生堵塞。無法預測的生產問題，打擊已經全能運轉的工廠。

結果就是製造商和買家都普遍面臨困惑。為企業尋找晶片的電子零件經銷商Princeps電子公司營運總監渥克（Ian Walker）表示，一些嘗試下新訂單的買家得到的交貨日期是在二〇二四年。

渥克說：「我們真的感覺好像已經用光存貨了。」

這個瓶頸不只是半導體製造商造成的延誤。晶圓廠本身在採購自己的投入方面也遭遇了困難，包括基材（以細銅線連接晶片到電路板的樹脂面板），甚至是製造晶片的純矽所不可或缺的矽石。建造一座新的基材工廠可能需要長達兩年的時間。基材供應的延遲預計將持續到二〇二三年或更晚。其他延誤因素是德州的惡劣天氣和相關能源短缺導致晶圓廠關閉，以及馬來西亞與疫情有相關的晶圓廠關閉所造成。即使是製造出來的晶片也會遇到影響交付的其他供應鏈瓶頸，包括全球運輸的延誤。在這類情況下，終端使用者往往訴諸過度訂購和囤積，導致情況更加惡化。這是很少單一事件能導致複雜系統故障的另一個例子：它通常是事件的匯聚——在這種情況下是投入、天氣、運輸和疫情等事件的匯聚。

半導體短缺的影響立即表現為汽車短缺。疫情促使紐約和洛杉磯等大城市的人口外逃到郊區和農村地區。這導致對新車的需求激增，因為那些習慣於公共交通或在城市中心散步的人現在開車上路了。通用汽車和福特等汽車製造商無法跟上新車的需求，原因是半導體短缺，而半導體是二十一世紀汽車的大腦。即使是生產出來的汽車也無法輕易運送到經銷商，因為鐵路公司僱用的人手不足和送貨的卡車司機短缺。疫情導致的封鎖和缺勤，也使經銷商本身無法為客戶提供全面服務。從半導體到汽車廠、從運輸物流到客戶服務的供應鏈全都陷於困境。而供應鏈困境再一次直接助長了通貨膨脹，導致二手車價格也大幅飆升。這些二手車可能有人用過，但至少你可以用一定的價格買到。對於那些需要汽車的人來說，它們是城裡唯一的選擇。

這些限制因素並不容易緩解。觀察家們審視卡車司機短缺的情況說：「只要僱用更多司機就能解決！」然而司機並不急著接受被許多人認為沒前途的工作（部分原因是機器人和無人駕駛車輛的出現），車隊運營商也不急於僱用更多司機，因為萬一瓶頸減輕，它們將不得不在六個月後解僱他們。當然，這些情況或多或少都確保了瓶頸不會減輕。

記者古德曼（Peter S. Goodman）描述一位卡車司機在汽車運送中心工作的情況[20]：

皮涅加（Dave Pinegar）已經上路三個小時，他從堪薩斯州威奇托（Wichita）的家往西南方行駛近二百英里來到到這裡。

「早起的鳥兒有蟲吃，兄弟。」他說。

他滾動瀏覽選項。跑一趟俄克拉荷馬州的斷箭城（Broken Arrow）可以為他賺四百五十二美元，而跑更長途到阿肯色州馬耳威恩（Malvern）可以賺七百一十七美元。最長的路線——到俄亥俄州巴達維亞（Batavia）六百四十一英里的路程——可以賺九百二十九美元，但至少會讓他遠離妻子和兩個女兒一個晚上。

他選擇一趟可以回威奇托的行程，只能賺二百九十九美元。如果沒有任何意外，他將在中午回到家。皮涅加運送的貨物顯示出供應鏈的複雜性。

首先，他將在堪薩斯州恩波里亞（Emporia）的一家經銷商停留，卸下三輛在南韓工廠生產的雪佛蘭開拓者（Trailblazer）休旅車。然後他將繼續前往威奇托，載運兩輛費爾法克斯工廠生產的雪佛蘭Malibus，和兩輛凱迪拉克——一輛在密西根州蘭辛製造的CT5轎車，和一輛德州沃思堡附近生產的Escalade休旅車。最後還有一輛在墨西哥製造的藍色雪佛蘭Silverado皮卡車。

有時候他得面對憤怒的經銷商為汽車花了多久時間才送達而生氣。但近幾個月來因為晶片短缺讓汽車變成貴重商品，以至於他經常受到掌聲歡迎，甚至在他卸貨時有人為他錄影。

「我感覺自己像是聖誕老人。」他說。

早上六點鐘剛過，第一縷曙光從鉛色的天空中滲出時，皮涅加開始把分派給他的汽車開上他的拖車坡道，好像在馬戲團耍特技那樣。然後他把拖車開出大門，消失在州際公路上。

從這時候起如果出任何差錯，容錯的餘地就變得小多了。

在半導體和卡車運輸呈現的動態，也出現在紡織、飛機維修、採礦和許多其他行業。這些供應鏈有各自的瓶頸，但當一個供應鏈的產出是另一個供應鏈的投入時，或者一個運輸環節是多種產品的管道時，它們就會相互影響。這種相互依存的關係是供應鏈此種複雜動態系統的本質。

為什麼我們不能修復供應鏈？

既然供應鏈科學已經有長足的進步，供應鏈中的問題也能找出來，那為什麼不能解決呢？如果港口堵塞，為什麼不延長港口開放的時間？如果卡車司機短缺，為什麼不僱用更多司機？如果某些地區存在能源短缺，為什麼不增加頁岩油和天然氣的能源供應？同樣的簡單邏輯可以應用於一長串供應鏈問題上。問題不會在一夜間得到解決，但只要堅持不懈和耐心，供應鏈就可以修復，並儘快恢復到二〇一九年之前相對平穩的運作。這不就是一個分配資源給已知的問題，並給修復過程一些時間的問題嗎？

答案是否定的。當複雜動態系統發生崩潰時，它們無法重新組合起來。崩潰需要時間才能產生影響；系統的規模愈大，這個過程花費的時間就愈長。一旦崩潰導致一種簡化的狀態空間，系統就可以沿著新的架構重建。崩潰和重建標記了從供應鏈1.0（一九八九年—二〇一九年）到供應鏈2.0（二〇二〇年—）相變。新的供應鏈與它所取代的供應鏈將絕少相似之處。重建過程至少需要五年時間。在這段期間，供應鏈並不可靠，除了自給自足外，別無選擇。

在第二章我們將探討供應鏈科學，並研究複雜性（complexity）在當前斷裂中的角色。第三章我們將探討建立新供應鏈的地緣政治和經濟障礙，和它們將推動重建朝不同的方向發展。在本章的其餘部分，我們將列出當前斷裂的原因。這份清單將清楚呈現為什麼當前的供應鏈無法重建，以及為什麼消費者遭遇的短缺將持續存在。

目前最流行的說法是，貨物供不應求，因為貨櫃船在洛杉磯港堵塞，無法卸載貨物。洛杉磯港是美國最大的港口，也是世界最大的單一供應鏈瓶頸之一。洛杉磯的堵塞很容易讓人以為港口運營商工作不夠努力，或者卡車司機沒有及時把船上卸下的貨櫃移出碼頭。無論你責怪託運人還是卡車司機，似乎都可以輕易找到應該負責的人。剩下的就只是命令每個人工作更長的時間、更努力打破瓶頸，問題就能解決了。

除了一些似是而非的表象外，這種說法幾乎完全錯誤。實際的情況是，貨櫃船在洛杉磯港、長灘港以及其他主要海運目的地都得到充分的支援。不過，原因與港口每天開放多長時間，或有多少人在卸載船隻無關，問題在於貨櫃卸載和存放的容量。在二〇二一年十一月供應鏈危機惡化時，洛杉磯港有五十四萬個貨櫃等待卸貨。它的日卸貨能力為一萬八千個貨櫃，不管港口每天運營時間多長都是如此。如果沒有新貨櫃到達，該港口需要三十天才能卸載積壓的貨櫃，但每天仍有二萬九千個新的貨櫃到達。這意味著積壓的貨物非但不會減少，反而每天會增加一萬一千個貨櫃。如果不增加港口基礎設施（如果可能增加，那也是要花許多年的計畫）或減少新到達的貨櫃（在貨物短缺導致過度下訂單的情況下也不太可能），用簡單的數學就知道積壓的貨櫃無法消化。這不是政策或賣力工作的問題，而是容量和數學的問題，這種情況是不可持續的。託運人將必須停止引導船隻到洛杉磯港，或者如果該港口不能及時卸貨，應該乾脆完全停止運輸。當然，把貨櫃流量重新導引到其他港口（如薩凡納或休斯頓）只會把問題轉移到其他地方，導致那些港口堵塞。港口延誤和改道的整個情況因為全球航運船隊的老化而加劇。建造新船需要三到四年，包括設計的時間，所以無法很快緩解目前營運的船隻發生故障和除役的問題。

港口堵塞的影響不只是延遲。把貨櫃留在停泊於近岸的船上非常昂貴。船隻如果不能卸載貨物就等於無法使用，這將給託運人和船舶營運商帶來稱為滯期費（demurrage）的巨大成本。時間的延誤可能導致船上的貨物沒人要或已經不流行。誰想在耶誕節六個月後購買耶誕禮物？此外，在途貨物（goods in transit）是進口商的一種庫存形式。每多一美元庫存就少一美元現金，為進口商增加龐大的融資和機會成本。當貨物困在運輸途中時，出口商和進口商都將蒙受損失。

專家估計，每個月延誤的貿易可能高達九百億美元。這個數字只包括運輸中延誤的貨物總值，而未納入庫存的融資成本、客戶關係受損、上游零件延遲，導致一部分供應鏈未能充分利用而造成的失業，以及變質、過時和接到過季貨品的成本。全球經濟因為主要港口的供應鏈崩潰而可能一年損失一兆美元以上的說法，一點也不誇張。

雖然如此，情況比這些數字所顯示的還糟糕。即使新貨櫃停止到達，港口也無法卸載積壓的貨櫃，因為沒有地方可以放置它們。港口在卸貨的起重機旁邊有大型停車場式的空間，貨櫃就堆放在那些地方等待卡車或火車搬移它們。基於安全理由，貨櫃只能堆疊六層高。這些空間現在已堆得那麼高、排列得那麼密集，以至於卡車和堆高機難以找到和搬移貨櫃。卡車到達的速度不夠快。即使在卡車到達時，它們往往必須在港口大門外等待輪到它們取走指定的貨櫃。有時候一等就是好幾天，卡車司機只好放棄回家，而託運人必須重新來過這個過程。有時候卡車進入港口設施後卻發現，準備搬移的貨櫃放置在六層堆疊的底部，而且需要數小時才能移除頂部五層，以便把想要的貨櫃裝載到卡車上。

更糟的是貨物盜竊案激增。堆積如山的貨櫃中有些裝滿奢侈品和昂貴的高端半導體，為組織犯罪製造了誘人的機會。與前一年比較，二〇二一年第三季加州的貨物盜竊案增加了四二％。遭竊的貨物永遠不會被交付，只能流往黑市。除了貨櫃盜竊案外，洛杉磯還面臨一波火車搶劫案，一些停在鐵路主線或側線的貨運火車遭到劫掠。搶劫案在二〇二一年秋季開始大規模發生，到二〇二二年持續增加。據洛杉磯KTLA電視台報導：「成千上萬個準備運往全國各地的亞馬遜和UPS包裹，近日被拆開並棄置在洛杉磯火車軌道旁……散在軌道邊的包裹上面印的收件人地址包括從西雅圖、拉斯維加斯到全國其他地方[21]。」沒有人嘗試清理劫掠現場的垃圾，或完成中斷的交貨。火車軌道上布滿垃圾。搶劫的直接原因是洛杉磯的執法和檢察當局放棄他們的職責。不管原因如何，這都是釘在高效供應鏈棺材上的又一枚釘子。

在檢視港口的卡車運輸情況前，重要的是先看拜登政府因應港口堵塞的方法。政府對港口延誤做了什麼？他們讓情況變得更嚴重。

政府先是下令洛杉磯港一天二十四小時開放，採取三班制以緩解堵塞。前面提到，工作時間長短不是問題所在。港口無法卸載船隻，因為沒有地方放置貨櫃。碼頭和存放場已滿，貨櫃已經堆放得太高。如果沒有地方放置貨櫃，延長工作時間也是枉然。

政府的下一步行動還更離譜。他們對在碼頭上停留超過六天的貨櫃處以罰款。但託運人從來不想拖延。沒有人比託運人更期待早點運走貨櫃。當卡車無法接近貨櫃時，運送實際上不可能進行。世界航運理事會指出：「罰款由海運託運人承擔，但何時提取貨物的控制權卻操在收貨人手中。讓海運託運人支付罰款無助於鼓勵貨主提取貨物。」罰款不會加快運輸過程，反而增加了貨物成本，這導致通貨膨脹惡化，並可能使一些零售商倒閉。不可避免的延誤和額外的罰款成本，疊加在一場真正的供應鏈危機，對經濟來說是一個糟糕的組合。

拜登政府的下一步行動近乎詐欺。勞工部長華爾希（Marty Walsh）和洛杉磯港執行董事塞羅卡（Gene Seroka）二〇二一年十一月三十日在港口舉行新聞記者會，華爾希吹噓工會和託運人在港口的合作已有改善，塞羅卡則表示：「從我們開始處罰逾時的貨櫃以來，停泊的船隻在四週內減少了超過四〇％。」後續的幾則報導則宣稱，供應鏈危機已經結束，延誤將在耶誕節前及時解決。

這整個報導基本上是假新聞。塞羅卡說減少四〇％是根據業界刊物《*Freight Waves*》刊登的一份報告，說從二〇二一年十一月十六日到十一月二十三日，堵塞的船隻從八十六艘減少到六十一艘。這是減少了三〇％。其他統計顯示，船隻數字從八十四艘船減少到四十四艘船，減幅為四七％。百分比不同取決於計算的日期。

真實情況是堵塞的船隻增加了二七％。等待卸貨的船隻從二〇二一年十月二十五日（宣布處罰那天）的七十五艘增加到二〇二一年十一月二十九日（新聞記者會前一天）的九十六艘。宣稱的堵塞船隻數字與實際堵塞間的差異，是因為報告改變了對等待卸載的定義。華爾希和塞羅卡報告採用的新定義只限於停泊在所謂安全和空氣品質區（SAQA）的船隻，該區域是洛杉磯向西延伸一百五十英里，向北和向南延伸五十英里的區域。

為了避免罰款，許多船隻會移動到SAQA外。南加州海事交易所（MESC）使用全球衛星定位系統和太平洋海事監測系統（PacMMS），確定在洛杉磯港外排隊的船隻總數，實際上已增加到歷來最高紀錄的九十六艘船。等候在洛杉磯港卸載的船隻只是沿著海岸南下，到墨西哥的下加利福尼亞半島，甚至留在台灣和日本等候到洛杉磯港卸貨的機會。一些船隻離洛杉磯港較近，但在SAQA外更遠的海上等待。洛杉磯的堵塞現象變成了跨太平洋的交通堵塞。

這種事態的發展就是意外後果定律（law of unitended consequences）的教訓。拜登的監管解決方案只會讓情況變更糟，並造成問題擴散。這也是供應鏈物流有多複雜的教訓。粉飾太平地報導未卸載船隻堵塞港口的情況不只是錯誤的，而且給政府官僚虛假的成就感。情況的分析必須仰賴物流專家而非政府官員，才能了解真正發生的情況。

除了這些港口的難處外，還有卡車和卡車司機短缺的問題。同樣的，原因很複雜，而且與物流有關，而與卡車司機是否願意上班並完成他們的工作無關。多式聯運意味可以從船上卸下貨櫃，並直接放在專門設計的車架上，以便由卡車拉走。運送到配送中心後，貨櫃被從車架卸下，並存放在倉庫或另一具車架上，以便送達最終目的地，這就是是越庫配送的例子。

在新冠疫情封鎖期間，當美國人上網採購買得到的商品而減少旅行、休閒和餐館等服務時，問題出現了。產品的進口大幅超過出口，造成倉庫堵塞的情況。卡車無法在配送中心卸貨，而只能暫時停車狀態。車架上的貨櫃變成帶輪子的臨時倉庫。這意味車架沒有返回港口，而且沒有足夠的車架可以繼續把貨櫃從港口停車場載走。所以堵塞擴散到整個供應鏈，波及海上的船隻，並跨越太平洋到橫濱和上海裝滿貨物的船隻，這些船隻因為無處可以卸貨而未出航。初始的問題不是卡車和司機短缺，而是多式聯運車架的短缺。

隨著二〇二一年開展，供應鏈危機變得更嚴重，卡車司機短缺問題確實發生了。這有幾個原因。第一個是供應鏈危機意味更長的運輸時間，能當班的司機要跑更多地方。這使得工作更加危險，工作的吸引力降低，導致許多司機暫時停止工作等待危機過去，或提前退休。第二個問題是疫情。司機和其他人一樣會感染新冠病毒，不得不請假接受隔離和等待康復。施打疫苗的要求和登記文件，使卡車司機的工作更困難（甚至不可能），越過邊境進入加拿大意味要應付更嚴格的疫苗要求。

所謂的專家表示，司機短缺問題可以用優渥的薪資和福利招聘年輕司機來解決。司機薪資的確一直在飆升（產品價格通膨的另一個因素），但年輕人比專家更有常識，他們多年來一直聽說機器人技術的興起和自動駕駛汽車的到來。有自動駕駛功能的特斯拉 Semi 卡車是這種未來的化身。Semi 現在就可以預先訂購，預訂費為兩萬美元。在自動駕駛卡車的世界裡，年輕司機會有什麼未來？答案是沒有。年輕司機沒有踴躍應徵，年長的司機正在退休。壯年的司機因為新冠疫情而筋疲力盡或正在康復。司機短缺的問題很嚴重，這種情況不會很快改變。

供應鏈災難的其他因素清單很冗長。毫無意義的強制施打疫苗不但把卡車司機趕出勞動力，而且把供應鏈中的許多其他參與者趕出勞動力。新冠病毒的奧密克戎（Omicron）變種已經證明，施打疫苗無法阻止病毒的感染或傳播（儘管在奧密克戎之前就有充分的證據顯示這一點，但醫學證據被政府和社交媒體壓制，並遭到傳統媒體忽視）。儘管如此，排斥沒有接種疫苗的人成為華盛頓最喜歡的運動，導致嚴重損害倉庫、配送中心、零售店和運輸物流工人的工作，甚至保住工作的能力。可悲而諷刺的是，懲罰未接種疫苗的人也傷害了供應鏈，因為許多滯留在海上的貨櫃裝載了N95口罩、檢測試劑盒、防護裝備，和對抗病毒所需的藥品。

似乎新冠疫情的影響還不夠嚴重，二〇二二年四月爆發了兩種禽流感毒株H3N8和H5N1的疫情。四月五日中國河南省報告了第一個已知H3N8毒株傳染給人類的病例，四月二十日美國科羅拉多州報告了首度人類感染H5N1的病例。雖然這些病毒對人類的危險性很小，但對美國、加拿大和中國的家禽和蛋的影響卻很大。截至二〇二二年五月九日，美國農業部報告說，美國的三十七個州有三千七百多萬隻家禽死於禽流感。這些損失導致二〇二二年美國家禽肉和蛋價格失控性的飆漲。

天公也不作美。二〇二一年七月到九月，南半球的冬季出現創紀錄的寒流和異常的大降雪，導致巴西的咖啡和黃豆作物歉收，並減緩了從澳洲到南非各國的經濟活動。隨後二〇二二年一月北半球出現極度寒冷的天氣，造成俄羅斯北海航線的船隻困於海冰。海洋冰凍在北極水域並不罕見，但結冰比平時來得更早、更厚，造成二十多艘船在東西伯利亞海受困，包括三艘從加拿大運送鐵礦砂到中國的船和兩艘油輪。

二〇二一年一月美國東北部的天氣也出問題，因為極端寒冷加上勞動力短缺和高運輸成本導致東岸超市的貨架空蕩蕩。週期性的冰雪風暴如二〇二二年一月三日的暴風雪，導致維吉尼亞州癱瘓和五十英里長的九十五號州際公路中斷，兩週後的一場東北風暴也對供應鏈物流造成嚴重破壞。《紐約郵報》報導：「雜貨店和其他零售商面臨許多家庭必需品出現一二%的缺貨比率，相較於正常時期為七%到一〇%。」[22]惡劣的天氣並不罕見，但當它疊加在已很脆弱和失靈的供應鏈上時，就會產生乘數效應，使延誤變得更糟，恢復正常變得更加困難。

美國和其他已開發經濟體出現的勞動力短缺，是供應鏈高效率運作的另一個阻力。最明顯的證據是，潛在勞動力並不短缺。有超過一千萬名適齡工作的美國人未被計入勞動力內，他們在技術上不被政府算成失業人口（因為他們沒有積極尋找工作），卻完全有能力工作。不過，由於那些未計入勞動力的人沒有回歸勞動力的跡象，而且被計入勞動力的人正在以歷來最快的速度辭職，因此實際上存在勞動力短缺的情況。這有部分原因是政府補貼失業者的福利政策，另一部分原因則是企業營收疲軟和獲利不振，導致僱主無法支付市場出清工資（market clearing wage）。感染新冠病毒和對感染的恐懼也導致勞動參與率降低。這種現象早於最近的供應鏈嚴重中斷階段。儘管如此，它仍然是目前物流和服務業員工短缺的主要原因，如餐廳服務員、零售店員、司機和醫院工作人員。這是趨勢的又一個例子，但這種趨勢並非源自供應鏈崩潰，而是它加劇了供應鏈崩潰。

沒有能源投入，供應鏈的運作就無法進行。不管是貨船的燃料、卡車司機的柴油、倉庫燈和輸送機的電力，還是零售店的供熱，從商品採購到滿足客戶需求的所有供應鏈運作都仰賴石油、天然氣、煤、風能、太陽能或鈾等能源。每種能源來源都是其供應鏈得最終產品，包還礦場、反應堆、發電廠和水力發電大壩，這些供應鏈和帶給你新鮮麵包或牛奶的鏈條一樣容易受到破壞。

拜登政府在二〇二一年推出一連串帶來不利後果的能源政策，包括關閉拱心石輸油管道（Keystone XL）、禁止在聯邦土地上租賃新石油和天然氣、限制水力壓裂

（fracking）和其他禁制措施，因而阻礙了石油和天然氣的生產，使美國從川普政府時期的淨出口國轉變為淨進口國。像大型資產管理公司貝萊德（BlackRock）的芬克（Larry Fink）這類所謂的企業行善家，在埃克森美孚和其他公司董事會的政變中合作，把這些公司的核心能力從石油和天然氣，推向風力渦輪機和太陽能等短命的領域，這些都是間歇性的能源，既沒有能力維持電網的基本負荷，也無法根據需要進行擴張以趕上不斷成長的全球能源需求。

供應鏈引發的能源短缺和短視的公共政策結合，預告了維繫製造業和運輸業所需的能源投入將難以為繼。從滿洲里市關閉的工廠到慕尼黑關閉的裝配線，類似的情況正在上演。一個反饋迴圈不斷強化——減少的能源意味減少的製造和運輸，而這又反過來阻礙能源產出。可得的能源供應被導向市民人口的使用，犧牲了工業，供應鏈遭受的損失還更大。

為了對有關供應鏈失靈的大量軼聞證據進行定量查核，紐約聯邦準備銀行在二〇二二年一月四日宣布建立全球供應鏈壓力指數（GSCPI）。雖然該指數是新的，但指數背後的數據已編纂了數十年，因此建立者能把計算回溯到一九九六年以進行比較。GSCPI以長期平均值的標準差來衡量。在統計中，一個標準差佔所有事件的六八％，兩個標準差涵蓋九五％，三個標準差則涵蓋九九．七％。

一如預期的，該指數從一九九六年到二〇二〇年二月一直介於負一和正一間，只有極少例外。所有例外都不超過負二或正二個標準差。二〇二一年十二月，GSCPI達到四．四五個標準差，這麼極端的指數符合每四百年發生一次的事件。該指數在二〇二二年三月前小幅下降，然後在四月再度上揚，部分原因是受到中國的疫情封鎖和烏克蘭戰爭蔓延影響。GSCPI雖然有用，但它考慮的因素仍遠遠不夠全面。儘管如此，它確實提供了經驗證據，證明在供應鏈功能失靈方面，世界正處於未知領域。

供應鏈崩潰已經是進行式。目前還不清楚它是否可能停止，或根本不可能。消費者應該預期未來幾個月會出現更糟的發展。情況會有多糟還有待觀察。

這樣我們就完成了對全球供應鏈情況的概述。在第二章我們將探究幕後以了解原因。

第二章　誰破壞了供應鏈？

供應鏈正變得明顯地比以前複雜。公司現在與多層供應商、外包服務商和分銷管道合作夥伴打交道。這種複雜性隨著產品銷售方式的變化、對顧客服務的期望提高，以及必須快速回應新市場的需求，而不斷演變。

——雨果斯，《供應鏈管理要點》（二〇一八年）[1]

崩潰前兆

海明威（Ernest Hemingway）在《妾似朝陽又照君》（*The Sun Also Rises*）中對複雜系統如何崩潰做了最佳描述。當退伍軍人比爾・坎貝爾（Bill Campbell）問經常喝醉的邁克・坎貝爾（Mike Campbell）他是如何破產的，邁克回答說：「兩種方式。漸漸地，然後突然地。」供應鏈以同樣的方式崩潰；起初是逐漸地，然後以突然的災難性崩潰達到高潮。

我們現在看到的是突然的階段，儘管它還有發展的空間。我們正處於海明威描述的中點，接近足以與一九七〇年代石油禁運或一九三〇年代世界貿易崩潰的全球影響。在我們考量這個突然階段前，先回顧漸進階段有助於給我們一些啟發。二〇二一年底的供應鏈危機嚴重到難以忽視，空蕩的貨架告訴消費者他們需要知道的一切。不過，危機並非從那時候開始。我們可以很具體地指出日期。供應鏈中斷始於二〇一七年一月二十三日，那是川普擔任總統的第三天，他簽署了一項行政命令，正式讓美國退出多邊貿易協定——跨太平洋夥伴關係協議（TPP）。貿易戰從此展開，供應鏈將成為最大受害者。當然，這個行動應該不足為奇。多年來川普在競選期間一直批評包括TPP在內的許多貿易協定，並威脅要重新談判或撕毀其中大部分。現在他已是總統，威脅也被付諸行動。

從此以後，貿易戰的節奏迅速加快。二〇一七年三月一日，美國貿易代表萊特海澤（Robert Lighthizer）透露川普政府二〇一七年的貿易政策議程，包括保護國家安全、保護智慧財產權、擴大出口，以及執行現有法律和條約。這個政策綱領促成對具體貿易政策的正式審查，成為採取行動的前奏。二〇一八年一月二十二日川普就職剛滿一年，他宣布對洗衣機和太陽能面板課徵三〇%到五〇%關稅，適用於所有進口的這些商品，不管來自什麼國家，但這顯然是針對中國，因為中國是出口這兩種商品到美國的主要國家。川普援引一九七四年《貿易法》的三〇一條款，允許對從事不正當或不合理做法，以至於加重美國商業負擔的貿易夥伴，實施貿易制裁。緊接著二〇一八年三月一日又根據一九六二年《貿易擴張法》的二三二條款，對進口到美國的鋼鐵徵收二五%關稅，對鋁則徵收一〇%關稅，以維護美國的國家安全。二〇一八年三月二十二日，川普利用三〇一條款對五百億美元的中國進口商品徵收關稅，以報復盜竊美國智慧財產權的行為。道瓊工業指數報以下跌七百二十四點的回應。透過三〇一條款和二三二條款，川普展現出他願意動用所有法定工具，來捍衛美國的商業和地緣政治利益。

全世界也很快做出反應。二〇一八年四月二日，中國對水果、葡萄酒和豬肉等一百二十種美國產品徵收一五%關稅。二〇一八年四月九日，中國向世貿組織就美國課徵鋼鐵和鋁關稅提出申訴；歐盟在二〇一八年六月一日跟進。加拿大也加入報復行動，在二〇一八年七月一日對包括威士忌、優格和睡袋等美國出口產品課徵關稅。二〇一九年八月一日，川普對之前未涵蓋的另外三千億美元中國商品徵收一〇%關稅。中國於二〇一九年八月二十三日對美國出口產品，課徵進一步的報復性關稅。川普反擊，把之前對二千五百億美元中國商品課徵的稅率從二五%提高到三〇%。川普在推特（Twitter）上寫道：「老實說，我們不需要中國，沒有中國會更好。」

道瓊工業指數當天下跌約六百點。貿易戰從此進一步升級。

接下來的幾年是你來我往的課徵關稅、報復、豁免、選擇性救濟，和唇槍舌劍的辯論，各方展開各種貿易指控和貿易限制。最後，許多關稅被取消或降低，一些貿易夥伴獲得豁免。不過，高額關稅仍然存在，尤其是那些影響美國和中國貿易的關稅。雖然拜登對川普做出種種批評，但拜登政府並沒有取消川普的大部分關稅。川普的強硬政策確實達成了一些重要的新貿易協定，包括修改北美自由貿易協定成為美墨加協定，和與南韓的雙邊韓美自由貿易協定（KORUS）。二〇二〇年一月十四日，美國和中國達成《美利堅合眾國政府與中華人民共和國政府經貿協議：第一階段》。這個協定比較像是停戰協定，多過於和平條約。中國同意增加對美國某些出口產品的購買。作為交換，美國停止升高對中國商品課徵關稅。第一階段協議後，世界被新冠病毒引起的疫情吞噬，在貿易戰方面幾乎再也沒有額外的行動。槍聲暫時停止，但戰爭還沒有結束。

隨著貿易戰從二〇一八年到二〇二〇年的進展，全球供應鏈也陷入一片混亂。根據法規或條約規定，許多課徵的關稅都有通知期或評論期，在宣布後延遲三十天到九十天才生效。這使進口商有時間在關稅實施之前，先購買特定產品以塞滿倉庫。它們做到了。這是今日所有人有目共睹的供應鏈災難的開始。

海運專家拉羅科（Lori Ann LaRocco）在她的書《貿易戰：貨櫃不說謊，安度狂風大浪》（*Trade War: Containers Don't Lie: Navigating the Bluster*）追蹤了這個現象[2]。拉羅科的主要看法是，政治人物和媒體可能誇大貿易戰的利弊，但貨物、目的地和日期等真實的運輸數據，可用於追蹤進口商和出口商的具體活動，不管政治主張是什麼。拉羅科展現出應用這些數據的卓越能力，並將託運人、行業專家和港口官員的採訪相結合。拉羅科的書是在疫情之前寫的，這使書中的分析更有價值。這一點很重要，因為我們很容易把供應鏈崩潰，歸咎於新冠疫情的影響。當然，從二〇二〇年以後疫情在系統崩潰中扮演了一個角色，但它絕非唯一原因。拉羅科的分析就像一個對照實驗，探究了供應鏈在不受疫情影響下，獨立運作的情況如何。答案是：並不好。危機的根源可以追溯到二〇一七年，而且此後的情況是每況愈下。

一些大宗商品交易員可能看到制裁即將到來，所以早在二〇一六年就開始囤積鋁等金屬。大型交易商卡斯爾頓商品國際公司（Castleton Commodities International）在紐奧良附近囤積的鋁如此龐大，從太空中就能看到。一些貨船從休斯頓等墨西哥灣港口轉移到新英格蘭的港口，以趕上關稅的最後期限。其他裝載鋁的船隻從澳洲抵達洛杉磯，因為澳洲被豁免課徵第一輪鋁關稅。因為關稅，加拿大取消了魁北克煉鋁廠向美國的出口，並開始把它們的產品運往歐洲。進口商和出口商這種與關稅有關的變通做法，不但因為改變目的地而影響港口吞吐量，而且堵塞了卡車運輸能力和倉庫空間，因為進口商在課徵關稅前囤積了貨物。庫存水準升高也增加買家的成本，但這些成本仍然低於關稅。二〇二一年全面出現的未消化訂單和價格上漲已經開始。

受貿易戰影響最大的是農業部門，尤其是對黃豆。在二〇一八年之前，美國是世界上最大的黃豆生產國，中國是世界最大的買家，巴西是世界最大的出口國。中國在貿易戰中的王牌是取消對美國黃豆的新採購，並把訂單轉向巴西。與二〇一七年比較，二〇一八年美國對中國的黃豆出口減少了五〇%。與前一年相比，二〇一八年頭八個月巴西對中國的黃豆出口增加了一五%。當黃豆的來源以這種規模轉移時，海運託運人、出發港口和目的地也跟著改變。中國很快擴大對美國農產品進口的禁令，包括乳製品、豬肉和飼料穀物。其他受關稅影響的美國出口產品，包括扁豆、鷹嘴豆、櫻桃，甚至龍蝦。失去對中國銷售的美國生產商，爭先恐後地在荷蘭、法國、越南、西班牙和台灣等國家尋找新客戶。這些努力很成功，但代價高得令人沮喪。重點是，一旦舊貿易關係被破壞並建立了新貿易關係，即使貿易爭端得到解決，要恢復進/出口流量到以前的模式並不容易。只要可能，市場參與者寧可建立長期關係，這意味新模式將無限期持續下去。同樣的，我們對貿易戰的主要關注點不在於關稅和銷售損失的成本（雖然那很龐大），而是對供應鏈物流帶來的壓力。它殘留的影響仍伴隨著我們，而且一天比一天糾結。以下是拉羅科報導她與洛杉磯港務局執行董事塞羅卡（Gene Seroka）的談話，主題是廠商趕在關稅生效前，採取所謂提早出貨（front-loading）的對策，導致出貨增加的情況：

在貿易戰開始前，洛杉磯港平均每天處理十艘船，長灘港處理八艘。塞羅卡說：「比較起來，提早出貨使處理的船隻數分別增加到十四艘和十艘。我們還完成了歷來最大的交易值。每艘船都變得更大。我們裝載和卸載的貨櫃數量都更多。這些船停在港口的平均時間取決於它們的大小，通常停留三到五天。」貿易戰之前船隻的正常停留時間是二到三天……。

「進來的貨物非常多。」塞羅卡繼續說：「雖然我們在碼頭這邊做得很好，但因為卡車等待時間更長，所以漸漸可以看到船隻停留在碼頭的時間變長，然後是貨櫃停留的時間變更長，因為貨櫃放在車架上沒有移動。卡車車架變成迷你倉庫。」……貨櫃被存放在卡車車架上，因為貨櫃數量急劇增加，地區倉庫的空間不夠[3]。

這篇二〇一九年的採訪包含了二〇二一年供應鏈危機的所有元素——船隻增加、貨物增加、卸貨時間延長、卡車延誤和車架短缺。這清楚顯示，貿易戰導致供應鏈從二〇一八年開始崩潰，與新冠疫情無關。這也是一個很好的例子，說明危機很少全面突發，而是在危機前會出現警告跡象，而這些跡象大多被忽視。正如海明威寫的，危機「漸漸地，然後突然地」出現。

追求效率

雖然二〇一八年的貿易戰是今日供應鏈危機的直接原因，但其根源還可以追溯到一九九〇年代供應鏈科學的興起。供應鏈研究可能涉及數十個關鍵節點，涵蓋數百家供應商、運輸商和分銷商，以及每種產品的數千個個別零件，但整個努力歸結到一個指標——效率。在這種背景下，「效率」一詞是成本的同義詞。如果你能讓一個流程更有效率，它的成本就會降低，這意味你可以向客戶收取更低的價格或增加獲利率，或兩者兼而有之。三十多年來，這種效率的目標推動了供應鏈管理的流程。

如果你在中國有五家供應商，並藉由對每家供應商的品質和可靠性進行評分來把家數減少到三家，結果可能是在採購訂單和供應預測方面更有效率。如果你有七條海運路線，並把這些託運路線減少到四條，結果可能是在爭取價格優惠方面更有效率，以交換更大的數量和更長期的合約。如果你的進口貨物透過三個港口進入，而你把進口港數量減少到兩個，那麼你可能更有效率地引導卡車運輸服務商到更少的取貨點。減少使用的卡車運輸公司家數，和集中交付以利用整車（FTL）貨運而不是較昂貴的零擔（LTL）貨運，也有助於提高效率。電子裝載板（electronic load boards；一種透過逆向拍賣撮合託運人和卡車司機的數位系統）也在更快的提貨和更低的價格方面創造了效率。託運人還使用複雜的倉庫管理系統（WMS）來監控追蹤貨物和越庫作業，並在需要配送時加速倉庫貨品的揀選。這些系統以及更多系統的目的，是讓供應鏈即使發生故障也能順利運行。

以第一章提到的雜貨店烘焙區的麵包為例，什麼原因可能導致麵包供應鏈失靈？個別故障點的清單很長。生產小麥的農場可能遭遇乾旱或失去分配的灌溉水，導致小麥作物延遲或完全無法收成。卡車司機可能短缺，以至於無法及時交貨給小麥加工商、烘焙廠或麵包店。烘焙廠可能面對勞動力短缺。雜貨店的工會工人可能罷工，導致卡車堵塞在裝卸平台，或貨架上沒有存貨。電力網可能故障，造成供應鏈整個停止運行。烘好的麵包在交付前可能變質。消費者可能害怕在疫情期間外出，導致麵包堆積在貨架上。或以上所有故障都發生。與實際的延伸供應鏈比較起來，這張潛在故障和瓶頸的清單還是很簡化。重點是說明供應鏈實際上有多複雜，以及它們有多容易故障。

這些供應鏈環節和瓶頸的例子純粹是國內的。我們已經描述了地方的農場、工廠、烘培廠和商店。但很少供應鏈是完全局限於地區的。在過去三十年，執行長、物流工程師、顧問和政治人物，一直在努力把供應鏈延伸到全球系統。從一九九〇年代初我們不斷聽到有關全球化的討論，但直到現在人們可能還沒有意識到，在這個過程中被全球化的是供應鏈。

你知道你的 iPhone 來自中國。你知道 iPhone 使用的特殊玻璃來自南韓嗎？你知道 iPhone 中的半導體來自台灣嗎？iPhone 的智慧財產權和設計來自加州？iPhone 的零件包括來自日本的快閃記憶體，來自德國的陀螺儀，以及音訊放大器、電池充電器、顯示埠多路複用器、電池、相機和數百個其他高階零件。整體來說，蘋果與六大洲、四十三個國家的供應商合作，採購 iPhone 的材料和零件。當然，蘋果供應鏈中的每家供應商都有自己的來源和流程供應鏈。同樣的，供應鏈非常複雜。

一旦加上全球視角，我們必須把運輸選項從卡車，和火車擴展到包括船舶和飛機，這意味港口和機場將添加到供應鏈中。這些設施有自己的鏈結和投入，包括起重機、貨櫃、港務局、空中交通管制員、飛行員、船長和船隻本身。在我們的卡車、火車、輪船和飛機清單中，我們可以添加運輸石油、汽油和天然氣等液體和氣體的管線。這些全球供應鏈中的每個流程和每個節點都有專家持續監督，以便從節點中榨取更高的效率。

亞當・史密斯（Adam Smith）在他一七七六年出版的《國富論》（*The Wealth of Nations*）書中談到很多有關供應鏈的內容，他是為了說明藉由勞動分工和自由市場實現的生產力所帶來的經濟收益。儘管如此，供應鏈管理的現代科學直到一九八〇年代才開始出現。當時全球化的興起和電算能力的擴增相結合，使供應鏈變得更複雜，同時也提供了因應複雜性的工具。

供應鏈可以被想成是製造商負擔的一系列成本，當成本和收入相抵後，就可以實現收益和利潤。這些成本包括採購原材料、運輸、製造過程、品質控制、勞動力、設備、分銷、庫存，以及相關的法律、行政和保險費用。這些成本都是供應鏈的環節。因為有消費者偏好和競爭，生產商對產品收取的價格是有限制的。基於這些限制，增加利潤的最直接方法是降低成本。供應鏈管理藉由創造選項、分享資訊、消除冗餘、鼓勵供應鏈參與者間的合作，以及其他創新來降低這些成本。這些效率技術有很多，名稱也不少。以下是一些最廣泛使用的技術摘要：

精實（lean）：這是豐田在一九八〇年代初開發的技術，現在幾乎已被普遍採用。它有時被稱為豐田生產系統（TPS）。它的概念是以最少的時間、精力和金錢經營供應鏈。精實生產中出現的具體創新包括即時庫存和透過共置相關功能，來使運輸成本最小化的概念。精實的目標是減少移動、減少等待時間，和減少生產過程每個步驟的庫存。它還要求消除過度處理（採用無法增加價值的步驟）和缺點（部分透過善用一般員工的技能和創造力）。

六標準差（Six Sigma）：這是一種統計方法，目的在於使生產程序的變化最小化。它的概念是要有一個平穩的程序，來讓產品缺陷減少到第六個標準差。從統計上看這相當於一百萬個事件只有三・四個缺陷。六標準差透過五個程序實施：定義、測量、分析、改進和控制。由於這是一個持續改進的過程，所以有時候會把它與精實結合成一個稱為精實六標準差（Lean Six Sigma）的程序。

約束理論（Theory of Constraints）：這種方法首先假設每個供應鏈流程都受

到鏈條中最慢步驟的約束。如果一條裝配線每天需要一千個輪胎才能以最大產能生產車輛，而倉庫每天只能供應八百個輪胎，那麼輪胎交付的約束將使汽車裝配線必須減速到比產能低二〇%的點。一旦確認了這些瓶頸，就應該使用可得的資源來修復瓶頸，以使整個供應鏈運行更順暢，和提高產能。不過，約束理論教導我們，改進的過程永遠不會完成。去除一個約束後，供應鏈其他地方就會出現另一個約束。事實上第二個約束往往隱藏在第一個約束後面。現在，隱藏的約束成為整個供應鏈的極限，必須依次消除。這個過程永遠不會結束，因為每一次成功都會揭露鏈條上某個地方的新約束。透過這個過程，約束理論進入了持續改進（Continuous Improvement）流程，它是供應鏈管理文化的另一部分。

RACI矩陣（RACI Matrix）：這種供應鏈管理技術被用來改善解決問題時的團隊合作。RACI代表負責（Responsible）、當責（Accountable）、諮詢（Consult）和告知（Inform）。它的目標是讓團隊的每個成員都知道他們負責做什麼，建立基準並要求團隊成員在執行任務時負責任，鼓勵團隊成員間的諮詢以確保工作協調，以及告知團隊成員特定任務已經完成或正在進行中。

DIRECT模型（DIRECT Model）：這是供應鏈管理改進專案中，領導人使用的一種技術。它也以一個字首縮寫詞，要求經理人必須：定義（Define）目標、調查（Investigate）選項、決定（Resolve）行動方案、執行（Execute）計畫、改變（Change）系統，以及在專案完成後轉換（Transition）人員到新角色。這是一套典型的業務管理技術，適用於供應鏈經理人面對的特殊挑戰。

SCOR模型（SCOR Model）：這是供應鏈優化工作者的另一項管理工具。SCOR代表供應鏈運作參考，是繪製供應鏈改進流程和評估結果的框架。高效供應鏈的高級元素被定義為：計劃、採購、製造、交付、退貨和賦能。這些概念涉及規劃供應鏈本身、投入和原材料的採購、儘可能以高效率方式製造產品、以優化的運輸路線交付成品，允許退回有缺陷產品或處理廢棄物，並使具有適當技能的人員能執行這些任務。

檢視這類技術和工具時，你不會訝異還有數百種額外的供應鏈管理技術。不深入探討的話，還有以下的其他技術：

主計劃（Master Scheduling）：這是結合運輸物流與製造流程（主生產計劃）和需求估計（主需求計劃）資訊的一種技術，用以確保投入和交付同步，達成以最少的庫存實現最大的產出。

需求計劃（Demand Planning）：透過預期需求、因應意外情況的庫存（安全庫存）與及時交付，以便用最少的庫存滿足需求。

全面品質管理（Total Quality Management）：產品缺陷不利於消費者滿意度，而且維修或更換的成本高昂。全面品質管理的目標是最小化缺陷，以改善品牌印象和降低成本。

持續改進（Continuous Improvement）：這是一種主張供應鏈管理各方面的工作永遠不會完成的管理哲學。一旦瓶頸得到緩解或改進完成，管理層應立即回到尋找其他改進方法的任務。

倉庫管理（Warehouse Management）：這主要是一套辨識和自動化的程序，目的在使貨物易於儲存在倉庫，並視需要挑選出來以進行交付。二維碼、通用產品代碼（UPC）、射頻識別（RFID）、全球衛星定位系統和機器人，都是現代倉庫管理的工具。倉庫管理要由公司內部執行，或外包給專業倉庫運營商，也必須做出決定。

原物料需求計劃（Materials Requirement Planning, MRP）：這項技術著重在投入而不是產出。在製造貨物之前，必須把所有零部件和材料運送到製造現場。MRP經理人使用物料清單（BOM）和採購訂單（PO），並結合運輸物流和追蹤技術，以確保生產所需的所有投入及時交付到正確的地點。

越庫配送（Cross-Docking）：這是沃爾瑪做得最好的技術，作法是把卡車運送到配送中心的貨物轉移到另一輛卡車上，以便最終運送到一家商店。貨物沒有進入倉庫，也沒有被納入配送中心的庫存。就好像貨物從港口直接運送到個別商店一樣；配送中心只是更換卡車的地方，而不是一個堆放庫存的地方。這個程序節省了時間和金錢，並降低了消費者的成本。

供貨商管理庫存系統（Vendor-Managed Inventory）：這種技術由供貨商負責買方的庫存。買方無需監控庫存和投入的採購訂單，只需告知賣方根據需求估計和過去的做法，在需要時運送所需的任何東西。這省卻了買方的採購訂單，並降低了總體成本。

還有更多技術。

所有這些供應鏈管理模式都有一個共同的目標：降低成本。而這些供應鏈工具都透過電腦、演算法、人工智慧而得到大幅增強。例如有一家公司接收來自十個國家的投入，經過四個美國港口進口，並藉由七家主要卡車運輸公司配送到十個倉庫，擁有二千八百條可能的運輸路線。電腦可以用來優化這些路線，將實際路線減少到大約四十條，以便節約時間和金錢。製造商從這四十個選項中做選擇，同時使用電腦更新優化軟體，持續添加新資料和尋找最佳路線。

這帶我們來到供應鏈管理的第二個障礙——能源。儘管能源價格高漲，但全球能源似乎很豐富。供應鏈崩潰能歸咎於能源嗎？

所有系統都依靠某種形式的能源運作。它可能採用來自核電站、水壩水力發電機、天然氣電廠、燃煤電廠或風力和太陽能等再生能源的電能形式。能源也可以靠人類勞動的形式提供，由食物提供燃料。金錢是一種能量，以貨幣形式產生利潤需要能量。貨幣是一種價值儲存手段，將來可以透過購買電力、購買投入或支付工資來釋放能源。金錢就像一個電池，可在供應鏈的投入和產出階段的中間儲存能量。

像供應鏈這種複雜的動態系統仰賴能源運行。問題在於能量的投入相對於系統規模會以超線性方式增加。用白話來說，這意味如果你把系統規模擴大一倍，你需要的能源（電力、金錢或勞動力）可能增為五倍。如果再擴大一倍，則能源投入將再增為五倍。在系統規模翻倍兩次後，系統擴大為四倍，但能源投入卻增為二十五倍。當擴大系統規模的利潤很高，而能源成本很低時，這種不平衡的縮放函數率可能仍然有利可圖。然而當利潤開始縮小（因為破壞性技術的競爭）和能源價格開始上漲（因為政府監管和通貨膨脹）時，能源投入成本對高槓桿的供應鏈網絡的影響，將成為整個系統運作的約束因素。

能源投入成本的上漲將因為能源嚴重短缺而加劇，正如中國和德國現在出現的情況。中國的煤短缺；煤電佔中國發電能力的五〇%以上。德國的天然氣短缺，從俄羅斯入侵烏克蘭和美國對俄羅斯實施制裁以來，天然氣短缺情況日益嚴重。這些能源短缺正在減緩中國和德國的產出；兩者都是出口強國。

能源問題以兩種方式之一削弱供應鏈。中國和德國出現的嚴重能源短缺減緩了生產，導致工廠暫時關閉，能源被轉移到消費者和人口中心，以用於照明、家庭供暖、烹飪和地方交通。即使在有能源可用的地方，較高的成本也會抵消供應鏈效率，進而導致消費者成本增加或生產商獲利率降低，或兩者都發生。

如果以降低成本的形式提高效率是所有供應鏈管理的目標，為什麼效率實際上會削弱供應鏈並導致崩潰？答案是降低成本會有隱藏成本。當你增加供應鏈的長度以降低亞洲的勞動力成本時，你也增加了在過程中可能出差錯的數量。當你把卡車運輸服務商家數，減少到最低價的兩家時，如果兩家中的一家遭遇罷工或自然災害破壞，你的脆弱性將隨之增加。如果你把所有進口貨物航線轉到洛杉磯港（而不是休斯頓、紐約或薩凡納）以便靠近你的配送中心，那麼當洛杉磯港成為全球瓶頸時，你的貨物將被困住。換句話說，效率的隱藏成本是脆弱性。在短期內，使用多個進口港口、多家卡車運輸公司和分散的多個配送中心成本可能會更高，但如果其中一個港口、卡車公司或配送中心因為疫情、天氣、自然災害或停電而中斷時，這種冗餘措施將帶來巨大的節省，可以確保製造過程持續進行。

考慮冗餘的額外成本如何產生節省的最好方法是把它們想成保險。當你購買保險時，你希望永遠不會需要它。在你支付保險費時，即使它沒有立即回報，你也會認為這筆錢值得花費。當你有保險索賠時，你將獲得巨大的價值。保險可以讓你免於財務破產，即使保費是短期成本。供應鏈中內建的冗餘或韌性的作用也一樣，它有短期成本（就像支付保險費），但它可以讓你的營運免於災難。

短期成本與長期收益之間，以及冗餘與效率之間的權衡，展現出所有複雜動態系統特有的悖論。全球供應鏈是有史以來最複雜的系統之一。要了解供應鏈的崩潰，我們必須了解複雜性。

複雜系統永遠會失靈……（除非它們縮小規模）

為什麼高山上的滑雪巡邏隊員使用炸藥引發受控的雪崩？原因是如果不這麼做，將會在不受控制的時間和地點發生威脅生命和破壞財產的雪崩。我們無法預測不受控雪崩發生的確切時間和地點，不過你幾乎可以完全確定地預測，在某些情況下會發生一定程度的雪崩。你只是不知道什麼時候。受控的雪崩是一種消除不確定性、使系統縮小規模和避免損失的方法。你是用炸藥炸毀一個系統以造福周圍的人。這是對複雜動力學的恰當描述。這不是一個比喻；陡峭山上的不穩定積雪實際上是一個複雜系統。供應鏈也是。

尋找供應鏈崩潰原因的分析師是在追逐影子。當複雜系統崩潰時，那不是單一原因造成的。換句話說，原因是系統本身的規模；複雜系統因自身重量，和無法獲得所需能源的投入而崩潰。觀察家指責卡車司機、港口堵塞、勞動力短缺、疫情、天氣、停電等等。事實上，這些都是並行的複雜系統間，發生整體故障或分散故障的徵狀。供應鏈的問題出在……供應鏈。它太大，太脆弱，太緊繃，它完全依賴出於合作、資訊和人力資本等形式的投入。當投入失靈時（它們無可避免地會發生失靈），系統就會崩潰。你不會把雪崩歸咎於最後一片雪花；你會責怪不穩定的系統。

複雜（complexity）和繁複（complication）不同。瑞士手錶很繁複；儘管如此，經驗豐富的工匠可以將其拆開，清潔並更換一些零件，重新組裝，讓手錶正常運作。複雜比較像是一瓶細緻的白葡萄酒，你可以嗅聞和品嚐成品中的花朵、蘋果、檸檬、奶油等味道，但你不能把它拆開，然後重新組裝起來。味道和香氣是物理學家所說的複雜系統的突現特性。成品酒大於其各部分的總和，它也很脆弱。讓瓶子打開夠長的時間，它會變酸。全球供應鏈正在接近酸味階段。

供應鏈具有構成複雜系統的所有元素。第一個組成部分是一組稱為自主行動者（autonomous agents）的多樣元素，這些行動者自行採取行動和決策，共同允許供應鏈的運作。第二個組成部分是連接性（connectedness），不同的行動者必須交互作用才能形成一個複雜系統。從託運人、分銷商和零售商如何互動來看，供應鏈符合緊密連接的特性。第三個組成部分是交互依賴（interdependence）。這意味一個行動者所做的事會影響其他行動者所做的事，效應會往兩個方向作用。在供應鏈中，如果倉庫已滿，業主的行銷部門可能會進行折扣促銷。如果倉庫是空的，採購部門可能加倍下訂單。同樣的，交互依賴是供應鏈動態的核心。第四個組成部分是適應性（adaptation）。這不只意味改變，還暗示了學習。當一個港口持續堵塞時，你學會指引訂單到另一個港口，諸如此類。

以下是多樣性、連接性、交互依賴和適應性，如何融合成一個複雜系統的摘要：

> 要瞭解複雜系統如何運作，就必須考慮這四個元素中每個元素的強度。想像一下，每個人都有一個可以從零到十的設定旋轉鈕。在設定為一時，系統會紋風不動。它將有複雜性的元素，但什麼都沒發生。多樣性很低，連接性和交互依賴性薄弱，而且幾乎沒有發生學習或適應。設定為十時，系統是混亂的。行動者從太多來源接收太多資訊，並且因為相互矛盾和負荷過重的訊號而阻礙他們的決定。

複雜性最引人注意的地方是密西根大學佩吉（Scott Page）所稱的「有趣的中間」（interesting in-between）。這意味旋轉鈕設定在三到七之間，每個旋轉鈕都與其他旋轉鈕不同。這容許不同行動者之間進行良好的資訊交流、互動和學習，但不會多到使系統變混亂。這是複雜性的核心——一套不斷產生令人驚異結果而不會崩潰的系統[4]。

簡單地說，無止境地追求供應鏈效率使旋轉鈕接近十，結果是混亂和崩潰。

複雜系統還有另外三個特性適用於供應鏈。第一個是由現代複雜理論創始人羅倫茲（Edward Lorenz）發現的。從一百三十八億年前的大爆炸以後，複雜系統就已經存在，宇宙的形成是所有複雜動力系統之母。直到發明電腦和數學演算法來建立複雜動力學的模型後，複雜性科學才形成。

一九六一年羅倫茲在一台皇家麥克比型 LGP-30 電腦（Royal McBee LGP-30）模擬天氣模式，以今天的標準來看這台電腦很原始，但它很適合他的演算。他執行了一項模擬，並從列印紙讀取結果。他決定再執行相同的模擬（標準的科學技術），並輸入列印出來的數據以進行這個程序。他出去吃完午飯後回來，當看到第二次模擬的結果與第一次完全不同時，他感到十分驚訝。它們應該相同才對。

經過檢查，羅倫茲確定他第一次模擬輸入的位數是小數點後六位，但電腦把列印輸出截尾為小數點後三位。他的數據〇．五〇六一二七已四捨五入為〇．五〇六。

在大多數實驗中，輸入萬分之一的改變是無關緊要的，但在這個例子中，它卻對結果造成巨大的變化。羅倫茲從中正確地推斷，某些系統表現出複雜的動力學，以至於在過程開始時的微小擾動，也可能導致從平衡到全面崩潰的最終結果[5]。羅倫茲總結他的發現時寫道：「除非完全確知目前的條件，否則任何方法都不可能預測遙遠的未來。由於天氣觀測無法避免不準確和不完整，所以精確的長期預測似乎不可能。」羅倫茲應用於天氣的推斷也適用於所有複雜動力學。

複雜系統與我們此處討論有關的第二個特性，是由天體物理學家蔡森（Eric J. Chaisson）發現的。以下是他的理論摘要：

蔡森認為，宇宙最好被理解為輻射和物質之間不斷的能量流動。流動動力學產生的能量，比轉換所需的能量多，因而提供了支持複雜性的「自由能量」。蔡森的貢獻是把複雜性定義為系統中自由能量流與密度的比率。簡單地說，一個系統愈複雜，維持其大小和空間所需的能量就愈多。

眾所周知，太陽消耗的能量遠遠超過一個人類的大腦，但太陽比大腦大得多。如果考慮到質量的差異，實際上以蔡森的標準單位來衡量，大腦使用的能量是太陽的七萬五千倍。蔡森還發現了一個比人類大腦複雜得多的實體：文明形式的社

> 會……蔡森的主要發現是，在調整密度後，文明消耗的能量是太陽的二十五萬倍，更是銀河系使用能量的一百萬倍[6]。

就供應鏈主導全球經濟和經濟代表文明而言，蔡森的能量密度等式，完全適用於全球供應鏈。供應鏈系統愈複雜，密度愈高，就愈需要更多能量（包括人力資本形式的能量）來防止系統崩潰。

複雜系統的第三個特性，是由人類學家兼歷史學家坦特（Joseph A. Tainter）在他的開創性著作《複雜社會的崩潰》（*The Collapse of Complex Societies*）提出的[7]。坦特研究了四千五百年來二十七個文明的崩潰。他分析眾所周知的案例如羅馬帝國的崩潰，以及鮮為人知的案例，包括緬甸高原的克欽文明。坦特指出，歷史學家為每次崩潰歸結出具體的原因，包括乾旱、地震、野蠻人入侵、瘟疫和其他災難。他的洞見是，這些崩潰的文明以前都曾多次發生這些災難。羅馬在西元前三八七年遭到由軍閥布倫努斯（Brennus）領導的塞爾特部落入侵，比西元四五二年匈奴人阿提拉（Attila）入侵義大利北部早了八個世紀；儘管如此，羅馬還是復原了。但羅馬從未從阿提拉的攻擊中完全復原。

坦特利用這個例子和許多其他例子得出結論說，一個複雜系統的崩潰，不能由野蠻人攻擊這種特定原因來解釋，而是要以受到攻擊之文明的反應機能來解釋。屈服於入侵、瘟疫或乾旱的社會，在過去曾多次克服這些威脅。但最後社會崩潰是因為它不再有復甦的動力。不管是因為稅收、貪腐、頹廢，還是領導軟弱，社會的成員都沒有振作起來或努力重建。他們只是任由壞事發生並遷移，或忍受惡化的生活條件。

這三個對複雜系統的見解——小變化產生大結果、能源投入隨著規模呈指數級增加，以及系統參與者不再對改變做出積極反應——解釋了正在進行中的供應鏈崩潰。擾動無處不在、系統性規模太大，和關鍵的政治參與者不再關心，或至少他們不再認同供應鏈倡導者的目標。追求效率的驅動力已被自給自足的驅動力所取代。這是一個深刻的政治轉變，供應鏈經理人是率先感受到其影響的人，但似乎是最後才領悟到政治風向改變的人。

情況只會愈來愈糟

全球供應鏈的崩潰，是複雜系統崩潰的一個大規模即時案例。核心問題是供應鏈專家過去三十年來，不斷努力提高的供應鏈效率。供應鏈為企業增添了成本，而效率的結果是降低成本。降低成本可以增加利潤。從一九九〇年代初以來的供應鏈革命目的就是降低成本，並以降低價格的形式回饋給消費者，這場效率革命直接飛向複雜性風暴的中心。供應鏈規模擴大、參與度增加、多樣性增加、連結增加，以及交互關聯性提高，就是促使系統性崩潰的組合。然而系統卻缺乏強固性（承受衝擊的能力）和韌性（彎曲和恢復的能力）。現在震撼毀壞了這個系統，顯露出所謂的韌性只不過是個幻覺。條件相關性（conditional correlation）導致鏈條中分散的各部分同時破裂。支離破碎的花瓶無法重新組合，你必須買一只新的。新的供應鏈即供應鏈2.0，是唯一的解決方法。

幾十年來我們一直聽說北美自由貿易協定（一九九四年）和中國加入世貿組織（二〇〇一年）等貿易協定。即使在沒有多邊協議的情況下，我們也致力於在雙邊基礎上削減關稅。晚近實施的大規模貿易協定，包括修改過的跨太平洋夥伴協議（TPP，二〇一八年）。歷史上的前例包括歐洲自由貿易聯盟（EFTA）和歐洲聯盟（EU）。所有這些協議和條約都是在自由貿易的宗旨下完成的，而自由貿易則是一個備受學術界吹捧的虛構概念。在現實世界中，貿易是一場由補貼、非關稅壁壘、國家倡導、廉價勞動力，和藉由流動資本憑空創造的比較優勢操縱遊戲。自由貿易聽起來像是個崇高的目的，但它昭然若揭的議程是擴大沒有關稅的供應鏈，以便廉價勞動力能夠與富裕的消費者建立連結。供應鏈革命涉及的不只是以亞洲為主的廉價勞動力，還涉及來自非洲的稀缺商品、來自台灣的高科技、來自美國的金融資本，以及來自歐洲、加拿大和美國的高附加價值人力資本等來源。

供應鏈經理人和顧問變成優化連結和削減成本的專家。一個來源距離較遠的供應商可能因為廉價的勞動力而比本地供應商更有效率。對高需求、重量輕的產品來說，昂貴的航空運輸可能比船運更有效率，因為商品庫存的時間可以縮短。由於單位成本較低，長期採購協議可能比一次性採購更有效率。反過來看，短期採購協議可能因為容許更換某些零件而更有效率。沒有單一的正確答案，只有永不休止地追求優化，也就是更便宜的供應鏈。

這些努力的試金石是及時庫存的想法。如果你在汽車裝配線上安裝座椅，理想的情況是在安裝當天早上那些座椅可以送達工廠。這樣可以把倉儲和庫存成本降至最低，裝配線上安裝的每個零件也是如此。這背後的物流複雜到令人生畏，但可以利用最先進的軟體進行管理。就目前而言，所有這些努力都很順利，節省的成本也很真實。供應鏈是全球性的，這套系統控制成本的能力顯而易見。

只有一個問題：這套系統極度脆弱。錯失一次交貨可能導致整條裝配線關閉，一艘延誤的貨船可能導致空貨架，一次停電可能導致運輸中斷。總之，這就是全球供應鏈實際發生的事，這其中沒有冗餘。這套系統缺乏抵抗震撼的強固。然而震撼還是發生了（瘟疫、貿易戰、脫鉤、銀行擔保品短缺等），系統已經開始崩潰。

崩潰正出現連鎖性的擴散。中國進口的大宗商品投入延遲導致出口生產延期。中國的能源短缺導致鋼鐵生產、採礦、運輸和其他基礎工業進一步中斷。洛杉磯的港口延遲導致零件和成品在美國的延遲。半導體短缺已造成電子產品、電器、汽車和其他依賴自動化應用（物聯網）的耐用消費品停止生產。每個人都責怪其他人。無法在港口卸貨的船隻，責怪卡車司機應該把已經上岸的貨櫃移走。卡車司機責怪州監管機構要他們排隊等候數天領取貨櫃，最後卻告訴他們明天再來。零售商指責配銷中心、顧客責怪零售商，他們都有正當理由。儘管如此，他們都錯失了重點。這些抱怨是病徵，而不是病因。供應鏈崩潰不是發生在一個瓶頸處，它存在於各個層面的供應鏈上下游，從零件供應商到製造商，從運輸服務商到顧客。

世界首屈一指的供應鏈管理權威之一斯坦頓（Daniel Stanton）援引羅倫茲對投入的小變化，會造成產出大改變的發現，描述一種稱為長鞭效應（Bullwhip Effect）的典型供應鏈現象：

顧客進來購買一個小器具，商店發現那是店裡最後一個，因此商店需要從批發商那裡訂購更多庫存。但是批發商不出售單一器具，而是以每箱一百個為單位出售該器具。所以這家商店必須購買一整箱——一百個器具——雖然它只賣了一個。如果這箱器具是倉庫裡的最後一箱，批發商將向工廠訂購更多器具來補充其庫存。但工廠以一百箱為單位批量銷售該器具，因此批發商必須購買一百箱每箱一百個的小器具。所以批發商購買了一萬個小器具，雖然它只賣出一百個。

工廠賣了多少該器具？一萬個。批發商賣了多少個？一百個。顧客購買了多少個？是的，只有一個。供應鏈末端的一個小需求訊號在每一步都被放大，對庫存產生了長鞭效應。那家商店可能永遠不會再賣出另一個小器具，因此它會被庫存中的一百個器具困住……供應鏈中每個環結的額外庫存，都耗費錢而未增添任何價值[8]。

當然，長鞭效應也有補救方法。工廠和批發商可以小批量銷售，供應鏈中的各方都可以做更好的預測，因而可以在庫存過低之前下訂單。商店、批發商和工廠可以改善溝通，以協助把庫存管理做得更好。儘管如此，長鞭效應是真實的。描述它的重點不是批評供應鏈參與者，而是說明全球供應鏈對最微小的擾動都十分敏感。

另一個說明供應鏈複雜性的研究案例是飛機操作，特別是航空電子設備——現代飛機的電子大腦。當你在下飛機時匆匆瞥見客機駕駛艙，你看到的燈、開關和轉鈕是航空電子設備的輸出訊號和介面。航空電子設備供應中斷的故事，牽涉的不只是投入和運輸延誤，它揭露了強制接種疫苗的陰暗面和政府與航空業的欺騙。

這個故事始於二〇二一年十二月三十一日，美國運輸部長布塔朱吉（Pete Buttigieg）和聯邦航空管理局局長狄克森（Steve Dickson）共同發函呼籲威瑞森公司（Verizon）和AT&T延後推出5G無線通訊服務[9]。這種聯名發函從表面上看就很不尋常，因為運輸部和航管局通常不管轄行動電話運營商，這是美國聯邦通訊委員會（FCC）的職權，這封信說明了其中的關聯。新的5G無線服務可能干擾航空電子設備，並對航空公司安全構成風險。布塔朱吉和迪克森宣稱，飛機可能會遭到「廣泛和不可接受的干擾」，飛機降落可能從被視為不安全的機場改道到其他機場，以避免受5G干擾。信中又說，這些改道可能引起「整個美國航空運輸系統的連鎖反應」。政府的憂慮牽涉飛行員在惡劣天氣，或低能見度條件下，安全著陸所仰賴的雷達高度計。信中要求從二〇二二年一月五日延遲兩週，以使航空業能夠指定機場「作為讓航班得以安全持續的緩衝區」。不過，對布塔朱吉和迪克森所稱的「優先機場」，這項延期可能無限期持續下去。剛開始AT&T和威瑞森拒絕聯邦航空管理局，但第二天他們改變立場並同意延期。也許最令人驚訝的是這個要求的急迫性，和直到最後一刻才提出。雷達高度計是在一九三〇年代發展的，使用的是貝爾實驗室在一九一〇年代最早發現的技術；5G 技術，在二〇一六年推出，並於二〇一九年廣泛部署。為什麼有關當局直到二〇二二年初才想解決這兩種技術會互相干擾的危險？

答案帶我們回到供應鏈的大慘敗。事實上，直接修改雷達高度計就可以讓它們安全使用，甚至在靠近 5G 傳輸塔的地方。困難之處是從事航空電子設備工作的工程師嚴重短缺。由於歷史和物流原因，航空電子行業集中在堪薩斯州威奇托地區。許多人在德事隆公司（Textron）或勢必銳航空系統公司（Spirit AeroSystems）工作。這種情況很常見。電腦開發人員聚集在矽谷，醫療研究人員聚集在北卡羅來納州羅里（Raleigh）附近。在任何領域，最優秀的人都希望與最優秀的人共事。航空電子工程師通常在四十多歲或五十多歲，主要是白人男性。這是一個新冠疫苗接種率較低的群體——接近五〇％，而全國平均水準為八〇％[10]。他們絕大多數是聯邦承包商，因為他們為軍用和民用航空業工作。因此拜登總統在二〇二一年九月九日發布的行政命令涵蓋了他們，要求他們必須接種疫苗，和遵循其他疫情安全規定。拜登說：「如果你想和聯邦政府合作，和我們做生意，就得接種疫苗……如果你想與聯邦政府做生意，就讓你的員工接種疫苗[11]。」但許多工程師沒有接種疫苗。結果是，他們紛紛辭去工作、或被解僱，或創立不必遵循拜登強制疫苗規定的新公司。這種逃避疫苗——拜登政策可預見的結果——直接導致雷達高度計微調供應鏈的速度放慢，進而造成 5G

推出延遲。這就是供應鏈運作——或在這個例子是不運作——的方式。

一位飛行員告訴我，不使用雷達高度計著陸會是什麼情況：

只有一種已知的目視技術，可以在飛機降落時不造成任何飛機損壞。那就是在著陸前最後三到五秒鐘專心一致看著地平線。如果能見度不允許這麼做，而且你必須在最後幾秒鐘以負仰角看，那就幾乎不可能平穩著陸，因為你無法透過眼睛判斷俯仰角。

透過充分的練習，飛行員至少可以學會在低能見度下，只使用目視提示著陸而不破壞飛機，但這並不保證安全。通常雷達高度計會告訴飛行員何時觸地（這是個偏好問題，大多數人在雷達高度計宣布「十」時會開始觸地，這表示在跑道上方十英尺處）。

我們已經知道接下來會發生什麼：主要航空公司的首席飛行員，將要求雷達高度計「公告禁用」（對於大多數款式的飛機來說，這意味拉下雷達高度計上的斷路器），因為它不再可信。首席飛行員將不希望他們的飛行員，在沒有雷達高度計的情況下進行精確飛行，或至少在他們多累積幾個小時目視提示的練習，並反覆熟練在惡劣天氣下著陸之前不許這麼做。

白宮不太可能了解這些。他們知道如何發布命令和爭取時間，但他們不知道如何把強制接種疫苗、聯邦承包商、飛航安全、推出5G和緊急降落連接起來。美國航空、達美航空、聯合航空和西南航空，在二〇二一年耶誕假期取消許多航班，被歸咎於「惡劣天氣」，實際上都與雷達高度計瓶頸有關。惡劣天氣的關聯性只是因為如果沒有校準高度計，飛機就無法安全著陸。而高度計沒有校準，是因為強制要求接種疫苗，導致許多聯邦承包商員工沒有上班。最後5G在一月下旬推出，AT&T和威瑞森同意推遲某些機場附近的安裝。這爭取了一些時間，但並未解決長期的問題。預料航班取消將會持續，這一切真的全都牽連在一起。

拜登不是唯一採取似乎蓄意破壞供應鏈政策的政府。由總理杜魯道（Justin Trudeau）領導的加拿大政府要求，從未接種疫苗的卡車司機，從美國返回加拿大後將面臨漫長的隔離——儘管疫苗無法阻止新冠病毒感染或傳播，而且司機單獨工作所以不會感染任何人。大多數加拿大人口居住在距離美加邊境一百英里的範圍內，而且美墨加協定使跨越邊境的南北交通，比橫越加拿大的東西交通更重要。強制接種疫苗的規定對美國—加拿大供應鏈，以及身陷其中的卡車司機福祉造成巨大的影響。二〇二二年一月下旬，數千名加拿大卡車司機，加入從不列顛哥倫比亞省沿著一號高速公路和其他路線，前往渥太華的自由車隊抗議活動。一月二十九日卡車司機抵達後，首都實際上已被關閉。總理杜魯道在貶斥卡車司機為「邊緣少數族群」後躲藏起來。事實上，卡車司機的抗議活動，得到加拿大和美國的廣泛支援。從馬斯克（Elon Musk）到塔克．卡森（Tucker Carlson）等知名人士都聲援卡車司機的抗議活動。撇開政治不談，讓數千輛卡車困在車隊和渥太華抗議活動，只是對供應鏈效率多增加一個打擊。

供應鏈的困難肯定會變得更嚴重。更令人不安的是，補救措施將需要數年、甚至數十年才能實施。其原因與產業回流所需要的時間很長有關。例如，美國可以藉由建立自己的半導體製造廠，來減少對亞洲半導體進口的依賴。問題是興建這些工廠需要三到五年的時間，而且成本極其巨大。

供應鏈恢復還有其他障礙，但它們與傷害適應和替代過程的特定供應鏈沒有直接關係。美國已經存在勞動力短缺，且原因很複雜。潛在勞工並非真的短缺，但許多工人寧可呆在家裡，原因包括政府福利、育兒責任，或雇主提供的薪資不足（雇主負擔不起更高薪資，因為他們會倒閉）等因素的綜合。這種勞動力短缺很大程度上集中在低工資工作，如服務員、店員、速食店員和辦公室助理。儘管如此，工程師、飛行員、機械師和醫務人員等較高技能的領域，很快就會出現勞動力短缺。高技能勞工短缺的原因不是薪資低，而是因為強制接種疫苗規定和疫情疲勞的結合。

拜登對供應鏈背景的政策反應是錯誤的，它們主要是為了作秀。在拜登近日的談話中，他似是而非地提到數十年來存在的椰菜娃娃（Cabbage Patch Kids）和豆豆娃（Beanie Babies）短缺（那是因為需求過剩而非供應鏈失敗造成的），這種言論只會增加人們對拜登心智能力的懷疑。在一些美國人買不到牛奶或雞蛋的時候，拜登的新聞秘書莎琪（Jen Psaki）嘲笑她所謂的「跑步機延遲交貨的悲劇」，洩漏了菁英階層的不知人間疾苦。拜登的幕僚長克蘭（Ron Klain）認可的一份聲明，把通貨膨脹和供應鏈中斷稱為「高級問題」，是又一次對美國人面臨的日常問題視而不見的證明。

二〇二一年十二月二十二日，拜登與聯邦快遞、GAP和幾家大型物流服務商的資深主管舉行會議，討論供應鏈的狀況。在這之前，沃爾瑪、Etsy、三星、克羅格（Kroger）、百思買和CVS的執行長，已於二〇二一年十一月二十九日出席了白宮的另一項會議。兩次會議談論的都是老套，幾乎沒有任何新意。拜登說：「貨架沒有空。」事實上很多貨架是空的。拜登確實宣布從戰略石油儲備中，釋放五千萬桶石油，但在美國每天消耗近兩千萬桶石油的情況下，這是微不足道的數量。拜登還吹噓從二〇二二年二月開始將斥資四十億美元，在美國陸軍工程兵團的領導下改善美國的港口基礎設施。這是值得稱許的事，但這些專案將需要五到十年才能完成。

這些會議是提供社會大眾消費的，沒有提供任何實質內容來緩解當前的危機。

拜登還大肆指責他人，這完全借助於解決問題，而只為了推卸責任。拜登指責肉類加工商哄抬價格，儘管有明確證據顯示肉類價格上漲原因，是勞動力、飼料、化肥和運輸投入成本上揚。在截至二〇二一年九月的一年，種植牲畜飼料所需的氮肥價格上漲了二二〇%。拜登還威脅要對大型肉類加工廠採取反托辣斯行動，儘管有證據顯示「四大」業者（泰森〔Tyson〕、嘉吉〔Cargill〕、JBS和National Beef）之間存在良性競爭，而且在地方市場或全天然產品佔有一席之地的小型加工廠產量充足。加強對肉類加工廠的監管只會推高價格，並進一步阻礙供應鏈。聯邦貿易委員會（FTC）在二〇二一年十一月三十日公布一項針對亞馬遜、沃爾瑪、寶潔（P&G）和其他八家主要零售商的調查，宣稱存在反競爭行為。這是政府又一次作秀的行動。事實上，亞馬遜和沃爾瑪是供應鏈效率最高的公司之一，與許多其他分銷商比較，它們發生的供應中斷更少。拜登政府對供應鏈崩潰的反應，頂多只應該被視為一項公關計畫，最糟的則是它本身就是促進崩潰的原因之一。

拜登總統下令，所有聯邦承包商必須在二〇二一年十二月八日前全部接種疫苗。此外，聯邦員工和軍隊已涵蓋在強制接種疫苗的命令中，沒有別的選擇。這項聯邦承包商強制令，與適用於有一百名以上員工的所有僱主的美國職業安全衛生署

（ＯＳＨＡ）強制疫苗規定不同。ＯＳＨＡ的強制規定已在二〇二二年一月十三日被美國最高法院撤銷。聯邦承包商的強制令在二〇二一年初遭到幾個美國巡迴上訴法院阻止，但進一步上訴仍未展開。儘管如此，在法院釐清這些強制令不合法之前，廣泛的損害已經造成。許多工人在面對強制疫苗規定時選擇辭職，因為有許多私人部門的僱主仿效強制規定，損害了他們員工的權益。聯邦承包商的疫苗接種率低於全國水準。全國疫苗接種率接近八〇％，而聯邦承包商的接種率接近七〇％，在航空電子設備等專業還更低。這些員工知道疫苗供應不成問題，也了解風險（兩面的風險和副作用），並選擇不接種疫苗。因此強制令幾乎不可能改變他們的想法。拜登政府並沒有放棄強制規定，而是正在研究包括行政命令在內的新方法，希望達成同樣的結果。聯邦承包商的員工人數龐大，多達數千萬人。美國經濟已十分疲弱。供應鏈已陷入混亂。任何大規模解僱技術工人的行動都將使經濟陷入衰退。一些分析師甚至表示，全球供應鏈正在遭到中國等主要參與者破壞，目的是為了地緣政治利益而傷害西方經濟。我們很難判斷供應鏈是遭到故意破壞，或者只是被自身重量壓垮，也許兩者兼而有之。

原因之一也可能是，供應鏈中的每個參與者都實現了自己的效率，但沒有人從總體韌性的角度來看待全球系統。有可能是一方或多方選擇故意破壞系統，而沒有意識到整個系統到底有多脆弱。故意行為和意外後果的某種結合在歷史上不乏先例，包括第一次世界大戰的爆發。重點是，一旦內爆開始，就沒有辦法阻止它，直到你進入一個較簡單但幾乎無法辨識的狀態。基於這些和其他原因，供應鏈危機將從此變得更加糟糕，並持續許多年。

無路回家

供應鏈故障沒有簡單的解決方案。複雜系統以連鎖反應方式崩潰，每個問題都會導致下游出現更大的問題。漣漪效應呈扇形散開，無法逆轉。河流不會倒流。藉由囤積、過度訂購或尋求新供應來源以解決特定問題的努力，只會使情況變更糟。這些補救措施是以犧牲供應鏈中的其他人為代價。這是一個負和遊戲（negative-sum game）。即使救急措施為一些人提供暫時的緩解，整體情況也會變得更危急。

即使你把觀點擴大到延伸供應鏈，你還是會錯過全貌。全球供應鏈是一個眾多系統的系統。每個單獨的供應鏈系統都是複雜系統，而系統的系統則複雜到難以衡量。嘗試為這種複雜性建立模型需要的處理能力，將超過整個地球電算能力的加總。我們稱這種系統的系統為元供應鏈（meta supply chain）。

當運輸路線被堵住時，增加產量無濟於事。當倉庫裝滿時，調度更多運輸路線無濟於事。當其他關鍵貨物交付延遲時，把貨物交付到製造中心幫不了忙。利潤將被更高的能源成本、更高的勞動力成本、更高的庫存成本和銷售損失吃掉。

美國政府的政策是嘗試提高石油和天然氣價格，以增進風能和太陽能的吸引力，這些綠色新政的政策終將失敗。雖然風能和太陽能有一席之地，但這種間歇性能源無法維持現代電網的基本負載水準，也無法以夠快的速度擴大規模，以滿足不斷成長的能源需求。與此同時，汽油、航空燃油、柴油和天然氣成本的上漲，將使既有的供應鏈問題加劇。

前面談到，崩潰是單向的。一旦水流過瀑布，你就不能把它推回瀑布上。元供應鏈將不得不找到一個新水準，它將更慢、成本更高，但也許對逆境更具韌性，更堅固而能抵擋未來的挫敗。最大的輸家將是中國，因為它是將被放棄的斷裂供應鏈中許多投入的來源。最大的贏家將是美國，因為它最有能力讓關鍵連結回流，並從其他地方獲得替代來源。儘管如此，重新配置元供應鏈，將需要五到十年的時間才能完成。與此同時，投資人應該預期受影響的公司將出現空貨架、成本上升，和成長減緩。

第三章　為什麼短缺將持續存在？

全球化的好處和破壞既不是它們自己造成的；必須有人決定從海外而不是隔壁的供應商採購產品，把生產轉移到海外而不是讓當地的工廠繼續運作，或是把資本轉移到避稅天堂而不是投資在國內……大體上是跨國公司的生產、採購和投資決策推動了經濟全球化的進程。

——安提亞．羅伯茲（Anthea Roberts）和尼古拉斯．藍普（Nicolas Lamp），《全球化的六張面孔》（*Six Faces of Globalization*），二〇二一年[1]

供應鏈2.0

在第一章中我們探究了全球供應鏈崩潰的具體方式。在第二章我們研究崩潰的原因，包括貿易戰、堅持不懈地追求效率，以及複雜動態系統過度擴大規模本來就有脆弱性。在本章我們將探討為什麼從一九八九年到二〇一九年建立的供應鏈已破壞到無法修復，而必須重建較短的路線、讓生產回流，以及與共產中國脫鉤。這個重建標記著從供應鏈1.0轉型到供應鏈2.0。這將不是一件容易的事，也不會很快完成。儘管如此，美國將必須充分利用民主國家間的全球貿易，而且在過程中不讓獨裁國家獲得力量。

無法重振失靈的供應鏈架構，是因為持續的貿易戰、物流瓶頸、疫情和失敗的公共政策應對、能源危機，以及危言聳聽的氣候主張。只責怪卡車司機、港口和勞動力短缺是不夠的。這些情況是病徵而不是原因。就像有元供應鏈一樣，供應鏈崩潰也有元原因。有兩個原因最為凸顯——與共產主義中國脫鉤，和俄羅斯企圖在歐洲建立新安全秩序。我們將藉由對中國和俄羅斯發生的大事做深入分析，來逐一考慮這兩個原因。等做完分析後，讀者將對供應鏈科學和系統必將發生改變不再有任何懷疑。

貿易、卡車和關稅

川普總統發起的貿易戰遠遠沒有結束，它們的情況愈來愈糟。拜登政府並沒有降低川普對中國徵收的關稅，儘管川普的貿易政策經常遭到批評。事實上拜登還徵收新的關稅，包括二〇二一年五月對從中國進口的車輛底盤課徵二二一%的關稅[2]。美國的底盤短缺是美國港口供應鏈瓶頸的原因之一。關稅造成底盤的價格從大約一萬兩千美元提高到近四萬美元，使得大多數美國託運人的成本大幅升高。南加州港口卡車司機的等待時間，從四十分鐘增加到七小時。等待時間也增加了燃料成本。關稅可能在未來幾年對美國車架製造商有幫助，並可能增加底盤製造業的就業。但那是未來。就現在來說，底盤短缺和港口瓶頸只會變更糟。

根據二〇二〇年二月十四日生效的美中貿易協定，中國沒有履行其第一階段承諾，亦即在二〇二〇年和二〇二一年增加購買二千億美元的美國商品和服務。該協定要求中國採購八百零一億美元的農產品，但截至二〇二一年十二月的實際購買金額為五百六十三億美元，比目標低三〇%。中國只購買一千三百七十億美元的製造業產品，而目標為二千三百四十四億美元，少了四一．五%。中國進口美國能源二百八十六億美元，目標則為六百六十億美元，不足五七%。到二〇二二年二月時，第一階段的最終統計結果將出爐。中國購買的美國商品甚至未達交易前的水準，更不用說履行承諾的增加。凱投宏觀公司（Capital Economics）的報告指出：「中國未達成第一階段貿易協定承諾的增加採購。拜登政府不滿意，但沒有更好的方法來強迫中國做更多[3]。」第一階段協定完全失敗，第二階段目前沒有任何進展。想結束二〇一八年—二〇一九年貿易戰的二〇二〇年貿易協定是一紙空文。

二〇二〇年中國和澳洲發生一樁新爭議。從二〇〇九年到二〇一九年，澳洲對中國出口成長為三倍，截至當時中國是澳洲最大的貿易夥伴。澳洲提供中國約一半的鐵礦砂，以滿足中國鋼鐵工業的需求，支持中國的營建榮景。澳洲還提供中國一大部分的煤、天然氣和農產品進口。在澳洲工作的中國學生，是中國外匯的重要來源之一[4]。二〇二〇年四月，當澳洲要求對導致新冠疫情的 SARS-CoV-2 病毒來源進行獨立國際調查時，兩國原本持續增加的互利貿易關係突然崩潰。儘管有令人信服的證據顯示該病毒是從中國湖北省武漢病毒研究所洩漏的，但澳洲並未妄下斷言，只是要求進行公平調查。

北京的報復是稱澳洲的建議為獵巫行動。一週後，中國駐澳洲大使成競業要求消費者抵制包括葡萄酒在內的若干澳洲進口商品。二〇二〇年五月，中國對澳洲大麥課徵高額關稅，實際上把澳洲大麥排除在中國市場外。在接下來的幾個月，中國對澳洲牛肉、葡萄酒、小麥、羊毛、糖、銅和木材加徵關稅。中國能源生產商被告知停止購買澳洲煤，並停止購買澳洲現貨液化天然氣。坎培拉毫無懼色，澳洲政府並未放棄呼籲對病毒起源進行調查。在抵制和加徵關稅的初期衝擊後，澳洲順利地為煤和液化天然氣、食品和礦產出口找到其他外國市場。這是貿易轉移的例子，類似美國黃豆出口商在二〇一八年中國抵制後的做法。當一個市場關閉後，只要世界任何地方還需要產品，其他買家就會出現。澳洲伯斯美亞中心（Perth USAsia Centre）分析師威爾遜（Jeffrey Wilson）指出，二〇二〇年澳洲與中國的貿易爭端為與中國脫鉤的實際運作方式，提供了真實世界的案例研究。對中國來說，壞消息是這個案例似乎運作順利。

二〇二一年，中國與歐盟成員國立陶宛，爆發一場規模較小但仍很重要的貿易戰。二〇二一年八月，中華民國在立陶宛首都維爾紐斯（Vilnius）設立代表處，並使用「台灣」的名稱，而非較不具有挑釁意味的「台北」。二〇二一年十二月，立陶宛的報告稱，所有立陶宛出口中國的產品都已停止，中國已重新設定其電腦，把立陶宛從原產地國家清單除名。爭端迅速升級，歐盟向世界貿易組織提出申訴，指控中國涉及違反世貿組織規則的歧視。歐盟執行副主席東布羅夫斯基斯（Valdis Dombrovskis）說：「中國的措施對歐盟單一市場的完整性構成威脅。它們影響歐盟內部貿易和歐盟供應鏈，對歐盟工業造成負面影響[5]。」這場爭端是中國利用世界貿易，達成政治目標的霸凌策略的又一例證。它也凸顯一個看似微不足道的代表處名稱爭議，可能升級為世界兩大政治和經濟參與者——中國和歐盟——之間的訴訟。

二〇二一年一月三日，歐盟決定把對涉及侵犯新疆維吾爾族，和其他宗教團體人權的中國官員制裁，延長到二〇二二年十二月八日。這個決定是在歐洲議會於二〇二一年五月暫停實施《中歐全面投資協定》（CAI）後所做出的決定。CAI經過七年的談判後，在二〇二〇年十二月達成協議，但因為歐盟對中國的制裁和中國的報復，實施可能推遲到二〇二三年以後。與涉及關稅和配額的問題不同，人權制裁幾乎沒有妥協的餘地。

二〇二一年十一月五日，中國的台灣事務辦公室（TAO）宣布，任何支援台灣獨立的個人都將被視為終身罪犯，支援這類個人的公司將被禁止在中國從事業務。這項宣布與中國政治干預台灣選舉的關係大過於與直接貿易的關係。儘管如此，這仍是台灣與中國商業關係的又一個障礙，也是供應鏈有效運作的另一個阻力。正如俄羅斯入侵烏克蘭所展現的那樣，中國入侵台灣的行動，將引發西方與入侵者間雙向貿易制裁的海嘯，下文將對這方面進行深入探討。其他或大或小的貿易和投資爭端，每天都在出現。貿易戰和戰略制裁不但未見平息，反而是正在升高。

貿易戰和關稅並不是破壞供應鏈的唯一因素。監管扮演一個角色，而且目前看不到緩解跡象。南加州港口的堵塞至少有一部分要歸咎於環境法規和勞工政策。加州倉庫和配送中心的擴張，導致對相關噪音和交通的反彈，進而造成當局的過度監管。一些地方限制卡車送貨給零售商的時間。加州也限制柴油動力設備每天運轉的時間，並要求堆高車和設施卡車使用電動車，和規定現場設置充電站。加州對新倉庫的其他要求包括綠色建築標準、減少建築設備的二氧化碳排放。南海岸空氣品質管理區（SCAQMD）已規定轄下的三千座倉庫，安裝太陽能面板和使用電動貨車送貨等措施[6]。目前尚不清楚在美國對太陽能面板徵收高關稅的同時，執行裝設太陽能面板的規定會不會遇到困難。有些人可能堅持這些要求有理，但有些規定毫無意義。不容爭議的是，這些規定阻礙了供應鏈，並且未來將不會取消。

加利福尼亞州在二〇一九年也頒布了一項稱為AB5的法律，作為對全國卡車司機工會（International Brotherhood of Teamsters）的安慰。該法律把許多卡車司機重新歸類為雇員而非獨立承包商。這為工會組織工作打開了大門，因為工會不能根據《全國勞資關係法》來組織獨立承包商。它還限制卡車司機彈性工作時間和為多家卡車運輸公司開車的能力。這種限制彈性提高了成本，因為有加班費的規定，同時卡車司機對一些路線需求增加的彈性反應能力將因而降低。AB5還減少了卡車司機的供應，因為繁瑣的規定和工資減少，導致一些人退出職場。同樣的，此處重點不在於優缺點的辯論，而是說明不斷增加的監管，導致供應鏈功能更加失調。

美國卡車運輸協會估計，目前短缺的司機多達八萬名[7]。預計到二〇三〇年短缺人數將增為兩倍。影響卡車司機短缺並使其惡化的因素，包括自動駕駛機器人車輛的未來發展。有哪個年輕的潛在司機想展開一個可能在幾年內過時的職涯？長時間離家也造成損失。這些是卡車司機向來就有的壓力，但疫情帶來的隔離和接種疫苗的規定放大了壓力。司機人口老齡化意味許多人已經五十多、六十多歲，使他們更容易感染新冠病毒，這也凸顯出複雜系統的一種新屬性，即兩個因素（年齡和新冠疫情）會以有害的方式交互作用。在年齡範圍的另一端，卡車司機必須年滿二十一歲才能取得商業駕駛執照。對非大學生來說，十八到二十歲期間是許多人做初次職業選擇的時候。如果你不能成為卡車司機，就會去做其他事，也許永遠不會重新考慮選擇當卡車司機。一項新實驗計畫已開始允許十八歲的年輕人擔任實習司機。這固然很好，但需要幾年時間才能產生實質影響，而且在大貨車界中，二十一歲以下的司機確實有安全的顧慮。在此同時，老齡化的司機正加速退出職場。當司機短缺導致跑港口的卡車減少時，拜登規定延長港口設施開放時間，並沒有辦法解決問題。

另一個困難是卡車司機通常按英里數支薪。他們在取貨地點等待的頭兩個小時不收取費用。隨著等待時間增加，司機的工資跟著下降，因為按里程收費的工資分攤到更多小時的工作時間上。《紐約時報》引述美國卡車運輸協會首席經濟學家科斯特洛（Bob Costello）的談話說：「如果我們不解決司機短缺問題，我想走進一些商店看到空蕩的貨架，可能就是我們的未來。」[8]

除了涉及卡車、車架和勞動力的物流問題外，還有一些戰略問題可能阻礙供應鏈。中國擁有許多主要港口設施，包括鄰近上海的寧波；中國也是世界最大海運和船舶租賃公司之一中國遠洋運輸公司的母國，該公司的船隊擁有超過一千三百一十艘船。由於中國直接或間接控制這些海上物流運作，所以能使用複雜的貨物數據系統，包括全球物流數據平台Logink。使用這類海事資訊系統引起美國國家安全界和海事行業的憂慮，唯恐在發生禁運、封鎖或攔截具有戰略重要性貨物的情況下，中國可能利用這些資訊，以獲得商業利益或軍事優勢。如果美國嘗試切斷對中國的石油供應，取得石油運輸的位置、船隻和貨物的資訊，中國將可以利用交換貨物或改變航行路線的方式規避禁運。在商業方面，中國能獲取海洋資訊的絕佳地位，可以促進其一帶一路倡議（BRI），其中包括建設從斯里蘭卡到比雷埃夫斯（Piraeus）的一系列港口，以便利中國的進出口。航運數據專家庫茲涅蘇娃（Inna Kuznetsova）說：「在今日的物流界，資訊的流動和金錢或貨物的流動一樣重要[9]。」中國濫用關鍵物流資訊的可能性，將阻礙改善資訊共享的合作。

所有供應鏈管理專家都強調物流鏈參與者間共享資訊、自動化和合作的重要性。在商業界，保護資料、顧客名單和貨運資訊已成為習慣。這類商業秘密可以提供競爭優勢。但在供應鏈管理中，情況可能正好相反。參與者願意分享的資訊愈多，供應鏈的運作效率就愈高。如果零售商知道有大量產品正送達配送中心，它們可以規劃銷售和促銷活動以幫助消化商品。如果運輸代理商知道客戶的工廠產量正在擴增，並且很快會有更多貨櫃上路，它們就可以選擇不那麼擁擠的運輸路線，來加快交貨速度。這些效率以及許多其他效率需要與第三方（包括潛在競爭對手）共享資料。要做到這點有賴於對傳統商業作法進行文化適應。一旦物流資料可以普遍取用，它就可以自動化和嘉惠所有人，和以最低成本的方式應用。這就是目標。

但即使經過幾十年的改進，現實也還達不到這種理想。雖然共享資訊具有潛在的好處，但基於一些傳統理由，資訊仍被扣留。部分原因是較小的供應鏈參與者不熟悉合作的好處，或不知道如何實現理論上的益處。其他參與者則沒有資源來推出實現利益所需的大物流團隊。一些資料保密是出於典型的佔便宜行為，參與者從與其他人分享資訊獲得利益，但自己卻不分享。儘管如此，困難主要是因為慣性。舊習慣很難改變。運輸物流業者萊德公司（Ryder）技術長菲力浦斯（Kendra Phillips）說：「局外人很難了解，供應鏈有多麼依賴紙張作業[10]。」紙質訂單、電話和手工交付的提單仍然很常見。這些過程不但沒有自動化，而且在參與者把手寫資料輸入自動化系統時還會消耗時間。你無法輕易地當場把紙質提單數位化，它就是紙。

卡車和貨櫃是供應鏈中的關鍵環節，但它們依賴自己的供應鏈。卡車的更換零件供不應求。由於高速公路基礎設施過於老舊，交通延誤愈來愈嚴重。JB亨特運輸服務公司（J.B. Hunt）的白皮書估計，交通延誤導致卡車運輸能力減少一七%。海事專家門羅（John Monroe）指出，「許多公司會放棄他們的貨櫃」，因為罰款和回收的價格高於貨櫃的成本。運輸物流自動化、數位化和優化的實際執行，遠遠落後學者的建議和構想。專家們對潛在的解決方案已達成共識。儘管如此，各自為政、缺乏信任、經費、時間，以及交通、停工時間和基礎設施老化等障礙是很現實的，而且愈來愈惡化。這些問題持續存在，而且日益嚴重。沒有一個問題會很快得到解決。

瘟疫和公共衛生

持續的疫情阻礙了全球供應鏈的有效運作。破壞性的公共政策因應使疫情的影響加劇。不管有沒有疫情，供應鏈都將崩潰。不管有沒有供應鏈中斷，瘟疫都將具有毀滅性。兩者的結合放大了兩者的傷害，這確保了損壞將持續很久。

與疫情有關的死亡已耗損了勞動力，儘管對經濟的影響是可控的，因為死亡的主要是六十五歲以上的人。影響較大的是那些感染病毒並康復的主要工作年齡勞工，他們在染病時需要隔離。典型的兩週居家隔離意味卡車司機無法運輸貨物，堆高機駕駛無法堆棧板，起重機操作員無法卸載船隻。另一方面，消費者被困在家裡上線訂購商品，而不是上電影院、餐館、音樂會和體育館花錢。其結果是進口貨物激增，同時物流人員短缺——這正是製造瓶頸的配方。在二〇二一年十二月和二〇二二年一月肆虐全球的奧密克戎變種病毒，帶來病況較輕的病例，和比早期毒株較低的致死率，但自我隔離造成的影響卻更為嚴重。即使是輕微的病例也必須待在家裡，這加劇了嚴重的勞動力短缺。人不是供應鏈的附帶物，他們是關鍵的組成部分。

這些浮動且不可預測的勞動力短缺，本身就足以擾亂供應鏈。不過，這還不是疫情最嚴重的影響。公共衛生因應措施造成的損害要大得多，從好的方面解釋那是缺少知識，從壞的方面解釋則是蓄意誤導。以下是瘟疫期間評估公共衛生政策的基本事實：

- 疫苗無法阻止感染，也無法阻止病毒的傳播。注射疫苗後後幾個月內，它們對減輕人口中脆弱群體的症狀和急性病例有若干效果。已接種疫苗者中的所謂突破性感染就只是感染，沒有所謂的突破，因為一開始就沒有針對感染的保護。這一點在二〇二一年十二月的奧密克戎感染高峰中很明顯，當時數百萬名打過兩次疫苗和加強疫苗的人被感染，儘管疫苗無法阻止感染的證據很早就已存在。愈來愈多證據顯示，所謂加強針的第三針和第四針疫苗能訓練病毒避開 mRNA 疫苗的基因操作，使接種疫苗的人比未接種疫苗的人更容易受到感染。

- 口罩無法阻止病毒的傳播。新冠病毒的大小大約為一般口罩孔隙大小的五千分之一，病毒很容易穿透口罩傳播。先不考慮人們沒有正確佩戴口罩的事實，口罩確實會導致消費者吸入再循環的二氧化碳，從而造成嗜睡和頭暈。強迫兒童戴口罩是虐待兒童。
- 封鎖無法阻止呼吸道病毒的傳播，這是二〇〇六年由漢德森（D. A. Henderson）博士合寫的一篇論文提出的論點；漢德森曾因在消滅天花中扮演重要角色而獲得美國總統自由勳章，他也是約翰霍普金斯大學彭博公共衛生學院前院長[11]。疫情封鎖讓封閉的空間變成病毒繁衍的溫床，並藉由進出的成年人傳播。最安全的條件是在戶外不戴口罩，在有陽光和新鮮空氣的情況下運動。兒童幾乎不受這種疾病影響，在學校比待在家裡安全得多。

基於這些以及更多的證據，應對疫情的最佳公共衛生措施，是為最脆弱的群體提供疫苗，不強制要求接種疫苗、不強制戴口罩，也不封鎖，對檢測呈陽性的人進行自願隔離，不關閉學校，也不要求文件證明。實際的公共政策因應在每一方面都剛好相反。沒有受過科學訓練的政治人物，和沒有臨床經驗的公共衛生官員，頒布了強制接種疫苗令。它將被視為歷史上最嚴重的錯誤公共政策之一。它對供應鏈運作的影響是災難性的。

除了新冠疫情導致的勞動力短缺外，強制接種疫苗也阻礙了供應鏈。美國運輸和倉儲物流業工作者的疫苗接種率，往往低於總體人口。許多人被解僱或必須做繁複的檢測。這對物流業者沒有帶來醫療上的益處，因為疫苗無法阻止感染。解僱導致運作能力降低和節奏放慢。零售店關閉造成配送中心的庫存累積，因為預期的銷售沒有發生。強制倉庫員工接種疫苗，降低了運營商揀選和運輸包裹的能力，因為未接種疫苗的員工無法工作。強制餐廳員工接種疫苗導致工人短缺，減慢了服務速度，進而阻卻顧客上餐館。不必要的學校關閉，迫使許多父母為照顧學齡兒童而缺勤。一些港口的船員隔離規定，促使航運公司更改航線到更友善的目的地。強制接種疫苗毫無意義，損害了供應鏈運作每個階段所需的人力資本。

強制接種疫苗的狂熱在二〇二一年十一月二十九日達到頂峰，當時受歡迎的商業新聞主持人克拉默（Jim Cramer）在CNBC上說：「我們如何拯救生命和恢復商業，並把晚餐放在餐桌上？很簡單：聯邦政府需要強制接種疫苗，該是承認我們必須與新冠病毒開戰的時候了。強制全民接種疫苗。並讓軍方管理這件事[12]。」克拉默對疫苗用處的無知令人震驚，它們無法阻止感染或傳播，正如奧密克戎變種在它發表談話後不久所證明的那樣。他的建議既違法又違憲，正如法院在法庭上檢視類似的強制令時一貫的立場。他對由軍隊強制為不情願的民眾接種疫苗的建議，令人聯想起政府和大企業聯手壓制自由選擇的法西斯政權。儘管如此，企業執行長普遍同意克拉默的建議，他們以類似的強制措施威脅員工和顧客。許多供應鏈員工乾脆待在家裡、提前退休，或退出勞動力市場。運輸延誤隨之擴散，商店服務一如預期地縮減。

卡車司機的反接種疫苗運動高點出現在二〇二二年一月二十九日，當時有五萬多輛卡車組成幾個車隊，其中一個綿延四十五英里，他們聚集在渥太華抗議杜魯道政府強制接種疫苗。自由車隊（Freedom Convoy）在嚴寒的天氣下包圍國會山莊，使渥太華市中心陷入癱瘓。杜魯道已在幾天前逃離自己的家以進行自我隔離，原因是他接觸了一名新冠患者。對供應鏈的另一個嚴重打擊出現在二〇二二年二月七日，當時加拿大卡車司機封鎖了密西根州底特律和安大略省溫莎之間的大使橋（Ambassador Bridge）。近三〇%的美加貿易通過這座橋，這是兩國間交通最繁忙的陸路過境點。加拿大交通部長艾誠致（Omar Alghabra）說：「我已經從汽車製造商和食品雜貨商那裡聽說了，這確實是一個令人嚴重關切的問題[13]。福特和本田開始停止生產。

加拿大抗議運動的結局是一場新法西斯式貨幣控制的即時演習。杜魯道總理動用加拿大皇家騎警踐踏抗議者，砸碎卡車窗戶，逮捕和平抗議者，並且不准他們保釋。他的副總理方慧蘭（Chrystia Freeland）從一個支援卡車司機的群眾募資網站取得竊取的捐贈者名單，並立即採取凍結銀行帳戶的措施，沒收卡車司機及其捐助者的加密錢包。方慧蘭的行動是對未來事件的預演，符合世界經濟論壇（WEF）的大重置（Great Reset）倡議原則；她也是世界經濟論壇的託管人。

卡車司機的抗議活動蔓延到其他美加邊境口岸，並對西方農民的肥料供應形成威脅。世界各地也發生類似的抗議，包括法國和澳洲。那些生活在對病毒恐懼中的人，像克拉默一樣貶低抗議者。撇開政治和科學的觀點，這些抗議活動都進一步加劇供應鏈的崩解。參與抗議的數千輛卡車原本可以用來運送貨物，而不是與愚昧的強制令對抗。

共產中國出現了一種特殊的新冠疫情愚昧。習近平國家主席奉行的清零政策是不可能做到的。這有點像零感冒政策，人們會感冒，而且永遠會。儘管如此，理論家不會因為政策不可能達成而退縮，因為他們不為造成的損害負責。共產黨官員的職涯可能中落或一帆風順，取決於他們處理疫情的方法。清零政策意味中國對任何規模的疫情爆發，抱持零容忍態度。一個病例將導致對感染者和最近與這個人接觸過的任何人做大規模追蹤和隔離；多起病例將導致整個城市被封鎖，數千人被強行轉移到城市範圍以外的隔離營；小規模疫情將導致整個城市被封鎖，所有交通連接被切斷，並實施大規模檢測制度，直到降回零病例。中國與緬甸邊界的瑞麗市一名幼兒，接受了一百多次拭子檢測[14]。二〇二一年十月三十一日，上海迪士尼樂園在一名遊客被檢測呈陽性後，宣布把數萬名遊客封鎖在樂園內。二〇二二年一月，比這更大規模的封鎖發生在中國中部的西安，一個擁有超過一千二百萬居民的城市，和一個主要製造業中心。二〇二二年四月，在具有高度傳染性的新冠病毒奧密克戎變種疫情爆發後，中國封鎖擁有二千六百萬人口的整個上海。上海的封鎖條件如此極端，以至於引發蘋果工廠的工人，在二〇二二年五月五日暴動抗議。到了五月中旬，疫情蔓延到有二千二百萬人口的北京，那裡也啟動了選擇性封鎖。

二〇二一年十二月十三日，中國根據一百七十三個新冠病毒病例的報告，關閉了紹興市數十家製造工廠。這些病例大多數是輕度和非致命的。紹興毗鄰港口城市寧波，而寧波是世界第三大貨櫃吞吐量的港口。紹興地區有五萬多人被隔離。類似的大規模封鎖和工廠關閉也發生在浙江省，而浙江省是一個主要製造和物流業中心。寧波的製造業停工加上港口運營中斷，在整個全球供應鏈引發漣漪效應。等著從寧波出發的貨櫃裡，裝載了滿足全球製造商、零售商和經銷商的下游供應鏈所需要的零件。據估計，封鎖寧波延遲了超過四十億美元的貿易，其中包括超過二千三百五十億美元的半導體出貨。

中國也對抵達中國船隻上的外國船員，實施嚴格的檢疫規定。船員不能下船，被封鎖在船上。船員經常在船上一待就是六個月，他們需要一些上岸休息和娛樂的時間，但中國的檢疫規定使他們承受巨大壓力，以至於貨船運營商紛紛規劃避開中國的航線。香港於二〇二二年一月五日宣布禁止所有來自美國、英國、澳洲、法國、加拿大、印度、巴基斯坦和菲律賓的飛航班機。當所謂的世界工廠可以隨意關閉時，對全球供應鏈的影響是顯而易見的。

除了針對疫情採取清零政策外，原本就有明確的跡象顯示習近平對全球供應鏈採取脫鉤的策略。習近平曾抨擊中國的上市社群媒體公司和大型科技公司，把它們視為潛在的政治對手。科技巨頭阿里巴巴的億萬富豪創辦人馬雲，已經從公眾視線消失，目前仍處於近乎軟禁狀態。二〇二〇年二月，阿里巴巴的關係企業螞蟻集團首次公開發行股票（IPO）被取消。類似優步（Uber）的中國線上打車公司滴滴（Didi）受到中國監管機構調查，其應用程式被中國國家互聯網信息辦公室下令下架。二〇二一年十二月三日，滴滴宣布將從紐約證券交易所下市，並在香港交易所重新上市。雖然另一家中國科技巨頭騰訊的創始人馬化騰遵守黨的路線，但他的公司也因遊戲業務遭到攻擊，股票下跌使馬化騰損失了近一百四十億美元。這些只是中國共產黨對富有企業家及他們的大公司，進行全面攻擊的幾個例子。這股趨勢與西方天真地認為中國人「和我們一樣」的想法相去甚遠。與其說中國是在終結供應鏈，不如說是在創造由中國政府控制的新管道。在西方製造業回流母國和中國轉向政府控制的管道之際，既有的供應鏈將逐漸枯萎。

中國的清零政策終將失敗。中國的疫苗對奧密克戎變種無效，而因為清零政策，中國人口將沒有機會獲得群體免疫力或天然抗體。病毒想去哪裡就去哪裡，奧密克戎有高度傳染性，當大規模疫情最終發生時，對中國及其經濟的影響將是毀滅性的，而繼續實施清零政策只會使情況更加嚴重。工廠、港口和整個城市將被關閉，交通將陷入停頓。醫院將不堪重負，而數百萬人將得不到任何護理。加護中心將成為超級傳播現場，對全球供應鏈的影響將比截至目前所見的情況都更嚴重。

綠色能源，綠色貨幣

一些原本不相關的因素匯聚時，可能導致無法預見的結果，這種現象的另一個例子是長期存在的氣候警報，以極高成本的方式影響了供應鏈。這是拖累效率的又一項因素，而且不會很快消失。在詳細介紹氣候警報對供應鏈管理的影響之前，重溫一下過去許多沒有根據的氣候說法，將有助於我們的說明。

氣候正在發生變遷，正如數十億年來一直在改變。氣候變遷是有史以來最複雜的科學現象之一，而且可能是最難建立模型的現象。氣候變遷的性質和原因對使用最複雜工具的最優秀科學家來說，是一項有價值的挑戰。遺憾的是，氣候變遷的研究已被使用有缺陷的模型、偏頗的數據和虛假主張的偽科學家所利用，並得到消息閉塞的媒體和別有居心的政治人物的回應。最著名的氣候警報推動者是英國《金融時報》的泰特（Gillian Tett）和貝萊德公司的芬克（Larry Fink）。幸運的是，有一群嚴謹的科學家使用真數據和可靠的模型來研究這個現象。他們包括薛倫伯格（Michael Shellenberger）、庫寧（Steven E. Koonin）、隆堡（Bjorn Lomborg），邦克爾（Bruce C. Bunker）、桑格（M. J. Sanger）等人。

這些清醒的聲音大多同意我們可以偵測出輕微的全球暖化，但這並非一場危機，而且在可預見的未來也不會變成危機。他們一致認為，目前還不清楚二氧化碳排放是不是暖化的主因，即使它們是促成的原因之一。他們指出有其他促成原因，包括太陽週期、海洋鹽度、聖嬰現象（El Niño）和反聖嬰現象（La Niña）等洋流、雲量、氣溶膠、火山、農耕方式，和自然甲烷釋放等。許多官方報告也得出相同結論，雖然你可能需要瀏覽注釋才能發現；但官方報告製造出可怕的標題，卻缺少詳細的內容。真正的科學家最重要的貢獻是，證明氣候危言聳聽者使用的模型有多嚴重的缺陷。

氣候模型把地球表面劃分為一個網格，每個正方形涵蓋約三百六十平方英里的陸地表面，在海洋上則涵蓋三十六平方英里。這總共約一億一百萬個正方形。每個正方形被推到一個約三十英里高的平流層外緣的堆疊中。所有天氣都發生在這個區域，其中大多數天氣發生在地球表面十英里內的對流層。垂直的堆疊被橫切成薄層，每一層切片分別被分析其中的氣候條件，以及這些條件對相鄰堆疊的相鄰切片的影響，諸如此類。研究者必須把這個活動建立成一個第一近似值的模型，才能獲得遞歸函數。

如果每個煎餅有一英里厚，那就是三十億三千萬個煎餅。分析一個煎餅很麻煩。分析三十億三千萬個煎餅簡直不可思議。分析三十億三千萬個煎餅中的每一個與其他三十億三千萬個煎餅中每一個的相互作用，即使是在遠距相互作用衰減的情況下，也是一個在電算複雜性上幾乎不可能的超線性函數。一位科學家估計，如果我們擁有比今日電腦快一千倍的超級電腦，上述問題的運行時間將需要幾個月[15]。氣候學是無與倫比的複雜性理論。

那麼，科學家如何實際使用當今電腦無法運行的模型呢？他們做假設，許多假設。這個過程始於一個認知，即我們無法直接觀測大多數大氣切片。我們有衛星和氣象站記錄溫度和降雨，但這些輸入只包括所描述的地表區域和高度的一小部分。

重點在於是氣候模型極其複雜，而且對假設非常敏感，以至於科學家可以藉由調整輸入和運行多重假設情況，來獲得他們想要的幾乎任何結果。這也意味毫無根據的假設、計算的複雜性，和有缺陷的模型設計，將使得大多數輸出沒有價值。大多數氣候模型都有很多缺陷，它們甚至無法根據已知數據來模擬過去，更不用說預測未來了。如果你自己設計的模型無法正確地做回溯測試，你要怎麼依靠它預測未來？但這些模型不斷被吹噓能顯示出「對人類的生存威脅」。

讓我們從真正的科學角度考慮氣候危言聳聽者的一些主張，審視他們的立場：

海平面上升將淹沒海岸。這是錯誤的。一百年來海平面以同樣的速度上升，不受氣候變遷或人類活動的影響。上升率約為每一百年七英寸。如果它持續上升，這種速率到二一二一年都還不足以弄濕你的腳，而且它可能不會持續上升。

颶風正變得愈來愈強大和頻繁。這是錯誤的。二〇一四年的美國國家氣候評估說：「全球的熱帶氣旋數量沒有明顯的趨勢，美國登陸的颶風數量也沒有發現任何趨勢。」證據顯示，颶風造成的財產損失正在增加。這是否意味颶風愈來愈強？完全不是。這只表示買了有補貼的保險的富有業主，正在不該興建豪宅的沙洲上蓋豪宅。這不是氣候變遷。這是愚蠢。

龍捲風更強大和更頻繁。這是錯誤的。美國國家海洋和大氣總署（NOAA）從一九五四年到二〇一四年的記錄顯示，美國等級EF1或以上的龍捲風數量（EF是衡量龍捲風強度的改良藤田級數）相當一致，約為四百次（除了一九七三年、一九八二年、二〇〇八年和二〇一一年出現突然增加）。EF3或更高的龍捲風數量在美國一直維持在四十次左右（除了一九五七年、一九六五年、一九七三年和二〇一一年出現突然增加）。龍捲風強度與二氧化碳排放之間沒有相關性。

暴風雪變得愈來愈頻繁，積雪也變更厚。這是錯誤的。暴風雪具有高度的局部性，所以測量結果當然各地不同，有些地方降雪更多，有些更少。華盛頓特區從一八八九年到二〇一八年的年降雪量圖顯示，在整個一百三十年期間，以英寸為單位的年降雪量一直呈下降趨勢。如果氣候變遷有任何影響，那也是它造成降雪減少。任何氣候變遷與二氧化碳排放量增加之間都沒有相關性。

野火比以往任何時候都更頻繁地摧毀更大地區。這是錯誤的。美國太空總署（NASA）的數據顯示，從一九九八年到二〇一五年，全球每年因火災而燃燒的地區減少約二五％。

冰蓋、乾旱、洪水和其他與天氣相關的結果也呈現類似的數據。簡而言之，氣候危言聳聽者吶喊的極端結果都不是真的。而且沒有確鑿的證據，顯示任何極端天氣的發生是人類活動或二氧化碳排放造成的。

二氧化碳排放量確實正在增加。科學家們也確實發現全球略微暖化的趨勢。沒有明確的證據顯示人為造成的二氧化碳排放，是全球暖化的主要來源，儘管排放可能與太陽黑子週期、洋流和其他難以測量的自然原因並列，是促成因素之一。可以確定的是，如果有全球暖化的話，它也正在緩慢進行；現在沒有迫在眉睫的災難。

儘管有氣候危言聳聽者的種種說法，再生能源正在崛起。太陽能發電效率高，可以為減少二氧化碳和甲烷排放，做出寶貴的貢獻。太陽能在偏遠地區用處很大，也可為單一建築供電，或者用於廠房附近有帶電池光伏系統的複合區。然而在大規模使用時，太陽能對電網的貢獻率很低。太陽能有一種「不用即失」（use-it-or-lose-it）的特性，在黑暗或惡劣天氣下無法利用。在太陽能電場發電時，它可能與當時的電網需求不匹配。建造大型太陽能電廠需要大量土地。電池可以解決不可靠的問題，但它們本身也有費用、維護和空間的問題。此外，製造和處理含有毒性化學物質與金屬的電池，會製造與它想解決的問題相衝突的環境問題。太陽能有它的地位，但它的貢獻微不足道。它無法取代碳基燃料。

風力渦輪機的效率比太陽能面板低，而且難以成為有效取代石油和天然氣的能源。風力渦輪機能在運行中產生大量能量，而且不會產生二氧化碳和甲烷排放。當然，這忽略了渦輪機製造、運輸和安裝中使用的大量碳基能源。儘管如此，今天的風力渦輪機仍產生超過六千五百億瓦的電力，並且每年增加六百億瓦。產生十億瓦需要三百一十二萬五千片太陽能面板（每片三英尺乘五英尺）。使用最新技術、高度約為三百英尺的一具風力渦輪機，可以產生三百萬瓦電力。從這方面看，風力渦輪機在單位空間的電力產量上，是光伏發電系統的高效替代品或取代品。儘管效率很高，但風力渦輪機仍面臨與太陽能面板系統相同的問題——它們都只能間歇發電。對太陽能來說，這意味有陽光時才能發電；對風力發電來說，這意味有風吹過時才能發電。雖然工程師會尋找最佳位置，但即使在最多風的地帶，風也不會一直吹。

這使得風力發電也屬於不用即失的類別。風力發電可以為電網供電，但電網營運商不能依賴它。不靠昂貴的電池就無法儲存電力，而大規模使用電池卻不切實際。

電動汽車（EV）不是碳排放的有效解決方案，原因有兩個。第一是，電動汽車需要電網供電，而電網仍然靠石油、天然氣和煤發電。事實上，中國擁有最大的電動汽車潛在市場，中國國內超過五〇%的能源來自燃煤電廠。所謂的清潔電動汽車只是以電池儲存燃煤電廠發的電。第二個問題是我們在太陽能和風力渦輪機上遭遇的相同問題：電池。如果你不想間歇且不可靠地為電網供電，風能和太陽就必須依賴電池。

如果風能和太陽能等再生能源和電動汽車都不能完全解決碳排放問題，為什麼全球菁英堅持徹底改革現有的能源系統？在缺乏人類造成全球暖化的科學證據下，我們該如何解釋政治和媒體菁英的氣候歇斯底里？許多不斷重複著離譜說法的人，就只是重複他們從其他媒體或政治領導人聽到的故事，而從未進行獨立的研究或調查。不幸的是，公眾依賴媒體菁英和政治領導人來獲得資訊。隨著幾十年過去，恐怖的故事一再被誇大，所以公眾的懷疑將逐漸升高，危言聳聽者也將喪失信譽。危險在於危言聳聽者可能在公眾發現騙局前，以氣候變遷之名通過立法、限制選擇並增加成本。到時候即使危言聳聽的言論已經消退，經濟也將長期蒙受損失。

一些在氣候變遷問題上支持危言聳聽言論的科學家，正排隊爭取倡議基金會和非政府組織的巨額研究資助。支持危言聳聽言論的企業主管可能發現，他們的股價得到從事ESG（環境、社會與公司治理）投資的機構追捧。隨著資金流入ESG基金，推廣它們的財富顧問紛紛從管理費和績效費中獲利。警告氣候威脅言過其實的學者，可能被剝奪終身教職或出版機會，並遭到取消文化（cancel culture）的貶抑。宣揚氣候危言聳聽主張的媒體主播可以提高收視率。報導氣候災難故事的網站能獲得大量點擊。政治人物可以藉由似乎對所謂的生存威脅「做點事」來獲得選票。

金融菁英藉聲稱氣候是一種威脅來蓄積他們的權力。一個由學者、財富經理人、銀行家、監管機構、名人、政治人物和執行長組成的強大啦啦隊已然成形，他們不斷炒熱氣候威脅議題。他們創造反饋迴圈，利用媒體的關注來建立銀行監管的正當性，他們支援綠色投資，支援研究資助等等，直到世界完全相信氣候災難是真實的。但那不是真實的，只不過故事愈來愈逼真。

最具潛在破壞性的發展之一是格拉斯哥淨零金融聯盟（GFANZ）的成立，這是一個利用氣候警報作為掩護，以追求全球金融控制的菁英組織。GFANZ的負責人是卡尼（Mark Carney），他曾擔任加拿大、英國和國際清算銀行（Bank for International Settlements）三家央行的總裁，也是全球金融菁英的實際領導者。他的共同主席是億萬富豪彭博（Michael Bloomberg），他是彭博資訊創辦人，也是著名的氣候危言聳聽者。主要名單包括常見的嫌疑犯：美國銀行執行長莫尼罕（Brian Moynihan）、貝萊德執行長芬克、花旗銀行執行長傅利斯（Jane Fraser）、大衛・洛克斐勒基金會董事吉伯特（Nili Gilbert），以及他們的同黨。這個聯盟的成員總共控制超過一百三十兆美元的資產，GFANZ的號召力有如聯合國。

GFANZ計劃向中央銀行和銀行監管機構施壓，要求它們頒布規範，以使資產配置和銀行貸款，避開石油和天然氣供應商，以及管線和原油運輸等輔助業者，並轉向風力渦輪機、太陽能模組，和以有毒化學品製成的電池等不可靠的能源。這些努力的真正目的是由菁英集團集中控制全球金融，氣候警報是一個方便的平台。還有什麼比依靠全球災難，甚至是一場虛構的災難，來強加全球控制更好的方法呢？GFANZ只是一系列步驟的開始，這些步驟的目的在於採用統一的財務控制手段，以壓制異議的聲音，並推動槍枝管制、人口控制、世界貨幣和世界稅等不受歡迎的議程。這些努力終將失敗（一如既往那樣），但它們仍會造成損害。可預測的結果包括能源價格上漲、能源短缺、運輸物流中斷，以及對可靠的石油和天然氣來源課稅。同樣的，高效率的供應鏈將成為主要受害者，而消費者將負擔成本。

既然真實科學尚無定論，我們能做成什麼結論？以下是主要內容：

●氣候正在改變。它一直在改變，而且會不斷改變。我們有充足的理由不同意氣候危言聳聽者，而且不落入變成「氣候變遷否認者」的陷阱。是的，氣候在改變，但這是一個緩慢且相當複雜的過程。我們需要的是觀察和實驗，而不是歇斯底里。

●碳排放量正在增加。這些排放主要是、但不完全是二氧化碳和甲烷。碳排放的量佔大氣的比率很小，氮氣（N）和氧氣（O）共同佔大氣的九九%；氬（Ar）佔其餘一%的一半以上，但二氧化碳和甲烷的反射吸熱比率很高。光是二氧化碳就佔大氣吸熱能力的七%。二氧化碳濃度從一七五〇年的百萬分之二八〇（ppm）升高到今天的百萬分之四一〇。儘管如此，大部分增加發生在石油和天然氣大量消費之前，且大部分增加來自自然原因。因此，人類是碳排放的主要來源，但不是唯一的來源，而且對總體暖化的影響尚不清楚。

●海平面正在上升。這是真的，但它們已經以約略相同的速度上升了一百年，沒有證據顯示全球暖化對海平面的影響。目前的速度約為每百年七英寸。這遠遠達不到生存威脅的程度，而且城市不會被海水淹沒。

●太陽能模組和風力渦輪機可以為電網貢獻再生能源，以減少碳排放。但它們不能替代石油和天然氣。它們是間歇性能源，因此不可靠。電池儲存過於昂貴，且將導致增加有毒化學品的使用。即使太陽能和風能容量增加，全球對能源的需求增加速度也會更快。電動汽車的續航里程有限，而且充電的電力仍需以石油、天然氣和煤發電，因此不會減少整體排放。

氣候變遷的展望很清楚，與氣候危言聳聽者歇斯底里的說法相去甚遠。儘管人們致力於減少排放，但氣候變遷仍會持續。風能和太陽能將會增加，但它們不會取代石油和天然氣。氣候危言聳聽者更極端的補救措施——例如全球碳稅、排碳上限和禁止石油和天然氣勘探與開發——終將失敗，因為它們缺乏普遍的支援，而且根據既有最正確的科學是不必要的。

關閉拱心石輸油管道計畫是備受矚目的政治戲碼，但它不會改變任何事。亞伯達省的油砂油仍會運送到美國，只不過它將透過鐵路運輸而非油管。鐵路運輸比管道運輸更髒，但危言聳聽者不在乎——他們想要的只是關閉管道的表演，這些政治表演將升高成本和降低效率。

到最後，二氧化碳排放量將繼續上升，但速度會放緩。海平面將因為與排放無關的原因而上升，但速度緩慢到不至於引起注意。基於科學不完全理解的原因，全球平均氣溫可能略微上升。這幾乎不會提高經濟成本，而且可能產生經濟利益，因為某些地區的生長季節將延長、變溫暖，所以農業產量可望提高。颶風、龍捲風、野火和乾旱將像過去一樣繼續發生，不受氣候變化甚至全球變暖影響。日子將繼續過。隨著已開發經濟體繼續成長以支援人口老齡化，能源需求也將增加。開發中經濟體的能源需求將成長得更快，以支持追求中等收入生活方式的年輕群體。石油和天然氣不會消失，它們太重要了，有太多內在的結構優勢，並且具有巨大的規模經濟。一旦政治人物和媒體更加了解氣候變遷的真實科學，並與氣候危言聳聽者保持距離，石油和天然氣行業將重新受到重視。雖然氣候警報可能平息，但對供應鏈的損害不會消退。

地緣經濟學和供應鏈

在考慮來自中國和俄羅斯的供應鏈中斷時，透過地緣經濟學（geoeconomics；一個結合「地緣政治」和「經濟學」的詞）的觀點，來看待這些情況將大有幫助。結合這兩個學科並不是什麼新鮮事。戰爭與地緣政治息息相關，而且往往靠與經濟有關的工業能力和供應鏈取得勝利。英國贏得拿破崙戰爭，部分原因是它有能力透過皇家海軍對歐洲大陸實施商業封鎖。日本偷襲珍珠港的部分原因是小羅斯福凍結日本的銀行帳戶，並在日本偷襲前幾個月實施石油禁運。經濟學和全球戰略向來緊密交織。

新鮮的是，經濟學不是地緣政治的附屬品，而是主角的想法。這並不意味著戰爭已經結束，也不意味著軍事實力不重要。這意味全球化時代的大國將根據經濟利弊做考量，並把供應鏈和生產能力當做主要武器，而非輔助工具。

戰略思想家盧特瓦克（Edward N. Luttwak）在一篇原創文章《從地緣政治到地緣經濟學：衝突的邏輯，商業的語法》中描述了這種改變[16]。盧特瓦克斷言，冷戰結束和全球化意味：武裝衝突對大國來說代價太高和太不確定，經濟利益將成為大國衝突的競技場。盧特瓦克寫道：「冷戰式微正逐漸降低軍事力量在世界事務的重要性。武力在政府處理所有事務（特別是包括經濟問題）時，可能帶來的尊重已大大下降，而且似乎還會進一步下降。現在看來，所有人都同意商業方法正在取代軍事方法——用可支配資本取代火力，用民間創新取代軍事技術進步，以及用市場滲透取代駐軍和基地。」

明確地說，盧特瓦克的分析主要適用於包括美國、中國、俄羅斯、日本和歐盟成員國在內的大國。盧特瓦克認為，以色列、伊朗、伊拉克、巴基斯坦、北韓等中等國家，可能仍認為戰爭有用處。他不排除大國可能參與涉及這些中等國家的戰爭，例如美國對伊拉克和阿富汗的干預，以及俄羅斯入侵烏克蘭。他的看法不是戰爭已經過時，而是它將不涉及大國間的直接對抗。

地緣經濟學——以經濟學為目標和武器的大國競爭——是分析全球供應鏈崩潰及取代系統的絕佳工具。例如，如果美國和俄羅斯在東歐直接交戰，那將意味盧特瓦克的論點錯誤。相反的，如果美俄對峙藉由全球支付和天然氣等能源供應流動管道來展開，那將印證盧特瓦克的看法。這為分析師提供一個有用的框架，藉以了解當前的供應鏈危機和接下來會發生什麼事。

我們將藉由檢視供應鏈最關鍵的環結——中國——來探討供應鏈的現在和未來。

中國：已被取消

中國同時處於全球供應鏈的輸出端和接收端，它運往世界各地的許多製成品，來自組裝從其他地方進口的投入。中國在全球商業中的重要性，在於它既是自然資源投入的目的地，也是製成品來源的獨特角色。中國已贏得它的綽號：世界工廠。

這個角色是透過設計實現的。從一九七九年鄧小平的改革開放開始，到一九八九年天安門廣場事件後的一九九二年南巡，中國積極尋求外來直接投資和外國技術，並為數億名從農村遷移到城市，以追求更高收入和更好生活的中國人創造就業機會。中國的開放受到西方領導人的歡迎，從一九八九年全球化來臨到二〇〇八年全球金融危機，西方的自由主義者堅稱中國的經濟成長將帶來政治自由化。簡而言之，自由主義者認為，只要有充足的時間和夠富裕，中國就會變得「像我們一樣」。與此同時，全球化和全球供應鏈帶來的經濟收入，將使西方消費者和投資人獲益，這將是全球雙贏。

這個逐步實現中國自由化的菁英計畫，是中國二〇〇一年加入世貿組織的推手，並促成二〇一六年人民幣被納入國際貨幣基金（ＩＭＦ），稱為特別提款權（ＳＤＲ）的一籃子世界貨幣，與美元、歐元、日圓和英鎊並列。從技術上看，中國沒有資格獲得世貿組織或特別提款權地位，但它被帶進這些排他性的俱樂部，並期望中國很快會遵守所謂的遊戲規則。

這個觀點被大量中國學生進入美國的頂尖大學所放大。當時的觀念是，在哈佛大學、麻省理工學院和芝加哥大學等學府求學的中國學生將返回中國，擔任領導角色，並執行類似於也從相同學府畢業的美國思想領袖所推行的政策。現實主義的觀察家從來就不會對這種觀點寄予厚望，他們堅稱共產主義是一種深入的意識形態，中國共產黨保持嚴格的控制，任何不同意見最終都會被壓制。中國將從與西方的互動中獲得經濟收益（和竊取的智慧財產權），但在其他方面將堅持共產主義的道路。

現實主義的觀點總是正確的，但自由主義者花了三十年才看到現實。自由派名流對共產主義中國現實的覺醒——包括奴役、種族滅絕、集中營、思想控制、器官摘取、任意逮捕和酷刑——現在正全面展開。詳細的政策因應雖有不同，但民主黨人和共和黨人一致認為，中國即使不是直接的敵人，也是對手，需要在經濟和人道主義方面與之對抗。

晚近影響全球供應鏈的第二個主要發展是習近平的崛起。在毛澤東的混亂和鄧小平拒絕毛澤東思想後，中國進入了一個平靜有序的治理進程。關鍵在於共識。中國共產黨將產生一位領導人，但領導人將在政治局內部建立共識，繼續推行由鄧小平啟動的經濟成長，避免重大的錯誤和爭議。每位領導人將連續擔任兩個五年任期，並在第二個任期內確定繼任者，以便進行和平的權力交接。江澤民（一九九三年—二〇〇三年）、胡錦濤（二〇〇三年—二〇一三年）和當初的習近平（二〇一三年—）都遵循這種模式。

現在習近平已打破常規。他透過一系列黨代表大會和其他論壇，把自己提升到在共產黨神殿中，與毛澤東相媲美的地位，奉「習近平新時代中國特色社會主義思想」為圭臬，並表明將在二〇二三年任期屆滿後繼續任職。實際上，習近平是終身主席，是新毛澤東。

領導階層和治理的變化導致政策的深刻改變。習近平不遺餘力地攻擊國內的大型科技和媒體公司。他推動中國公司從納斯達克和紐約證券交易所下市，並把這些公司轉移到香港證券交易所。他壓制香港民主運動和自由言論，最危險的是，他威脅以武力統一台灣。

想全面了解中國在地緣經濟上造成的威脅，我們必須評估中國對全球供應鏈的重要性。中國的影響力遠遠超出投入和製成品的交付和定價，中國作為大宗商品、零部件和製成品供應國的角色，對其貿易夥伴的國家安全具有戰略的影響力。

最近出版的專書《打破中國供應鏈：「五眼」如何從戰略依賴脫鉤》（*Breaking the China Supply Chain: How the 'Five Eyes' Can Decouple from Strategic Dependency*），對主要已開發經濟體依賴中國的程度提出嚴格的定量摘要[17]。五眼聯盟（Five Eyes）是一個情報共享集團的名稱，包括澳洲、加拿大、紐西蘭、美國和英國。它的情報共享已擴大到涵蓋戰略問題，包括供應鏈脆弱性。這本書把戰略依賴定義為「對從另一個國家進口的依賴程度，使出口國有能力顯著影響進口商品的整體國內供應」。一個進口國是否有戰略依賴性的檢驗標準是，看它進口的某一類商品是否五〇%以上來自中國，該國是不是這些商品的淨進口國，以及中國在這些商品的全球市場份額是否超過三〇%。如果這三個問題的答案都是肯定的，那麼你的國家就是在戰略上依賴中國。同樣的分析可以根據聯合國的貿易產品分類調和制度應用於工業和產業層面。

五眼的研究考量了調和制度下的五千九百一十個商品類別。結果顯示，以類別數量計算的戰略依賴性如下：澳洲五百九十五類；加拿大三百六十七類；紐西蘭五百一十三類；英國二百二十九類；和美國四百一十四類。適用於歐盟和日本其他主要已開發經濟體的相同分析，可能顯示出類似的依賴程度。這項研究進一步細分，只包括那些屬於五眼聯盟認為正進行的第四次工業革命的十一種關鍵產業的商品類別，包括電信、能源、醫療照護、運輸、水、銀行、關鍵製造業、緊急服務、食物、政府設施和資訊技術。在這十一種關鍵產業中，總共五千九百一十個商品類別中對中國商品有戰略依賴性的數量：澳洲一百六十七類；加拿大八十三類；紐西蘭一百四十四類；英國五十七類；和美國一百一十四類。這顯示西方對來自中國的進口呈現令人震驚的依賴程度，如果供應中斷，這些已開發經濟體的關鍵基礎設施和所需的服務可能關閉。

最後，這份五眼的報告著眼於它所稱的未來九大產業（Future 9）。這些產業將主導未來的經濟成長和技術優勢。從國家安全的角度看，在未來的技術保持領先中國，將比在既有技術上保持領先更重要。未來九大產業是：人工智慧、機器人、電腦硬體、密碼學、材料和製造科學、納米技術、網絡和資料通訊、量子技術，以及合成生物學。結果顯示，五眼聯盟對中國未來九個產業商品出口的戰略依賴程度如下：澳洲三十五類；加拿大二十五類；紐西蘭三十五類；英國十二類；美國二十五類。同樣的，對中國商品的驚人高度依賴，是全球霸權鬥爭的核心問題。

戰略依賴性隨著商品類型和中國貿易夥伴選擇的商品而不同。澳洲六九％用於醫藥的青黴素，和近一〇〇％用於合金的錳依賴中國供應。紐西蘭一〇〇％的阿斯匹靈，和九六％的青黴素依賴中國。加拿大七七％用於特化鋼、電子產品和納米技術的鎂依賴中國。加拿大還從中國進口七一％的貨櫃、八七％的筆記型電腦，和五八％的維生素C。美國依賴中國的程度也一樣高，中國出口佔美國進口鋰離子電池的五一％、些稀土金屬的六八％、筆記型電腦的九三％，和青黴素的五二％。英國的依賴程度略低，六八％的筆記型電腦和六一％的手機來自中國。

這些數字只粗淺地反映出中國支配了全球供應鏈中，許多具戰略重要性的投入。中國控制了全球三九．六七％的鋰離子電池市場，它們被用於從智慧手機到電動汽車的眾多設備。中國也佔全球筆記型電腦出口的六八．七五％，和全球維生素C市場的六二．三三％；維生素C有益健康，也是一種食品保存劑。中國控制了全球八〇％的鎂生產。類似的支配性全球生產佔有率，也出現在一長串的關鍵商品、食物和製造業產品。

中國在眾多商品出口的主導地位，和已開發經濟體對關鍵產品的依賴，似乎使中國處於它追求的區域霸權和全球超級大國的地位。西方分析師正倒數計時中國GDP超過美國GDP，使中國成為世界上最大經濟體的時候。中國已擁有世界第一的人口、世界第二大的經濟體，和世界第四大的核武庫。未來屬於中國嗎？其實不然。中國正迅速走向世界歷史上最大規模的經濟和人口崩潰。這是全球供應鏈將一起崩潰的最大原因。供應鏈將必須重建，但它們將與一九八九年以來盛行的供應鏈1.0幾乎沒有相似之處。

中國即將崩潰的原因眾所周知，儘管大多數媒體都忽略了。其中最重要的原因是中國迫在眉睫的人口災難。人口統計學的關鍵指標是以二・一做為每對夫妻生育子女數的衡量標準。它被稱為替代率（replacement rate）：如果要維持恆定的人口數，每對夫婦平均必須生育的孩子數。

一・八的出生率低於二・一的更替率，這意味這個國家的人口正在下降。它也可能人口在老齡化，因為現有人口的壽命更長，新生兒既不能取代死亡的人，也無法降低中位數年齡。四・一的出生率遠高於替代率。這代表你的人口正在擴增，即使個人壽命更長，你的中位數年齡也會下降。二・一的替代率是人口成長或下降的分界線。

為什麼替代率不是二．〇？如果兩個人有兩個孩子，難道無法讓人口保持在恆定的水準嗎？答案是不能，原因是還要考量嬰兒死亡率和其他過早死亡的情況。如果一對夫婦有兩個孩子，其中一個在成年前死亡，那麼只有一個孩子可以為成年後的未來人口成長做出貢獻。二．一的出生率彌補了這項因素，讓每兩個成年父母有兩個成年子女。顯然不會有人有二．一個孩子。替代率是平均值。如果五對夫妻各有三個孩子，另外兩對夫妻各有一個孩子，那麼七對夫妻的平均數為每對夫妻二．四三個子女，遠遠高於二．一的替代率。

人口結構不只是影響經濟成長的眾多因素之一，它在很大程度上是主導因素。影響經濟的其他因素包括利率、匯率、通貨膨脹、通貨緊縮、央行政策、地緣政治、消費者預期等等。儘管如此，這些都不像人口統計那麼重要，因為人口統計是關於人的，而經濟只不過是這些經濟體人群行為的總和。

中國人口為十四億，約佔世界人口的一七％。根據世界銀行的統計，中國的出生率為一．七，遠低於替代率。中國的情況可能比這些高層數據顯示的更糟。有證據顯示，由於政治原因，中國的出生率數字被誇大了，實際出生率接近一．一或更低，這將導致令人震驚的人口減少和經濟衰退。二〇二二年一月十七日，中國宣布二〇二一年出生率連續第五年下降。《紐約時報》報導：「中國正面臨一場超出中國當局和國際社會想像的人口危機[18]。」

描述人口統計數據對GDP影響的最簡單方法是使用等式L x h = GDP。在這個等式中，L是勞動生產力，h是總工作時間。工作時間乘以生產力就是總產出或GDP。如果人口一方面萎縮，另一方面又老齡化，那麼工作時間自然會減少，平均每小時的生產力會降低，因為相當多的資源將用於照顧老年人，這將不利於提高生產力。

今日有超過一億六千萬中國人年齡六十歲或更大。到二〇四〇年，中國六十歲以上的人口將超過二億五千萬人，其中有許多人八十多或九十多歲。阿茲海默氏症、帕金森症造成的失智與老齡有高度相關性。中國將需要數億名主要適齡的勞工來提供養老服務。給失智病人洗澡是有價值的職業，但七千年的文明並沒有改變洗澡的方式。洗澡這個工作最後一次提高生產力，是在一八七〇年到一九三〇年間引進室內水管和熱水。人口減少和人口老齡化的統計數據，意味生產力成長放緩，和最後GDP下降。從三十年戰爭（Thirty Years' War；一六一六年—一六四八年）以來，從未大規模發生過這種情況，而更早之前是在一三五〇年代黑死病爆發時。

從一九八〇年到二〇一九年，中國的一胎化政策導致三千萬至六千萬個揀選性墮胎或殺害女嬰——女嬰被淹死在產床邊的水桶中——的案例。正常的兩性比率是一百零五個男孩對一百個女孩。中國因為殺害女嬰生產一百二十個男孩對一百個女孩。這意味未來的生育潛力甚至會比已經很低的出生率更低，因為剩餘的男性無法生育。研究人員布利克（Darrell Bricker）和艾比特森（John Ibbitson）總結中國的情況如下：

到二一〇〇年，中國人口將減少到約七億五千四百萬人，比聯合國的中位數估計少二億五千萬人，比今日的中國人口少了令人吃驚的六億三千萬人。中國人口可能在本世紀減少近一半。即使是這樣也不是最低的假設情況。如果……盧茨的快速發展模式（Lutz's Rapid Development Model）……證明是正確的，那麼人口可能會劇減到六億一千二百萬到六億四千三百萬人。幾億人可能從地球表面消失[19]。

這種情況的影響遠超出經濟成長和世界貿易。如此大規模的人口劇減將導致政治正當性的危機，並可能預示著中國共產黨的崩潰。布利克和艾比特森總結說：「中國似乎正面臨一場刻意的、可控的大規模人口崩潰邊緣。這種事從來沒有發生過[20]。」

人口減少和生產力下降只是中國面臨挑戰的開始。一九九〇年代後期，中國擴大社會福利體系，開始提供少量養老金和醫療保險。研究人員杜斯特柏格（Thomas J. Duesterberg）在報告中寫道：「在二〇二〇年約有四億五千六百萬人享有僱主提供的都市福利計畫，另有五億四千二百萬人享有增補式的城鄉計畫。這仍然使數億人未享有養老金支持……數據顯示，在二〇二〇年這兩項計畫的收入，都比支出低約一〇%，因而需要政府補貼。二〇一九年的一項研究得出結論，國家退休基金『到二〇三五年將耗盡』，原因是勞動力減少[21]。」二〇二二年七月政府宣布，將把福利覆蓋範圍擴大到「彈性勞工」（主要是缺少必要文件的農村移民）。儘管做了這些努力，中國的養老金計畫覆蓋範圍參差不齊，現金流為負值，如果沒有更多的政府支援，它將在十三年內破產。

中國的收入不平等令人震驚。世界銀行估計，二〇一八年中國收入最高的一〇%人口佔總收入的四〇%以上。據國際貨幣基金的數據，中國的吉尼係數（Gini coefficient；衡量收入不平等的指標）從一九九〇年的〇·三三上升到二〇一三年的〇·五三。中國也存在地理造成的收入分配問題，沿海和中北部的勞工收入是農村地區勞工的二·五倍以上。

中國面臨極端的環境惡化問題。外交政策學者布蘭茲（Hal Brands）和貝克利

（Michael Beckley）報告說：「中國即將耗盡資源。一半的河流已經消失，汙染使六〇%的地下水——政府自己承認——「不適合人類接觸」。飛速的發展中國成為世界上最大的能源淨進口國。糧食安全正在惡化；中國因過度利用而摧毀了四〇%的農田，已成為世界上最大的農產品進口國[22]。

中國完全依賴世界其他地區提供能源。中國是世界上最大的煤生產國，約五八%的電力來自燃煤發電。儘管中國煤產量很大，但每年仍主要從澳洲和印尼進口三億噸。中國每天還進口超過一千萬桶石油，大約等於沙烏地阿拉伯的日產量。二〇二〇年，中國的天然氣進口量超過一兆五千億立方英尺，並且正快速增加。中國目前正在與卡達談判以長期必付合約（take-or-pay contract）購買液化天然氣。

阻礙中國成長和它養活全球供應鏈能力的其他因素，包括過高的債務、影子銀行、資產泡沫、房地產投機，以及對非生產性基礎設施的過度投資，包括鬼城，和像是火車站和機場等大而無當的公共設施。在過去十五年，中國報告的GDP成長中有高達二〇%浪費在了永遠無法回報的過度建設上。

中國經濟成長的最大阻力是中國共產黨領導人習近平的激進轉向，從鄧小平的擴張政策轉向毛澤東的強硬政策。關於為什麼會發生這種情況，有兩種觀點。第一是現實主義觀點，認為習近平是一個真正的意識形態擁護者，因此他逮捕成功的寡頭，阻礙中國的大型科技公司，偏袒國有企業，並迫使中國公司從紐約下市並轉移到香港股市並不令人驚訝。中國共產黨有悠久的實施開放經濟和社會政策的歷史，以此作為鼓勵大鳴大放的方式，只不過一旦這些聲音曝光後，就會透過逮捕、酷刑和處決來撲滅它們。這種傾向極權主義方法的趨勢也被用來鎮壓香港的異議，違反了一九八四年的《中英聯合聲明》承諾確保香港的自治到二〇四七年。習近平支援一種因為訴諸侮辱、咒罵和威脅而被西方稱為「戰狼外交」的方法。習近平的做法在經驗豐富的外交官中，受到廣泛的嘲笑。它對在全球菁英中推廣中國的立場毫無幫助。

自由主義者解釋的第二種觀點是，習近平打算延續鄧小平的政策，只不過處處遭遇失敗。正如分析師羅森（Daniel H. Rosen）解釋說，中國人民銀行二〇一三年減少支持資產泡沫的短期資金，導致股市出現下跌一〇%的小崩盤[23]。中國人民銀行縮手後，泡沫再度興起。習近平在二〇一三年開放中國人在海外投資，導致中國的準備部位流失一兆美元，因而必須實施資本管制。這種嘗試寬鬆和反覆失敗一直持續到二〇一五年股市崩盤和人民幣大幅貶值。最新的慘敗是全球最大的房地產開發商和抵押貸款機構恆大在二〇二一年倒閉。這些累積的失敗導致西方投資人對中國的成長能力失去信心，進而使外國直接投資枯竭。羅森指出，習近平倒退回強硬的共產主義並非出於設計，而是瀕臨政治失敗邊緣的領導人最後的手段。即使在無法幫助人民或經濟時，共產黨還可以保護黨員的利益。

就我們的全球供應鏈分析而言，現實主義者和自由主義者之間的辯論並不重要。兩方都認為，習近平正在壓制中國最具創新力的公司，並支持低效率但聽話的國有企業。這種方法將爭取到時間，但將扼殺支援全球供應鏈所需的成長和創新。世界工廠正在分階段關閉。

中國轉向極權主義不是因為處於優勢，而是因為居於劣勢。杜斯特柏格的研究指出：「世界經濟論壇的國家經濟競爭力年度評估很中肯：中國在過去十年落居先進經濟體的中段位置，落後西班牙、阿拉伯聯合大國和馬來西亞等國家，和大多數經濟合作發展組織（OECD）國家。中國在一百三十個國家的全球整體排名為第二十八，在總體經濟穩定性方面排名第三十九，在技能排名第六十四，在勞動力市場排名第七十二，在創新排名第二十七，在商業動態排名第三十六，在金融市場排名第二十九[24]。」分析師估計，中國銀行體系中有二二%的貸款是不良貸款。中國絕非經濟巨人，而是全球經濟大賽中的落敗者。

中國是中等收入陷阱的典型受害者，在中等收入陷阱中，一個國家以突飛猛進的方式從貧困邁向自給自足，卻無法做到向高收入國家地位的最後躍進。在外國資本的協助下，中國已實現從農村向城市地區遷移，和擴大裝配線式製造業等容易達到的成果。崛起成為高收入國家需要建立在技術和創新上的高附加價值流程，中國已能藉由竊取的技術開始踏上這個方向。現在西方的警覺和更嚴格的安全措施，限制了中國偷竊更多東西的能力。中國經濟已經達到飛行員所說的失速狀態：飛機仍在空中，但它沒有在爬升，而且正危險地幾近從天上往下掉。

面對中國即將發生的失敗，全球商業從供應鏈1.0到供應鏈2.0的重新配置正在進行中。外國直接投資是經濟成長和製造能力的主要驅動力，而這種投資正愈來愈轉向越南、印尼、馬來西亞和印度。二〇二二年四月十一日，蘋果宣布已開始在印度坦米爾那都省的斯里佩魯姆布杜爾（Sriperumbudur）生產 iPhone 13，以減少對中國的依賴。台灣對中國大陸的投資在過去十年中減少了七〇%。已開發經濟體對技術回流的投資，也傷害中國跨入高成長經濟活動的機會。台積電和英特爾已分別宣布將在美國興建最先進的半導體晶圓廠，總投資近二百億美元。如果中國沒有選擇極權主義道路，這些投資原本可能流向中國。二〇二二年一月，美國國會提出《國家關鍵能力防禦法案》[25]，將對美國投資人在中國和其他受關注國家的直接外國投資，進行國家安全審查。這種審查類似既有的美國外國投資委員會（CFIUS）的反向審查，即審查中國和其他國家對美國目標公司的投資。這類對雙向外國投資的國家安全審查，是高度全球化和高效率供應鏈的又一層障礙。

如果中國的問題只是上述的人口結構、債務和政治轉向，全球供應鏈的中斷將很嚴重，但現實情況可能還更糟。我們可能正在見證中國的顛峰，布蘭茲貝克利在二〇二一年底的一系列文章中提出這種可能性[26]。中國領導人知道他們在經濟或軍事上並不比美國優越。如果你認為戰略優勢只是遲早的問題，你會等待時機成熟。與此同時，你會避免地緣政治對抗，並專注於成長。布蘭茲和貝克利提出了一種更慘淡的可能性。如果中國的成長正在放緩，而美國由於製造業回流和與中國脫鉤而進入更新期，那麼中國的相對地位可能永遠無法更上層樓。中國領導階層可能已經意識到，目前的情況已經到了頂點。如果中國打算以武力奪取台灣，就必須迅速行動，因為從此以後成功的機會將更渺茫。就是這種算計驅使德國在一九一四年參加第一次世界大戰，和日本在一九四一年年偷襲珍珠港。在這兩個例子裡，侵略者都不比侵略的目標強大。成功的機率在當時已達到頂峰，該是決定發動攻擊或者接受從屬地位的時候了。對於像德國和日本這樣野心勃勃、不斷擴張的大國，以及現在的中國來說，合邏輯的選擇是攻擊。

歷史回顧是開始做中國顛峰分析的好方法。日本在第二次世界大戰戰敗後，毛澤東領導的中國共產黨和蔣介石領導的國民黨重啟始於一九二八年底的內戰，以爭奪中國的控制權。到一九四九年，共產黨控制了中國大陸，國民黨軍隊撤退到台灣島和附近一些較小的島嶼。兩股勢力都宣稱自己是中國的合法政府，共產黨宣布創建中華人民共和國（PRC），國民黨自稱傳承中華民國（ROC）。中華人民共和國在規模和人口的比較上佔優勢。台灣的人均GDP要高得多，並已崛起成為全球科技大國。

美國從一九四九年到一九七九年承認中華民國是中國合法政府，此後美國開始與中華人民共和國建立全面外交關係。這個政策轉變是尼克森和季辛吉（Henry Kissinger）在一九七二年尼克森赴北京和上海進行歷史性訪問時開始的。儘管如此，美國仍與中華民國透過各種機構和非政府組織保持非正式關係。美國是中華民國的主要武器供應國，儘管沒有簽訂正式防衛條約。

重要的是，中國從未把台灣視為獨立國家，而稱它為「叛離省」。以任何形式在外交上承認台灣的國家，都將受到中國嚴厲的貿易和金融制裁。立陶宛最近允許台灣在維爾紐斯（Vilnius）開設代表貿易辦事處時，發現了這一點。立陶宛對中國的出口立即劇減，因為中國實施近乎全面的貿易禁運。

近幾十年來的一個重要突破是中華民國在中國的投資增加，和兩個經濟體的整合，特別是在高科技和製造業領域。從上海到台北旅行的人都熟悉一個事實，即航班都從國內航站出發，而不是從國際航站，因為中國把台灣視為中國的一部分。

中國入侵台灣將是最具破壞性的地緣經濟事件，相當於入侵日本或西歐，僅次於發生核戰爭，結果將充滿高度不確定性。最大的變數是美國會不會在軍事上協助台灣防禦。美國的第七艦隊可以在台灣海峽攔截中國的兩棲部隊，壓制中國的空中力量，並以其他方式協助台灣，藉由反導彈防禦系統、無人機、電子戰和情報戰擊退入侵。與此同時，中國可以用巡航導彈攻擊美國船艦，發動自己的電子戰，包括攻擊美國的關鍵基礎設施，如電網和無線電網路，並強行展開兩棲入侵行動。

繼續升高衝突將牽涉金融戰、對中國進口能源實施禁運，和關閉全球大部分半導體行業。中國無疑的渴望控制台灣的半導體產能，包括高端技術和五納米生產設施。這個目標可能使台灣將在中國人佔領它前，摧毀島上的半導體工廠和實驗室、執行二十一世紀版的焦土撤退計畫。

有一套被稱為覆巢（Broken Nest）的美國軍事理論正在發展，這個名稱來自一句中國諺語「覆巢之下，焉有完卵？」在軍事上，這意味如果巢（台灣）翻覆了，蛋（全球半導體生產）也將破碎。這套理論主張，美國不應該為拯救台灣而與中國作戰，而是如果中國入侵台灣，美國和台灣應該摧毀台積電，和其他半導體公司在台灣的設施。這將對中國極其不利，甚至於光是威脅破壞就足以阻止中國入侵台灣[27]。覆巢理論的利弊值得辯論，但對供應鏈的衝擊將難以想像。衝擊將無法只局限在中國，全球商業陷於幾乎停頓。

中國也可能認為入侵日本，以鞏固它在東亞的霸權符合其利益。這種入侵勢必捲入美國，也可能捲入澳洲、菲律賓和印度，這可能等同於第三次世界大戰。這樣一場戰爭的結果將具有高度不確定性。唯一可以肯定的是，這將是世界的一場政治和經濟的災難，特別是對交戰國。

中國會入侵台灣嗎？這就是盧特瓦克的地緣經濟學定義可望帶來啟示的地方。在全球化前的世界，中國很可能發動攻擊。在後全球化的世界，中國可能在軍事上克制，同時繼續在技術、自然資源和附加價值的製造業上取得進步。這條道路需要與美國和西歐合作，而不是對抗。我們不能排除中國入侵台灣控制的一些毗鄰大陸的小島，包括金門和馬祖。中國接管這些島嶼將導致與美國和歐洲進一步決裂，但不至於成為與西方開戰的理由，因此與地緣經濟學理論並不矛盾。一場小型入侵可能足以提高習近平在中國的地位，而不會產生重大的負面影響。

反對這種戰爭的理由包含在上述情景中，事件可能會升級並失控。只有在美國不支援台灣時，中國才可能取得領土。經濟損失將無可避免，供應鏈中斷將是災難性的。儘管如此，風險實在太高，成本也太過巨大。與其入侵，中國更有可能繼續進行喊話和軍事準備，但按兵不動以等待時機。

與此同時，習近平將繼續與西方進行恫嚇和經濟對抗，這將是對中國最不利的道路。它將得不到拿下台灣的獎賞，也未能從西方獲得最大的經濟利益。儘管如此，這對中國共產黨來說可能是最好的選項，因為它可以滿足他們的貪婪和腐敗，同時為對世界上最多的人口灌輸意識形態爭取時間。國家和黨是不同的實體，只從國家的觀點分析還不夠，必須也考量什麼對黨最有利。

二〇二二年五月十八日，一位有豐富中國經驗的知名經濟分析師葛夫（Louis-Vincent Gave）在接受採訪時說，中國根據其清零政策封鎖上海的行動，實際上是對美國經濟攻擊的偽裝。葛夫說，中國藉由故意破壞供應鏈，來引發可能削弱對美國政府信心的通貨膨脹，從而把對美國的出口武器化。這種政策可被視為具侵略性的脫鉤。侵略性脫鉤的例子包括《彭博資訊》報導的中國政府在二〇二二年五月五日，下令所有政府機構和國有企業，必須於二〇二四年以前停止使用外國個人電腦和軟體。雖然沒有直接證據證實葛夫的論點，但它與事實一致。

全球貿易大國不會坐視中國的經濟失敗或軍事冒進，與中國脫鉤和建立替代的供應管道已經開始。五眼聯盟的報告概述了全球供應鏈與中國脫鉤的三條途徑。第一種被稱為負脫鉤，目標在於限制中國在西方的投資，減少智慧財產權盜竊，並減少對中國關鍵商品出口的依賴。第二種稱為正脫鉤。這涉及優惠性差別待遇的產業政策，以便在未來的關鍵技術（包括電子、電信、通信和未來九大產業）創造領先地位。第三條路徑稱為合作脫鉤。這涉及增進五眼聯盟和民主盟友間的協調，以建造高效率但不依賴中國的新供應鏈。借用報告中的話來說，目標是「使供應鏈多樣化，分散中國作為全球工業中心的地位」[28]。這些努力還處於初期階段。這篇五眼的報告為政策制定者提供詳細的劇本，並展示未來的發展。

俄羅斯復興

全球供應鏈——特別是牽涉能源的供應鏈——的第二大地緣經濟威脅，來自美國和俄羅斯正進行的經濟戰爭，而它本身就是俄羅斯在二〇二二年二月二十四日入侵烏克蘭的結果。這場經濟戰爭對廣泛的商品、服務和金融造成影響，而如果不追溯到一九八九年冷戰結束和一九九一年蘇聯解體的背景，我們就無法了解它。美國從冷戰中脫穎而出，成為唯一的全球霸主；俄羅斯陷入混亂，中國則在天安門事件後的反彈步履蹣跚。一九九〇年東德和西德在西德模式下重新統一，中歐成為各方勢力爭搶的目標。一九九五年北約發表了一份名為《北約擴大研究》的文件，描述北約增加新成員的程序和先決條件。美國及其盟國迅速採取行動，把許多前蘇聯衛星國納入北約，包括阿爾巴尼亞、保加利亞、克羅埃西亞、捷克共和國、愛沙尼亞、拉脫維亞、立陶宛、波蘭、羅馬尼亞、斯洛伐克、斯洛維尼亞、黑山（Montenegro）和北馬其頓。事實上，西方與俄羅斯的邊界向莫斯科拉近了六百英里，這個過程沒有花一顆子彈。

俄羅斯在一九九〇年代有親西方的傾向，並盡可能嘗試設置許多西式機構，包括獨立的中央銀行、證券交易所、自由市場等等。這場實驗到二〇〇〇年以慘敗結束，原因是許多俄羅斯寡頭接管了寶貴的國有資產，並以賄賂和謀殺取代自由市場。普亭在一九九九年成為俄羅斯總統，此後一直擔任總統或總理。普亭的主要目標是結束混亂並恢復秩序。

雖然普亭容忍北約的擴張，但他在立陶宛、烏克蘭和喬治亞劃下界限。二〇〇四年北約跨越俄羅斯的紅線，接受立陶宛成為會員國；普亭無力阻止它。二〇〇八年四月，小布希總統提名喬治亞和烏克蘭加入北約。普亭在二〇〇八年八月入侵喬治亞作為回應，終結了它加入北約的可能性。烏克蘭官方仍維持中立，但它仍有可能加入北約。

在歐巴馬政府執政期間，烏克蘭的情勢開始走偏。二〇一四年十一月，美國中央情報局和英國軍情六處，在基輔發起一場顏色革命，導致獨立廣場的暴力示威活動在二〇一四年二月達到頂峰。這次叛亂造成民選親俄總統亞努科維奇（Viktor Yanukovych）被推翻，並很快逃到莫斯科。親西方的波洛申科（Petro Poroshenko）在二〇一四年六月出任總統。

由於烏克蘭在波洛申科領導下重啟加入北約的程序，普亭以吞併克里米亞作為報復。克里米亞曾是俄羅斯海軍的母港，也是俄羅斯亞速海的重要扼制點，和通往地中海和大西洋的溫水通道。俄羅斯支持烏克蘭東部的自治親俄部隊，包括提供俄羅斯顧問和武器。這種不穩定的現狀持續到二〇二一年年中，普亭開始增派俄羅斯軍隊到烏克蘭東部的邊界，為可能的入侵和進一步併吞做準備。各國擔心的入侵行動在二〇二二年二月二十四日展開。

這種歷史背景對了解普亭的觀點十分重要。西方說普亭是一心想要征服烏克蘭的惡棍是錯誤的，普亭曾警告西方二十年內不能在烏克蘭擴張其優勢。小布希二〇〇八年提名烏克蘭加入北約，是美國自己犯的錯誤。二〇一四年獨立廣場的叛亂不是本土的革命，而是西方情報機構，在歐巴馬和英國首相卡麥隆（David Cameron）指導下策劃的政變。普亭一直滿足於讓烏克蘭成為中立的緩衝國。西方並非如此，而是不斷壓迫普亭，讓普亭不得不在烏克蘭邊境動員超過十萬軍隊，最後並以入侵來反擊。

烏克蘭若加入北約，甚至只是一個親西方的烏克蘭，就已經對莫斯科構成生存威脅。從北方的愛沙尼亞到南方烏克蘭的俄羅斯邊界形成了字母C，包圍了俄羅斯的北部、西部和南部。烏克蘭的部分地區位於莫斯科以東，從東方就能進攻莫斯科地區，這是自十三世紀成吉思汗的蒙古帝國以來從未發生過的事。如果烏克蘭不保持中立，普亭就必須在必要時以武力控制它，至少是東半部。

拜登對這個威脅的最初反應很笨拙。正如《國會山報》（*The Hill*）報導的，在二〇二二年一月十九日的新聞記者會上，拜登回答一個有關烏克蘭的問題：

總統週三談到北大西洋公約組織（NATO）的盟友時說：「這取決於它做了什麼，以及我們將能在多大程度上讓北約團結一致。」

拜登說：「我認為你將看到，如果俄羅斯入侵，它將承擔責任，而這取決於它做了什麼。如果這是一次小入侵，最後我們將不得不為該做什麼，和不該做什麼而爭吵。」

如果這是一次「小入侵」，拜登將對普亭入侵開綠燈，這在世界各地引起震驚。

拜登沒有明確定義他說出的「入侵」和「小」。他的談話很危險。在發表談話後數天他又笨拙地嘗試糾正記錄，使事情變得更糟，因為它凸顯了一個事實，即初始談話更接近真相，而且之前可能已經祕密討論過。

這一事件令人想起兩件類似的錯誤，兩次都導致重大的全球戰爭。在一九三八年的慕尼克會議上，英國首相張伯倫（Neville Chamberlain）允許希特勒佔領一片捷克斯洛伐克領土，以安撫這位德國總理。張伯倫宣布任務成功，並說：「我相信這是我們時代的和平。」不到一年後，史上最大規模的血腥戰爭——第二次世界大戰開始了。一九五〇年一月十二日，杜魯門總統的國務卿艾奇遜（Dean Acheson）在華盛頓特區的全國新聞俱樂部發表演講，描述美國在西太平洋的關鍵「防禦圈」。艾奇遜沒有把南韓納入該防禦圈。五個月後，北韓入侵南韓，部分原因是認為美國不會採取行動保衛南韓。朝鮮戰爭從此開始，一直持續到一九五三年七月。歷史的教訓很清楚，行動的軟弱或言語的模棱兩可，都可能成為侵略的誘因。防止戰爭的方法不是綏靖或為敵人開綠燈，而是必須擁有實力。拜登軟弱的舉止和笨拙的語言，無異於邀請俄羅斯入侵。

要了解俄羅斯入侵烏克蘭的進程，必須先對俄羅斯的國家利益進行不偏頗的評估。普亭已拿下盧甘斯克和頓涅茨克周圍的地區，而且這些地區講俄語的人口在宗教和種族上都認同俄羅斯。這創造出一條從頓巴斯經由馬里烏波爾（Mariupol）到克里米亞的走廊，因此克里米亞和俄羅斯現在已透過陸路連接起來。克里米亞以西的黑海港口奧德薩（Odessa）已變成另一個目標。俄羅斯對波蘭或羅馬尼亞沒有興趣，儘管它非常關注北約軍力在這兩個地方的集結。俄羅斯現在已在烏克蘭、喬治亞和白俄羅斯建立緩衝區，為莫斯科提供一些安全保障，即使這個地區的大小不如原來的華沙條約國家。這個結果完美地說明了盧特瓦克的地緣經濟學定義。目標是商業的（西歐對俄羅斯天然氣的依賴），工具是商業的（管道），雖然參與者是主權國家（俄羅斯和美國）。

美國已明確表示，不會在烏克蘭與俄羅斯作戰。反而美國實施了現代歷史上最廣泛的一套經濟制裁。這些制裁包括禁止俄羅斯中央銀行和俄羅斯十大商業銀行使用美元支付系統，以及稱為環球銀行金融電信協會（SWIFT）的金融電信網路。美國還凍結俄羅斯在美國銀行的所有資產（包括外國銀行的美國分行），並公布一份俄羅斯寡頭名單，他們的資產——遊艇、噴射機和豪宅——不管位於何處，都將被地方當局沒收。歐盟、英國和盟國都模仿美國的制裁，並根據與俄羅斯的雙邊關係實施自己的制裁。

儘管這些制裁範圍很廣泛且史無前例，但它們只是個開始。二〇二二年二月二十七日，西方銀行被禁止以俄羅斯盧布進行交易。這有效地阻止了俄羅斯央行在外匯市場上支撐盧布，或以其他方式利用其資產來支援俄羅斯機構或經濟。二月二十八日，美國針對俄羅斯主權財富基金、財政部和俄羅斯直接投資基金（RDIF）執行資產凍結和禁止交易。三月八日，美國禁止進口俄羅斯石油、液化天然氣和煤。在此同時，美國禁止美國投資俄羅斯能源部門，和對俄羅斯出口高科技設備和半導體。

二〇二二年三月十一日，白宮宣布將與國會合作，以撤銷俄羅斯的最惠國待遇，該待遇對俄羅斯提供任何貿易夥伴可獲得的最佳貿易條件。取消這項待遇允許美國在不違反世貿組織規則的情況下，對俄羅斯商品課徵嚴厲的關稅。同一公告還宣布，俄羅斯將被剝奪在國際貨幣基金和世界銀行等多邊貸款機構的借款權利。美國還禁止向俄羅斯出口奢侈品，如高端手錶、昂貴的汽車、珠寶和名牌服裝。美國也同時禁止進口魚子醬和鑽石等俄羅斯奢侈品。任何直接、間接或共謀逃避這些制裁的行為，都將面對刑事起訴。

二〇二二年三月二十四日，白宮擴大了制裁的個人名單，納入俄羅斯杜馬（議會）的所有三百二十八名成員，和構成一大部分國防工業的四十八家大型俄羅斯企業，包括製造直升機、精確導彈和電信技術的企業。美國還禁止與俄羅斯央行持有的黃金有關的所有交易，這些黃金價值約一千五百億美元。美國無法扣押俄羅斯持有的實體黃金，但它讓俄羅斯無法出售黃金以交換強勢貨幣，或用來擔保貸款。

幾乎每天都有新制裁措施宣布。二〇二二年三月三十一日，拜登總統宣布將每天從美國戰略石油儲備釋放一百萬桶石油，為期六個月。這是為了抵消之前禁止進口俄羅斯石油的影響。四月六日，美國禁止美國人在俄羅斯進行新投資。

這些制裁的經濟影響遠超出政府的直接行動。許多美國和歐盟公司關閉在俄羅斯的營運或放棄整個資產，雖然制裁未嚴格要求他們這麼做。其中最大的關閉涉及殼牌、埃克森美孚和英國石油公司的石油勘探、生產作業。其他關閉俄羅斯營運的公司包括麥當勞、Nike、蘋果和利惠（Levi's）。截至三月八日，共有二百五十多家公司縮減俄羅斯業務，且有更多公司考慮採取類似行動。

美國的制裁不限於雙邊銷售和服務。美國把制裁擴大到任何向俄羅斯出口商品（只要這些商品是以美國授權的美國工具或美國技術製造的）的國家。實際上，這種次級抵制主要是針對中國，因為中國根據這類授權而生產一些半導體和其他電子產品。這與扼制中國電信巨頭華為的策略相同，而且在這個例子中被證明是有效的。雖然中國對美國的制裁抱持冷靜態度，並對俄羅斯表示一些支援，但中國似乎沒有興趣在這方面違抗美國。烏克蘭政府對俄羅斯的制裁措施甚至比美國更廣泛。四月十一日，烏克蘭呼籲世界各國政府，沒收包括油輪在內的所有俄羅斯資產，並把收益交給基輔，以賠償俄羅斯人侵造成的損失。烏克蘭政府經濟顧問估計這些損失超過一兆美元。沒有國家立即回應烏克蘭的要求，但這個要求本身就對涉及俄羅斯資產的全球商業增添了又一層不確定性。

俄羅斯立即對美國、歐盟及其盟國進行報復。俄羅斯央行宣布，盧布將以五千盧布兌一公克黃金的匯率與黃金掛鉤。這個動作不應理解為採用新的金本位制（因為俄羅斯限制可以實際用盧布購買黃金的人），而是為了穩定美元對盧布的匯率。由於黃金以美元計價，因此以宣布當天的金價每盎司一、九三〇美元計算，盧布與黃金掛鉤轉換為八十盧布兌換一美元的匯率。這個策略奏效了。在二月下旬戰爭爆發後的幾天內，盧布從八十盧布兌一美元暴跌至一百四十盧布兌一美元，但到五月初又回升至七十盧布兌一美元。

在美國禁止一些俄羅斯商品出口的同時，俄羅斯也禁止出口一些商品到敵對國家。這不但是一場以牙還牙的貿易戰，許多受影響的商品是關鍵的戰略金屬和農產品出口，也是避免西方的製造業停工，和非洲及中東發生饑荒所不可或缺的東西。俄羅斯禁止出口鉑、鈀、鋰和鎳，而它們是汽車和電池製造必不可少的。俄羅斯供應全球四三％的鈀。烏克蘭本身並沒有禁止出口，但它的出口仍因戰爭而大幅關閉。

一些俄羅斯的報復措施更為複雜，剛開始超出白宮政策制定者的理解範圍。美國禁止出口半導體到俄羅斯。半導體是使用自然資源投入製造的多層堆疊晶片，其中許多投入來自俄羅斯。很重要的是，晶片上的電路要以加工氖氣供電的雷射裝置蝕刻。俄羅斯和烏克蘭供應世界九〇%的氖氣。超過六五%的加工氖氣來自烏克蘭奧德薩的一家工廠。美國可以切斷俄羅斯與半導體的聯繫，但俄羅斯可以藉由切斷氖氣出口來關閉全球半導體生產的一大部分。這是美國的制裁缺少重點造成迴旋鏢效應的突出例子。

俄羅斯和烏克蘭合計佔全球小麥出口的二六%，佔全球大麥出口的三〇%，和佔全球玉米出口的一六%。各國從這兩個交戰國進口的小麥比率如下：黎巴嫩（一〇〇%）、索馬利亞（一〇〇%）、埃及（八五%）、蘇丹（七五%）、剛果（六八%）、坦尚尼亞（六五%）、突尼西亞（五六%）、肯亞（四二%）和南非（三七%）。這些國家和其他國家是俄羅斯和烏克蘭小麥的最大進口國，總人口超過七億，幾乎佔地球總人口的一〇%。二〇二二年四月十二日，哈薩克的麵粉廠因無法獲得俄羅斯小麥而暫停營運。由於化肥短缺或化肥價格過高（如果有的話），世界各地的農民無法在二〇二二年種植作物，這個事實也導致糧食出口短缺的情況加劇。在一些可以安排替代糧食供應的例子裡，價格是二〇二一年支付價格的兩倍或三倍，為全球通貨膨脹增添了又一層壓力。烏克蘭嘗試藉由火車穿過波蘭邊境出口糧食，但因為波蘭和烏克蘭的火車軌距不同而受阻。這意味貨物不能簡單地通過邊境，而必須從烏克蘭車廂卸下並重新裝載到波蘭車廂或卡車上。據路透社報導，在二〇二二年四月七日，有超過二萬四千一百九十個烏克蘭車廂在等候過境，確實是一場物流噩夢。一艘來自烏克蘭的穀物船設法抵達黎巴嫩，卻發現全部貨物被溼氣破壞。因為出口糧食短缺而造成的饑荒死亡人數，很可能大幅超過戰爭本身造成的死亡人數。

隨著大規模饑荒的可能性在二〇二二年春季變得更加確定，《經濟學人》和《紐約時報》等西方媒體開始帶風向，說如果發生這類災難都將是俄羅斯總統普亭的錯。俄羅斯應對入侵烏克蘭負責，但糧食短缺是美國和歐盟領導的經濟制裁造成的。儘管有戰爭，俄羅斯可以繼續出口糧食、化肥和能源，除非是遭到制裁。拜登和普亭一樣，必須為即將發生的饑荒負責。

俄羅斯暫停鋁和鈦出口，導致波音和空中巴士公司的飛機製造延遲，這兩家公司都依賴俄羅斯的供應，來保持製造和組裝的運行。波音公司三五％的鈦來自俄羅斯；空中巴士的比率是五〇％。俄羅斯和烏克蘭供應全世界超過三〇％的鈦。大眾汽車（福斯汽車）在二〇二二年二月下旬宣布，由於無法從烏克蘭的唯一供應商獲得汽車線束，將關閉其位於德國東部的茨維考（Zwickau）工廠。寶馬汽車（BMW）

也因為烏克蘭供應商未能交付訂製的高端汽車線束系統而關閉工廠。這些線束引導汽車內部超過三英里長的布線，都是針對車輛訂製的，不容易被其他供應商取代。由於港口關閉，超過二十二艘油輪堵塞了由俄羅斯控制的刻赤海峽。俄羅斯和烏克蘭合計佔全球鋼鐵出口的三二％，佔全球鈾出口的二八％，佔全球化肥出口的二二％，佔全球鎳出口的一六％，以及相當高比率的煤、銀、鐵、植物油和木材的出口。烏克蘭戰爭對全球供應鏈的影響不只是破壞，而是更接近一場災難。

俄羅斯在烏克蘭頓巴斯地區的軍事成功，使它控制了該地區五百七十五億噸的煤儲量。這加強了俄羅斯對全球煤供應的控制，並讓俄羅斯有能力承諾在未來幾年向中國交付一億噸煤。該份厚禮還增加俄羅斯在石油和天然氣領域，對西歐的影響力，因為煤是最簡單的替代品，而烏克蘭將不再提供煤。

這場戰爭對供應鏈的初期影響已開始減弱，部分原因是中間製造商和分銷商有安全庫存和運輸中的貨品，可以用來滿足需求，而且因為投入層面的價格上漲需要時間來推高加油站或超市貨架上的價格。投資人和華爾街專家似乎沒有注意到，許多制裁的生效日期比宣布日期延遲三十天、六十天或九十天，因此有時候二〇二二年三月的命令，直到二〇二二年六月才開始產生影響，而經濟後果還需要更長的時間才會顯現。這些緩衝的效果並沒有持續很久。在及時庫存和自動化資訊共享的時代，短缺和價格飆升，可以很快打擊從工業規模的製造商，到零售精品店的供應鏈參與者。這助長了俄烏戰爭前就已形成的通膨浪潮，並將它放大到自一九七〇年代以來從未見過的高水準。

奇怪的是，受戰爭影響最小的商品是破壞性最可怕的商品——石油和天然氣。原因很明顯：關閉來自俄羅斯的石油和天然氣（其中許多流經烏克蘭的管道）的影響是如此巨大，以至於很少人思考過這種事。德國是世界第四大經濟體和出口大國，它仰賴俄羅斯供應四九％的天然氣。義大利是世界第八大經濟體，它四六％的天然氣來自俄羅斯。法國擁有更強大的核發電能力，它來自俄羅斯的天然氣仍高達二四％。奧地利的比率是八〇％，波蘭是四〇％。幾個較小的歐洲經濟體，包括拉脫維亞、芬蘭、摩爾多瓦、波士尼亞、赫塞哥維納（Herzegovina）和北馬其頓，分別從俄羅斯獲得九〇％到一〇〇％的天然氣。簡單地說，如果得不到俄羅斯的天然氣，這些經濟體就得關閉。幸運的人也許能配給到足夠的汽油，來維持家裡大多數的照明。倒楣的人得在黑暗中受凍。

白宮承認，歐洲的天然氣儲備「顯然處於很低的水準」[29]。美國政府的計畫是動用儲備到接近零的水準以爭取時間，同時天然氣出口商則改變供應路線。目標是確認「有產能可以大幅提高實際天然氣生產，到超出正常時期產量」的公司，並「看看增加幾批產品的能力——各家供應商都增加幾批產品」。這項計畫考慮有欠周詳。供應大幅提高和分散貨物來源的想法，忽略了有沒有船隻可以運輸增加的產品，以及港口能不能在抵達時接受貨物的問題。如果供應鏈中的任何環節出問題，如果歐洲在等待天然氣產量大幅提高時，儲備已降至零，那麼歐洲某些產業的能源可能耗盡。該計畫還忽略了一個事實，即許多生產商已經全力以赴供應來自中國的需求；大幅增加生產的能力很值得懷疑。最好的情況是，這可能是一場零和遊戲，把供應轉向歐洲會導致其他地方的短缺。無論該計畫能否成功，對全球供應鏈的影響都將極其有害，因為產量和運輸能力已達到極限，堵塞的港口也將變得更加擁擠。無論如何，該計畫在二〇二二年夏天仍然只是個計畫。儘管西方猶豫不決，但俄羅斯開始減少對德國和其他國家、地區的天然氣流量，理由是管道維護和維修問題。這顯然是一個對繼續援烏國家的警告：隨著冬天迫近，情況將變得更糟。

同樣的分析也適用於俄羅斯石油出口。俄羅斯提供全世界石油產量的約一〇%。俄羅斯、沙烏地阿拉伯和美國合計生產全世界石油的三三%。要想制裁俄羅斯的石油銷售根本是不可能的事。對俄羅斯石油銷售的任何干預，都將同時導致全球惡性通膨和全球經濟崩潰。諷刺的是，儘管有戰爭和制裁，俄羅斯繼續透過銷售石油和天然氣，賺取數十億美元的強勢貨幣。這些美元支付都輾轉匯入被豁免於第一輪制裁的俄羅斯Gazprombank。更加諷刺的是，烏克蘭繼續賺取一年約二十億美元的過境費，以允許俄羅斯天然氣通過其管道。歐洲對俄羅斯能源的需求，使雙方陷入一場激烈的惡戰。

即使美國和歐盟禁止進口俄羅斯能源，未來的展望也難以樂觀，對俄羅斯的影響將微不足道；俄羅斯有一長串等待購買石油和天然氣的中國顧客名單。印度也已成為俄羅斯石油的主要買家，儘管美國警告它不得與俄羅斯進行交易。對西歐，特別是德國的影響將是毀滅性的。德國在過去十年中一直關閉其核能和燃煤發電能力，並依賴俄羅斯天然氣提供製造、照明和取暖所需。美國承諾提供替代的能源大多是空談，因為中東已承諾提供能源給中國，也因為美國的資源需要很長時間才能動員起來。裝腔作勢無濟於事。歐盟在二〇二二年四月宣布禁止進口俄羅斯煤，但禁令直到八月才生效。歐盟似乎希望戰爭屆時已經結束，而不需要真正的犧牲。對德國的「能源空運」將在全球能源短缺的情況下進行，使失敗的可能性大增。俄羅斯的反制措施將牽涉網路戰，包括關閉美國和歐洲的關鍵基礎設施，如銀行和證券交易所。網路攻擊對全球供應鏈的影響，將與引發攻擊的制裁一樣深具破壞性。

扣押遊艇和別墅等俄羅斯寡頭的資產，無異於幫俄羅斯的忙。普亭的權力基礎是軍隊、情報部門、東正教和一般俄羅斯人。他一直視寡頭為敵對勢力，並對沒收他們的資產猶豫不決。現在，美國和英國正在俄羅斯境外扣押寡頭的資產，這等於幫普亭幹這件骯髒活。諷刺的是，寡頭們正趁著還有機會時把資金匯回俄羅斯，因為現在那裡比世界其他地方都更安全。從西方政治人物的角度來看，制裁好像是一件替天行道的事，但他們沒有做什麼有用的事，甚至在某些方面還幫了普亭的忙。

從達成戰略目標的標準看，美國和歐盟的經濟制裁完全失敗。俄羅斯繼續在達成戰爭目標上穩步進展，不但控制了烏克蘭沿亞速海和黑海的地區，而且建立了從俄羅斯領土到併吞的克里米亞的陸橋。俄羅斯鞏固了在烏克蘭南部和東部的戰果，並且確保烏克蘭不會加入北約。制裁沒有影響俄羅斯實現這些目標。

當然，制裁確實對全球供應鏈和通貨膨脹造成災難性的影響。俄羅斯公民正承受物價上漲和物資短缺之苦。儘管如此，美國公民在經濟方面遭受的痛苦還更大。在二〇二二年，天然氣價格上漲了一倍多，食品價格上漲近一倍。與二〇二一年底供應鏈危機首次引起全國關注時比較，商店的空貨架明顯增加。美國公民蒙受的損失可能還更嚴重。沙烏地阿拉伯和中國正在討論石油交易以人民幣計價——這對尼克森和季辛吉在一九七四年制定的歷史性石油美元體制，可能是致命的打擊。由於美國任意扣押或凍結俄羅斯、俄羅斯央行和俄羅斯公民的美元資產，世界各地的美國貿易夥伴開始思考減少美元準備部位的方法。美國辯稱這是一場戰爭行為，但世界其他國家正確地把它視為美國國債違約。綜合來看，資產凍結、轉移貨幣，和避開以美元計價的資產，可能標誌著美元作為世界主要準備和支付貨幣的特權地位將開始結束。什麼貨幣將取代美元的準備貨幣地位，目前還不清楚。儘管如此，黃金是明顯的候選資產。黃金價格在二〇二二年初穩步上漲。俄羅斯沒有對美國造成這種傷害，這種傷害是美國自己造成的，因為美國官員對全球金融的緊密關聯，和全面經濟戰的迴旋鏢效應一無所知。金融制裁將減少全球流動性，增加市場不確定性，並可能引發類似二〇〇八年的全球金融恐慌。通貨膨脹是第一個、也是最明顯的徵兆，而且它絕不會是最後一個結果。

這份廣泛的供應鏈阻礙清單重點在於，沒有一個阻礙會很快消失。氣候變遷警報是金融業全球主義野心的有效管道。即使有愈來愈多駁斥它毫無根據的主張，它也不會很快消失。能源短缺和能源價格上漲，與學術界、政府和銀行界倡導的菁英綠色議程齊頭並進。這種傷害將持續數年。轉捩點可能不會到來，直到菁英們自己也陷於在黑暗受凍。中國刻意與現有供應鏈脫鉤，是更廣泛的自力更生戰略的一部分，驅動的力量是習近平不安全的地位，和意識到西方正在每一方面與中國脫鉤。中國的脫鉤將需要幾十年的時間，除非被政權更迭打斷，而且這種情況將更具破壞性。在西方，五眼聯盟倡導的產業，向民主地區回流正在進行中，但也需要幾十年的時間。其結果將是消費者的成本升高，但從薪酬與福利更好和更高質量的產品獲得彌補。俄羅斯在東歐和中亞的野心也將持續數十年。打造帝國就是如此，或者在這個例子中是重建帝國。新冠疫情的後遺症將持續到二〇五〇年代，就像大蕭條的節儉直到一九六〇年代才消退。心理健康的影響和適應行為，將比病毒持續的時間更長。主導所有這些趨勢的是一場人口災難，其規模是從黑死病以來所僅見。人口統計的趨勢要一直到二〇七〇年或更遲才會轉向更健康的道路。

在一九八九年到二〇一九年的三十年間，供應鏈幾乎已臻於完善。但它們在短短三年內就被貿易戰、瘟疫、氣候警報、脫鉤、能源短缺、地緣政治和人口結構所破壞。它們將在適當的時候重新建立，但不會很快。與此同時，貨幣是傳遞供應鏈壓力的媒介。在第二篇中，我們將從當前的通貨膨脹和即將到來的通貨緊縮的角度，來看供應鏈中斷對貨幣的影響。

第二篇

貨幣扮演的角色

第四章　通貨膨脹會持久不退嗎？

如果有錢，投資實體經濟仍然是吸引人的作法。與那些領養老金的人、貧困的中產階級，以及勉強糊口的工人階級不同，那些有閒錢可以不操心生活所需的人購買有形的資產，是在這種不確定的時代生存、甚至致富的祕訣。最重要的是擺脫你的現金，因為這些現金明天可能一文不值。

——弗雷德里克．泰勒（Frederick Taylor），《貨幣的潰敗》（*The Downfall of Money*）（二〇一三年）[1]

關於銀行的根本悖論是，只要每個人都相信錢就在那裡的承諾，它們就是虛幻而穩定的。

——亞當．圖茲，Ones and Tooze 播客，（二〇二二年）[2]

通貨膨脹再次席捲

通貨膨脹重新回到美國和世界各地。二〇二二年七月十三日，美國勞工部報告六月的消費者物價指數飆升九．一％，是一九八一年十一月以來的最高漲幅，比四十多年前高[3]。用於取暖的燃油上漲了九八．五％。最明顯的價格上漲是汽油，漲幅為五九．九％。在六月的飆升之前，五月漲幅八．六％，四月則為八．三％。這是趨勢的一部分，而不是異常現象。

從二〇二〇年十二月到二〇二一年十二月，消費者物價上漲了七％，是一九八一年以來最高的年漲幅[4]。單獨計算的食品價格，比前一年同期上漲六．三％，遠大於二〇二〇年仍然偏高的三．九％。美國勞工統計局負責編製通貨膨脹數據，衡量二十九大類的價格，每一類各有數千個單獨品項。二〇二〇年十二月到二〇二一年十二月，價格上漲幅度最高的類別是汽油、汽車、能源、肉類、家禽、魚類和雞蛋。換句話說，價格上漲最多的品項是美國人每天購買的東西。通貨膨脹並沒有躲藏在服裝和娛樂等，較自由裁量類的消費項目中，而是一般市民的日常消費項目。

一些個別項目的漲幅驚人。從二〇二〇年到二〇二一年同期，汽油價格上漲四九・六%，天然氣價格上漲二四・一%，能源價格上漲二九・三%。電價上漲六・三%。肉類、家禽、魚類和雞蛋價格上漲一二・五%。新車價格上漲一一・八%。不過，因為供應鏈出問題，新車往往買不到。如果你轉向二手車市場，價格上漲還更嚴重——二手汽車和卡車價格在二〇二一年上漲了三七・三%。這是歷來這項指數最大的年比漲幅。家居用品上漲七・四%。如果價格上漲導致你開始吸菸，你的心情也得不到紓解——菸草價格上漲了九%。

即使是較溫和的價格上漲也令人不安。三%的通貨膨脹聽起來好像是良性的，但事實並非如此。每年只有三%的通貨膨脹率，會在二十三年內使一美元的價值減少一半，大約是從出生到大學畢業所需的時間。再過二十三年，從大學畢業到職業生涯的中期，每年三%的通貨膨脹率會再次使美元的價值減半，只剩下出生時美元價值的四分之一。這才是看待二〇二一年住房通膨率為四・一%、主要住宅租金通膨率為三・三%和醫院服務通膨率為三・三%的正確觀點。沒有好的通貨膨脹這種事。所有的通貨膨脹都是偷竊固定收入或薪水的一種形式。被偷竊的贓款交給了銀行和借款人。由於美國政府是世界最大的借款國，它也是通貨膨脹的最大贏家。

通膨大幅上揚的情況並不局限於美國，以各種貨幣衡量的通貨膨脹發生在世界各地。根據國際貨幣基金的世界經濟展望報告，截至二〇二一年十二月的一年間，三十四個先進經濟體中有十五個的通膨率超過五％，是二十多年來最高的數字。二〇二一年十二月歐元區通膨率為五％（年化），同期英國的通膨率為五．四％。從歐元區個別國家來看，二〇二一年十二月荷蘭的通膨率為六．四％，西班牙為六．七％。德國二〇二一年十一月的通膨率為六％，對一個以厭惡任何通膨聞名的國家來說，這是令人震驚的高水準。二〇二一年十二月，德國通膨率小幅回落至五．五％，以德國標準來看仍相當高。在波羅的海國家，到二〇二一年底，通膨率已攀升到雙位數。英格蘭銀行跟隨聯準會收緊貨幣，以應對通貨膨脹。就連以負利率著稱的歐洲央行，也在二〇二二年七月二十一宣布升息〇．五個百分點。歐洲央行押注通膨會自己減弱，呼應了聯準會主席鮑爾（Jerome Powell）的暫時性通膨觀點，鮑爾後來改變了這個立場。如果歐洲央行堅持這個觀點並預測錯誤，那麼歐洲的通膨將在二〇二二年以後飆升得更高。

前面談到，二〇二一年美國七％的年比通貨膨脹率，是一九八一年以來的最高水準。這是個驚人的數字，但從它的背景看時，它還更令人不安。二十一世紀的通膨率是有記錄以來最低的。以下是明尼阿波利斯聯邦準備銀行編製的二〇〇〇年到二〇二〇年每年的消費者物價指數漲幅[5]。

2000	3.4%
2001	2.8%
2002	1.6%
2003	2.3%
2004	2.7%
2005	3.4%
2006	3.2%
2007	2.9%
2008	3.8%
2009	-0.4%
2010	1.6%
2011	3.2%
2012	2.1%
2013	1.5%
2014	1.6%
2015	0.1%
2016	1.3%
2017	2.1%
2018	2.4%
2019	1.8%
2020	1.2%

美國消費者物價指數漲幅

在這二十一年期間，年平均通貨膨脹率為二．一％。其中有九年的通膨率低於二％，只有五年的通膨率超過三％，沒有一年的通膨率超過四％。在這二十一年期間有一年（二〇〇九年）出現負通膨率，也就是通貨緊縮。二〇二一年的七％不只是很高，而且幾乎是自千禧年以來最高率的兩倍。如果你不到四十歲，那麼你成年後從未見過類似的情況。如果你不到六十歲，你必須回憶你的青少年時期才能想起像這樣的通貨膨脹。二〇二一年七％的通膨率不只很高，而且幾乎是一輩子只見過一次的事件；到了二〇二二年年中，情況更加惡化。

「通膨創四十年新高！」的新聞標題是正確的，但它們沒有交代一九七〇年代末和一九八〇年代初通膨的整個故事。一九八一年的通膨率為一〇．三％，遠高於二〇二一年的七％。但一九八一年並非異常，而是十年連續的一部分，在這段期間發生了第二次世界大戰結束以來最嚴重的通貨膨脹。這段期間的通膨比率如下：

1973	6.2%
1974	11.1%
1975	9.1%
1976	5.7%
1977	6.5%
1978	7.6%
1979	11.3%
1980	13.5%
1981	10.3%
1982	6.1%

第二次世界大戰後最嚴重的通膨比率

這十年的平均年通膨率為八・七%。十年中有四年出現兩位數的通膨。只有一年（一九七六年）低於六%。從一九七三年到一九八二年，以消費者物價計算，美元損失了五七%的購買力。以能購買到的黃金重量計算，美元則損失了七五%的購買力。有人可能揣測當時的通膨與股市的榮景有關，但情況正好相反。道瓊工業指數在一九七三年一月二日為一〇三一・六八點，到了一九八二年十二月三十一日以一〇四六・五四點收盤，基本上十年來沒有變動。在同一個十年中，道瓊斯指數在一九七五年初跌到最低的六三二・〇四點，比兩年前的水準跌了三八%。當然這是名目價格的下跌。如果根據通膨調整該指數，跌幅還會更大。這段期間還經歷了三次衰退——一九七三年至一九七五年、一九八〇年，以及一九八一年到一九八二年。這就是一九七三年到一九八二年通貨膨脹帶來的結果——股市持平，三次衰退，美元的購買力減少一半以上。

今日經濟學中最重要的問題是，二〇二一年七%的通膨率和二〇二二年年中的九%通膨率是不是異常現象——聯準會主席鮑爾稱為「暫時性的」——或者它將重演一九七〇年代末和一九八〇年代初開始的通膨情況：股市停滯不前、失業率上揚，美元崩潰導致財富損失。如果通膨持續下去，投資人的反應將很直接。他們會出售債券，增加槓桿，購買房地產、黃金和藝術品等硬資產，並把資金配置給私募和上市股票，包括石油公司、礦業和農業企業等基礎硬資產。如果通膨是暫時的，因為聯準會藉由升息來抑制它，或者因為疫情的影響、供應鏈失靈和人口結構阻礙成長等外生因素，那麼投資人就會購買美國國債，降低槓桿，並增加對股票的配置，因為當固定收益產品的利率較低時，股票的估值就會更高。如果投資人真的不確定，且對通膨將如何演變沒有強烈的看法，他們就會增加現金的配置，並退場觀望直到經濟可見度提高。貨幣扮演傳送帶，藉由進出口價格和貿易條件，把通貨膨脹和通貨緊縮從一個國家轉移到另一個國家。全球資產的配置者將權衡上述的相同因素，並根據相對於所選基準貨幣或黃金的匯率波動做調整。反應的機能很簡單。預測卻很困難。通貨膨脹提出一個與作詞家米克．瓊斯（Mick Jones）一九八一年提出的相同問題：我該留下還是該離開？

最好的預測分析法不依賴線性外推，那永遠會產生有缺陷的結果，除非是在極少數恰巧正確的情況，這並不表示過去不能提供教訓給未來。通貨膨脹的歷史對預測通貨膨脹趨勢能提供寶貴的經驗，但它們不是從單純的趨勢預測衍生的。它們衍生自有能力識別因果因素，把這些因素（和新因素）繪製成節點網絡，以數據和自然語言填入每個節點，估計節點輸出的方向和強度，並將這些輸出聚合到一個通貨膨脹預測。用白話來說，歷史很重要，因為你可以推衍出因果，而不是因為同樣的事會發生兩次。即使是政策制定者都不斷在學習，行為是不斷適應的結果。當社會經歷一九七〇年代末的通膨後，官員們決心不再重蹈覆轍。這並不意味著通膨不會再次發生。這也不意味官員不會犯新的錯誤；他們會不斷犯錯。但這確實意味在政策和時間上，某些反應機制是高度可預測的。那就像亡羊補牢一樣：亡羊補牢使得預測亡羊補牢變容易，它讓你能對接下來要發生的事預先做好準備。

一九七〇年代中期大幅攀升的通貨膨脹，可以追溯源自一九六〇年代中期開始的五個因素：大社會計畫（Great Society）加上越南戰爭的支出（一九六四年），嬰兒潮世代開始成年（一九六六年），金本位制結束（一九七一年），尼克森連任（一九七二年），以及阿拉伯石油禁運（一九七三年）。這一連串事件就像將在一九七三——七四年引爆定時炸彈的倒數計時。相同的因素不會以相同的順序重複。儘管如此，這些因素可以概括化並應用於任何時期。一九六四年到一九七三年的序列事件概括化就是：赤字支出、人口結構、貨幣政策、政治，和供應震撼。這是分析模型的開始，從這裡可以建構整個模型。

雖然通貨膨脹在一九七三年起飛，但它並非憑空出現。通膨率在一九六九年達到五·五%，一九七〇年達到五·八%，然後一九七二年降至三·三%。一九六九年到一九七〇年的通膨數字，與一九五九年到一九六五年從未超過一·六%的水準形成鮮明對比。換句話說，早在一九六九年就有明確的警訊顯示通膨正變成問題，但這些跡象大多被忽視。那是因為當時人們相信聯準會和財政專家可以「微調」經濟。一九六九－一九七〇年的溫和衰退也協助澆熄通膨熱度。預測性分析的教訓是，重大發展幾乎總是有明確的警訊預告。最好的方法是重視警訊，而不把它們視為異常。

預測通膨不是唯一的挑戰，預測政策反應機制和結果也很重要。同樣地，了解歷史會有幫助。對一九七三－一九八二年通膨的反應是，由一九七九年八月出任聯準會主席的伏克爾（Paul Volcker）領導的嚴厲貨幣緊縮政策。聯準會主席召集的公開市場委員會（FOMC）利用貨幣政策來指引所謂的聯邦資金利率（即銀行彼此拆借準備金的隔夜利率）目標。當伏克爾擔任主席時，有效聯邦資金利率為一〇．九四％。伏克爾在一九七九年八月十四日把目標利率提高到一一％（技術上是一〇．七五％到一一．二五％的區間），並繼續分階段提高目標，直到一九八一年一月達到一九．〇八％。一九八一年十月，十年期美國公債到期殖利率攀至一五％。一直到一九八二年六月，聯邦資金的有效利率仍然高達一四．一五％。這項利率直到一九八二年年九月才降至一〇％以下。伏克爾的休克療法奏效了，通膨率在一九八三年降到三．二％，一九八六年再降至一．九％。這被許多人認為是大穩定

（Great Moderation）時期的肇始；這段時期的年通膨率直到二〇二一年才再度升高到六％，而且有三十五年一直低於四％。

儘管如此，伏克爾戰勝通膨還是付出高昂的代價。一九八〇年一月美國經濟陷入衰退，就在伏克爾開始升息五個月後。這場衰退在六個月內結束，GDP從高峰到低谷下降二．二％，失業率達到七．八％。隨之而來的是一九八一年七月到一九八二年十一月更嚴重的經濟衰退，在這段期間，GDP從高峰到低谷下降二．七％，失業率達到一〇．八％。經濟學家常把一九八〇年和一九八一—一九八二年的衰退合併為一次長期衰退，或稱之為雙底衰退（double-dip recession）。那是從大蕭條以來美國最嚴重的經濟崩潰。緊縮政策從一九八三年開始奏效，創造出延續至一九八六年的強勁復甦和成長，締造美國歷來最亮麗的一些經濟表現。這段成長期持續到一九九〇年七月出現的溫和衰退。然後在一九九一年恢復成長，並持續了十年，直到二〇〇一年再次出現溫和衰退，隨後又持續了六年的成長，直到二〇〇八年全球金融危機。伏克爾的實驗是殘酷無情的，但它帶來二十五年近乎連續的成長和低通膨。市場從伏克爾掌管聯準會時期得到的教訓是，必須不惜一切代價粉碎高通膨，它換來的長期收益是值得的。

這段歷史為我們提供了一個近六十年的長期高通膨模型，它從低通膨和增加赤字支出（一九六五年）開始，先是出現一些通膨的早期警訊（一九六八年），達到起飛階段（一九七三年），然後達到頂峰（一九八〇年），再逐漸得到控制（一九八三年），然後帶來數十年的低通膨和管控良好的通膨預期（一九八四年—二〇二〇年）。二〇〇八年的金融恐慌和二〇二〇年的新冠疫情恐慌，打破了始於一九八三年的穩定成長模式，但沒有打破低通膨模式。二〇〇九年股市跌至低點時的通膨率為負〇．四%，二〇二〇年的通膨率只有一．二%。通膨上升的第一個警訊是二〇二一年攀至七%的通膨率，與一九六八年相當。

通貨膨脹動力學

我們已經確認了可能導致通膨上升的五個因素：赤字、人口結構、貨幣政策、政治和供應震撼。在討論目前情況下的這些因素前，我們應該考慮讓這些因素運行的動力。換句話說，如果這五個因素是火箭燃料，那麼火箭本身是如何運作的？防止火箭在發射台上爆炸的那些閥門、軟管、墊圈和絕緣體是什麼？如果發生故障，哪些系統會導致災難？我們將詳細探究其中的兩個系統元素，然後再回頭看那五項因素，以了解通貨膨脹將何去何從。

第一個也是最重要的系統元素是流通速度（velocity），這是衡量貨幣周轉的技術術語，它告訴你人們花錢的速度有多快。它的定義很簡單，把GDP（經濟中商品和服務的總值）除以貨幣供給，結果就是貨幣供給的速度。例如，如果GDP為二十四兆美元，貨幣供給為八兆美元，那麼流通速度為三（二十四除以八等於三）。當然貨幣經濟學不是那麼簡單，在計算之前你必須確定貨幣供給的定義。聯準會定期公布貨幣基數（M0），它也公布M1（貨幣、活期存款和其他流動存款，如支票帳戶）和M2（M1加上小額定期存款和貨幣市場基金）。這些貨幣供給的定義差異很大，因此計算出來的流通速度也大不相同。基於我們的目的，我們將使用M1，因為它接近M2，而且最接近一般美國人認為他們所花的錢。對於GDP，我們將使用二十四兆美元，這幾乎與商務部二〇二一年十二月三十一日的報告完全一致。如果我們把二十四兆美元的GDP除以截至二〇二一年十二月的M1——二十兆六千七百億美元——那麼M1的流通速度就是一．一六。這代表每一美元的M1支撐著一．一六美元的GDP。

此處令人震驚的部分是：從二〇〇八年以來，流通速度一直處於崩潰狀態。在二〇〇七年第四季末，也就是最嚴重的全球金融危機爆發前，貨幣流通速度為一〇．七〇。換句話說，二〇〇七年十二月每一美元的M1支援一〇．七〇美元的商品和服務，而今日則為一．一六美元。全球金融危機爆發後，流通速度隨即呈現自由落體式下墜。到二〇〇九年九月三十日，在股市崩盤和二〇〇七年—二〇〇九年的經濟衰退之後，它已跌到八．七〇。這是一段漫長而緩慢的下降的開始。流通速度在二〇二〇年一月新冠疫情前下滑至五．二三，這還不到二〇〇七年末水準的一半。貨幣創造經濟成長的能力就像冰塊遇到熱天氣那樣融化了，接下來發生的事情更像是蠻牛衝下懸崖。從二〇二〇年一月到二〇二〇年九月，流通速度垂直下降。到了二〇二〇年第三季末，經過六個月的封鎖和隔離後，流通速度降至一．二五。此後它一直沒有出現從這個水準上升的跡象，而且還小幅下跌。從二〇〇七年十二月三十一日到二〇二〇年十二月三十一日，貨幣流通速度下降了八九%。簡而言之，你的錢再也無法創造經濟成長。

這個結果的原因很直接，雖然它對政策造成的影響幾乎是無法想像的。二〇〇八年—二〇〇九年的全球金融危機見證了貝爾斯登（Bear Stearns）、房利美（Fannie Mae）、房地美（Freddie Mac）、雷曼兄弟和美國國際集團（AIG）等主要金融機構的連續倒閉。包括摩根士丹利（Morgan Stanley）和高盛（Goldman Sachs）在內的主要投資銀行離倒閉也只有幾天的時間，不得不藉由快速改變為銀行控股公司而得救，因為那使它們被納入聯準會的保護傘下。雖然主要銀行得到紓困，但公民個人和小企業卻沒有。失業率飆升，企業倒閉倍增，股市崩盤，經濟經歷了二戰結束以來最嚴重的衰退。美國人的反應是削減支出，並採用經濟學家所謂的預防性儲蓄。這意味提高儲蓄到正常水準之上，以預防艱困時期持續或再度陷於困境。當收入下降而儲蓄增加時，結果是可用於消費的錢減少。這是貨幣流通速度下降的主要驅動因素。

反過來，流通速度急墜是二〇〇九年到二〇一九年低通膨的原因，這是美國歷史上最長但也最弱的復甦。整個十一年間不斷聽到貨幣主義者和古典奧地利學派經濟學家，警告即將發生的通貨膨脹。貨幣主義者傅利曼（Milton Friedman）在他一九六三年的著名警句「通貨膨脹無論何時何地都是一種貨幣現象」中，捕捉了這個警告。奧地利學派從海耶克（Friedrich Hayek）和路德維希．馮米塞斯（Ludwig von Mises）學習相同的觀點，雖然奧地利學派經濟學，要比傅利曼相對簡單的觀點複雜得多。

在二〇〇九年後的復甦中，流通速度等式中的貨幣這方面沒有什麼問題。二〇〇八年六月（在雷曼兄弟於二〇〇八年九月十五日倒閉前不久），聯準會的貨幣基數（M0）為八千四百億美元。到了二〇〇九年一月，這個數字擴增到一兆七千億美元，然後在二〇一四年八月擴增到四兆美元，原因是聯準會連續推行三輪量化寬鬆（QE）政策。然而，儘管有經濟理論和許多人的警告，通貨膨脹並沒有出現。從二〇〇九年到二〇一九年，通膨率從未超過三・二%（二〇一一年），在這十一年中有七年低於二%。為什麼聯準會在六年內把基礎貨幣供給增加了三七五%，卻沒有出現明顯的通貨膨脹？答案是，雖然基礎貨幣擴增了三七五%，但流通速度減慢了四〇%以上。從二〇一四年到二〇二一年，流通速度進一步大幅減緩。

事實證明，唯一正確分析貨幣—通膨關係的人是傳奇經濟學家費雪（Irving Fisher），他被熊彼得（Joseph Schumpeter）譽為「美國有史以來最偉大的經濟學家」。早在傅利曼之前，費雪就率先提出貨幣的數量理論，並開創了後來被稱為貨幣主義（monetarism）的學說。費雪發現，貨幣供給本身並不能推動通貨膨脹，貨幣加上流通速度才能導致通貨膨脹。而流通速度是一種中央銀行無法控制的行為現象。

貨幣的數量理論以最簡單的形式表達為：

$$M \times V = P \times Y$$

其中，

M＝貨幣供給

V＝貨幣流通速度

P＝價格指數

Y＝實質產出

實質產出（Y）乘以價格指數（P，可能代表通貨膨脹或通貨緊縮）等於名目GDP。名目產出（P x Y）等於貨幣供給乘以流通速度（M x V）。當存在通貨膨脹時，名目產出將大於實質產出。

傅利曼的觀點是，已開發經濟體的實質產出局限在每年約三％，這是一個合理的假設。他進一步建議P應該等於一，這意味實質產出和名目產出相同；沒有通貨膨脹或通貨緊縮，這是另一個合理的目標，儘管聯準會偏好二％的通貨膨脹率（這就像從人們那裡偷走少量資金，而希望沒有人會注意到）。傅利曼失敗的地方在於他假設流通速度是恆定的。如果V是常數，P的目標是一，那麼實質產出（Y）確實可以藉由控制貨幣供給（M）來達成。傅利曼認為貨幣供給就像一個恒溫器，可以調高或調低以產生預期的結果。在那個世界裡，通貨膨脹可以合理地說永遠是一種貨幣現象。

費雪了解更透徹。費雪了解流通速度不是恆定的。他也知道，流通速度是消費者和投資人心理的結果。流通速度的基礎是消費者對近期通貨膨脹的經驗。這種經驗可以即時地驅動消費者做出決定。這創造出一個遞歸函數，在其中最近的通貨膨脹經驗導致進一步的通貨膨脹，因為消費者想搶先打敗價格上漲，成了偉大的社會學家默頓（Robert K. Merton）稱為自我實現的預言的例子。我在我職業生涯之初經歷了一九七〇年代末和一九八〇年代初。當時如果你需要一輛新車或一些家具，你會急著想購買。你會感覺想在「價格上漲前」購買該商品。這種行為被經濟學家稱為需求拉動型通膨。對通膨的恐懼拉動了需求。當然，這種行為會造成短缺，抬高價格（因為消費者在一種拍賣的動態中爭奪稀缺物品），並驅動流通速度加快。你才買完一件東西不久，又會外出在另一件東西的價格也上漲前買另一件。借錢是一種賺錢的方法，只要通貨膨脹率上漲速度比利率上升快。伏克爾改變了這種心理：他把利率提高到二〇％，使一〇％的勞動力失業，並在兩次經濟衰退期間使GDP萎縮五％。但它奏效了，雖然代價十分巨大。從此以後，通貨膨脹在聯準會的評估中一直表現良好。

費雪的第三個洞見可能比他對流通速度和行為的看法還更重要，他了解貨幣數量理論的應用，將轉變貨幣本身的定義。費雪讓「貨幣幻覺」（money illusion）變成流行語，目的是為了凸顯貨幣的名目價值和實質價值的差別，差別在於通貨膨脹。由於通貨膨脹剛開始可能進展緩慢，且只出現在一些商品和服務，因此消費者通常看不到通貨膨脹的到來，並緊抱著實際上正在萎縮的名目價值。費雪進一步解釋，由聯準會控制的基礎貨幣（M0）不是計算流通速度或通貨膨脹的正確標準。費雪堅持使用更接近今日M1貨幣供給的指標。兩者的差別不只是大小。M0由中央銀行創造，M1由商業銀行創造。如果M0無關緊要，那麼中央銀行就無關緊要。他們是無能的。重要的是商業銀行扮演放款人的角色，以及借款人對新貸款的興趣。中央銀行唯一的重要作用是在恐慌中支撐商業銀行。商業銀行及其借款人是貨幣供給和通貨膨脹的驅動者。這再次指出通貨膨脹的行為根源，而不是所謂的央行印鈔。

事實是，聯準會印鈔票與通貨膨脹的關係不大，商業銀行的貨幣創造更為重要。消費者的通膨心理則是最重要的。這就是為什麼聯準會在二〇〇九年至二〇一九年資產負債表膨脹時，沒有出現通膨的原因。這也是為什麼儘管聯準會現在採取緊縮政策，通膨仍然可能出現的原因。不是聯準會說了算，借用卡維爾（James Carville）的話來說：是心理，笨蛋。

除了流通速度外，另一個可以驅動通貨膨脹的系統元素是基數效應（base effect）。當美國勞工統計局計算通膨時，它會看報告週期（通常是每月一次），並拿來與去年同期做比較。例如，二〇二一年十二月的通貨膨脹將與二〇二〇年十二月比較，然後以年化的數值表示。這就是你在新聞標題看到和金融節目上聽到的數字。美國的通貨膨脹率在二〇二一年四月引起關注，當月的通膨年增率為四．二%，是二〇〇八年九月以來的最高水準。高水準的通膨率持續了整整一年，五月達到五%，六月達到五．四%，最後在二〇二一年十二月達到七%。儘管如此，這些比率還是比較去年同期計算的。這意味二〇二〇年各月的通膨率是計算二〇二一年通膨率的基準。當然，二〇二〇年是疫情爆發的第一年，也是廣泛封鎖的第一年。二〇二〇年第二季出現從一九四六年以來最嚴重的季度經濟萎縮。從四月到六月的二〇二〇年通膨數字可以看出經濟的疲弱：

年／月	通貨膨脹年增率
2020 年 4 月	0.3%
2020 年 5 月	0.1%
2020 年 6 月	0.6%

2020 年四月到六月通膨年增率

這三個月正好是二〇二〇年經濟衰退最糟糕的三個月，和封鎖最嚴重的階段。這些通膨數據是自二〇一五年以來的最低水準，當比較的基準如此低時，二〇二一年的通膨呈現顯著的年增率也就不足為奇了。在前一年出現相當低的通膨率後，次年的通膨率上升是一種稱為基數效應的奇怪現象。基數效應通常很溫和，因為通貨膨脹或通貨緊縮每年變化不大，雖然也有例外。在統計上很難去除新通膨趨勢中的基數效應。儘管如此，最好的分析顯示，二〇二一年四月、五月和六月報告的通膨大約有一半是出於基數效應，一半則是新的通膨上升。這意味二〇二一年四月的四・二%通膨率可被視為二・一%的新通膨，加上二・一%的基數效應。同樣的，一旦去除基數效應，二〇二一年五月的新通膨率可被視為只有二・五%，六月的新通膨率則為二・七%。這些數字仍然很高，但不像標題數字那麼令人不安。從利率政策的角度來看，這是聯準會沒有表現出特別擔心和鮑爾認為通膨是「暫時的」的根據。它應該很快會消失。

但事實並非如此。正如二〇二〇年第二季 GDP 下降是美國史上最大降幅之一（年化後為負三一・四%）一樣，第三季的復甦是美國史上最強勁的復甦之一（年化後為三三・四%）。經濟衰退結束後，基數效應跟著消退。到了二〇二〇年八月，通膨率為一・三%。九月為一・四%，十月則為一・二%。這意味二〇二一年的通膨年增率將放緩。但事實不然。二〇二一年八月的通膨年增率為五．四％，九月為五．四％，十月則為六．二％。那些預測通膨將放緩的人，再也無法指望基數效應。通膨年增率居高不下，而且還在升高。新的力量（而不只是基數效應）推動了通膨數據走高。當國會在二〇二一年十一月三十日問鮑爾暫時性通膨的問題時，鮑爾表示，現在「可能是停用這個詞的好時機」。當時聯準會已經開始從量化寬鬆措施退場，並提高升息的可能性。到二〇二二年三月，退場已經完成，新一輪升息已經開始。消滅通膨之戰已經發動。

現在，我們將探究我們的五個因素——赤字、人口結構、貨幣政策、政治，和供應震撼——加上我們的系統元素：流通速度和基數效應——以推論通膨的走向。

赤字顯然是很好著手的地方，因為公眾很了解這種情況，它對經濟成長的影響也很明顯。據報導，美國在二〇二二年二月一日公布美國的國債首度超過三十兆美元。這個數字本身令人印象深刻，但除非在經濟產出的背景下考量，否則意義不大。如果你沒有償債的手段，微不足道的債務就可能導致破產。如果你有巨大的產出和流動性來支付利息，和展期到期債券的信譽，那麼即使是龐大的債務也是可以管理的。了解這一點後，看待債務的最佳方法是債務對 GDP 比率（debt-to-GDP ratio）；把債務放在償還債務所需的總收入的背景下考量，這個指標對分析很有用，但無法提供多大的安慰。截至二〇二一年十二月三十一日，美國年度GDP最樂觀的估計為二十四兆美元。所以美國的債務對GDP比率為一二五％（三十兆美元除以二十四兆美元等於一．二五）。另一項估計顯示，截至二〇二一年十二月三十一日美國的債務對GDP比率為一二九％。這些比率（以及未來幾年的預估比率）是美國歷史上最高的，甚至高於第二次世界大戰結束時的一一九％。

美國能夠在兩黨一致的基礎上，藉由緩慢、穩定的通貨膨脹和高成長償還其第二次世界大戰的債務，直到雷根（Ronald Reagan）於一九八一年上任時使這個比率降低到舒適的三一％。債務對GDP比率在雷根—老布希執政期間上升到六一％，並在克林頓—小布希期間保持在該水準，直到二〇〇八年升高到六八％。這項比率的爆炸性攀升發生在歐巴馬—川普時代。奧巴馬到二〇一六年時把這項比率提高到一〇五％，主要是因為二〇〇九年的紓困支出。川普把這項比率提高到一二九％，主要是因為二〇二〇年的新冠疫情救濟支出。拜登可能因為他的基礎設施支出（其中大部分不涉及基礎設施）和綠色新政計畫，而進一步提高這個比率。一九四六年和二〇二二年的不同之處在於，二戰後美國是工業和金融強國，而德國和日本是一片廢墟，英國已經破產，俄羅斯和中國則在共產主義控制下。美國支配全球經濟競爭環境，美國的政策制定者知道該怎麼做。美國需要的只是時間。今日美國面對來自全球各地的經濟競爭，而且沒有應對的計畫。其他債務對GDP比率和美國相當或更高的主要國家是：加拿大（一一八%）、法國（一一六%）、希臘（二〇六%）、葡萄牙（一三四%）、義大利（一五六%）、新加坡（一三一%）和西班牙（一二〇%）。正在加護病房的兩個經濟體是黎巴嫩（一七二%）和委內瑞拉（三五〇%）。在已開發經濟體中，日本以二六六%的比率遙遙領先。相較之下，澳洲的比率為二五%，德國仍處於可控的七〇%。這些比率以國家政府的債務計算。在中國，中央政府、省級政府、國有企業和國有銀行之間的界限模糊不清。如果深入分析，中國的比率將達到三〇〇%，儘管官方的數字為六七%。至於美國，當希臘、葡萄牙和義大利和你是同等級的國家時，可能就是該戒慎恐懼的時候了。

就通貨膨脹而言，債務對GDP比率是否重要？是，但也不是。從短期看這可能不重要。有大量經濟文獻顯示，高債務對GDP比率會減緩經濟成長，並使經濟走上通膨放緩（disinflationary）的道路。現代貨幣理論的倡導者，特別是紐約州立大學的克爾頓（Stephanie Kelton）宣稱，國家債務與家庭債務不同，國家可以隨心所欲地支出，除非出現通貨膨脹，這時候可以使用加稅來抑制通貨膨脹[6]。第五章將探討高債務對GDP比率的影響。現在我們只需要說，債務對GDP比率高的經濟體，幾乎經常在一夕間從通膨放緩（或通貨緊縮）變成惡性通貨膨脹（hyperinflation），因為公民和債權人突然意識到通貨膨脹是唯一脫離困境的途徑。（違約是積欠非由你印製的鈔票計價的債務時的首選方法。如果你積欠的債務是本國貨幣，則不需要違約；你只需要印製你需要償債的貨幣。）。現代貨幣理論的分析是有缺陷的，因為倡導者把美國經濟視為封閉的系統。但它不是，通貨膨脹可以幾乎一夕間透過外匯管道出現，而克爾頓和她的擁護者對這種現象一無所知。從短期看，高債務水準不會引發通貨膨脹。但從長遠看，它們幾乎肯定會引發通貨膨脹。從一個階段到另一個階段的相變，將出乎意料而又來得突然，讓人想起海明威對破產的描述：「和所有相變相同，時間不確定，但結果是確定的。就像觀看一壺水沸騰一樣。要給它時間。」

和債務一樣，人口結構是一股強大但緩慢移動的力量。與債務不同的是，我們可以精確地預測人口統計數據。全世界所有到二〇四二年將年滿四十歲的人今日都還活著，確切地說是二十歲，其總人數的計算只要減去可靠的死亡率。我們可以爭辯影響性，但我們知道數字。如果你支持經濟成長（許多菁英不支持），那就不是一幅漂亮的圖像。有關這個主題兩本最好的書是布利克（Darrell Bricker）和艾比特森（John Ibbitson）寫的《空蕩的星球》（*Empty Planet*），以及古德哈特（Charles Goodhart）和普拉丹（Manoj Pradhan）寫的《人口大逆轉》（*The Great Demographic Reversal*）[7]。這些作品終結了埃利希（Paul Ehrlich）一九六八年寫的意識形態著作

《人口炸彈》（*The Population Bomb*）對一九八〇年代將因人口過剩導致全球饑荒的預測，和呼籲包括大規模絕育的控制人口。事實上，該書出版後不久人口成長就急劇下降。斯坦福大學教授埃利希幾乎說錯了每一件事，但他的書對公共政策產生巨大的影響，包括中國實施嚴厲的一胎化政策。布利克和艾比特森利用最新的高度精確數據，專注在研究人口統計學的社會和政治影響，而古德哈特和普拉丹則瞄準經濟的影響。他們同意一個高層次的結論——人類正在滅亡。更精確地說，我們的壽命愈來愈長，但我們的出生率正在大幅下降。人口正在同時老齡化和萎縮。人類供應鏈中缺少一個環節——小孩。

每個女性平均必須生育二・一個孩子才能使人口保持在恆定水準。更高的比率將擴增人口，更低的比率將減少人口。我們在第三章中探討到中國的人口情勢。以下是對全球人口情勢更廣泛的看法。已開發經濟體的出生率下降正處於急性階段。以下是世界銀行提供的主要已開發經濟體的出生率，以及也好不了多少，重要經濟區與集團的出生率：

美國	1.7
英國	1.6
德國	1.5
法國	1.9
西班牙	1.2
義大利	1.3
荷蘭	1.6
瑞典	1.7
日本	1.4
澳洲	1.7
奧地利	1.5
丹麥	1.7
加拿大	1.5

主要已開發經濟體出生率

歐盟	1.5
歐元區	1.5
中歐	1.6
OECD 成員國	1.7
北美	1.7

重要經濟區／集團出生率

這些數字不但低，而且呈現出一場人口災難。一旦出生率長期低於替代率，就不可能在幾十年內回到替代率。由於每個年齡層都比前一個年齡層小，並且因為教育、都市化和婦女解放等人口驅動因素持續存在，所以不管政府採取什麼政策，或官方對「大家庭」如何鼓吹，都不可能在比四十、五十年更短的時間內扭轉這種曲線。

以下是這些出生率造成的一些嚴峻現實：在西班牙的某些地區，每出生一人就有兩人死亡。馬德里當局估計，到二〇三〇年，西班牙人口將減少一百萬人，到二〇八〇年將減少五百六十萬人。西班牙目前的人口為四千六百七十萬，因此二〇八〇年的預測數字意味人口將減少一二%。從現在到二〇五五年，日本人口將減少二五%，從一億二千七百萬人減少到九千五百萬人。保加利亞的人口從一九八九年的九百萬人下降到今日的七百萬人，預計到二〇五〇年將再下降三〇%，只剩四百九十萬人。這些例子不是異常現象，它們是許多其他國家的典型，包括從瑞士（一．五）到新加坡（一．一），人口迅速下降是二十一世紀其餘時間的生活現實。

依賴開發中經濟體維持高出生率，來彌補已開發經濟體出生率的下降是錯誤的想法。開發中經濟體的出生率也在崩跌，以下是開發中經濟體中一些人口最多國家的出生率：

奈及利亞	5.3
中國	1.7
印度	2.2
印尼	2.3
巴西	1.5
巴基斯坦	3.5
孟加拉	2.0
俄羅斯	1.5
墨西哥	2.1
菲律賓	2.5
埃及	3.3
越南	2.0

部分開發中經濟體出生率

這十二個開發中經濟體大國的總人口為四十五億八千萬人，相當於全球人口的六〇%。這些數字的驚人之處在於有許多開發中經濟體的出生率已降到或低於二．一的人口替代率，包括中國（一．七）、巴西（一．五）、孟加拉（二）、俄羅斯（一．五）、墨西哥（二．一）和越南（二）。印度（二．二）和印尼（二．三）也很快將跌到二．一以下。開發中經濟體的人口減少不是未來的趨勢——它已經存在。有些開發中經濟體的出生率要高得多，包括奈及利亞（五．三）、巴基斯坦（三．五）和埃及（三．三）。那些關注全球人口趨勢的人不應期望這些高出生率國家能抵消已開發國家低出生率的影響。原因是，上述的驅動因素正使這些高出生率快速崩跌。拉哥斯（Lagos）、奈洛比（Nairobi）、蒙巴薩（Mombasa）、開羅、達卡、下撒哈拉非洲和東南亞各地的主要都會區正在擴大。來自農村的新移民很快就會屈服於都市的影響——大家庭在都市是一個負擔，同儕的壓力會改變態度。在許多例子裡，特別是巴西，女性有一個或兩個孩子，並採用習慣的育兒方式來進行額外的絕育程序。這將使她們生育的子女限制在一或二個，平均為一．五個，遠低於二．一的替代率。

依照這個趨勢，人類將滅絕，儘管人們可能期望這個趨勢在二十二世紀之前逆轉或至少穩定下來。雖然人口預測是明確的，但對通貨膨脹的影響較小。布利克和艾比特森研究了ＧＤＰ最簡單的定義，即根據工作年齡人口和生產力的估算，發現中國和印度不但正在滅絕，而且正在迅速老齡化。這與癡呆和其他殘疾有關聯性。因此，總產出將隨著工作年齡人口減少而下降。另一方面，更多的適齡勞工將參與照顧老年人的工作，雖然這是一個令人欽佩的職業，但不利於提高生產力。這將放大產出的損失，超出了只是勞工人數減少。因此，產出降低將帶著通貨緊縮傾向，就像大蕭條期間的情況。布利克和艾比特森也指出其他機能失靈，例如中國共產黨的正當性危機，因為該黨將無法兌現其高成長、甚至小幅提高生活水準的承諾。

古德哈特和普拉丹在通貨膨脹問題得出相反的結論。同樣的人口統計數據指向老齡化社會，適齡勞工急劇減少，以及更多工人轉移到低生產力的照顧老人服務，這意味其餘的勞工將能要求增加實質薪資。這將提高生產成本，並逐漸推升消費者產品的最終價格。中國將從一種低成本的全球通貨緊縮來源，轉向反面的東西——一個逐漸升高成本的製造業基地。經濟學家不需要以大蕭條做模型，而只要看黑死病後十四世紀末和十五世紀初的勞動力短缺和實質工資成長[8]。正如席代爾（Walter Scheidel）在他的著作《平等的暴政》（*The Great Leveler*）中的分析，一三四七年到一三五一年達到高峰的腺鼠疫，導致歐洲、北非和中東的人口大幅減少，造成工資上漲並降低收入不平等約七十五年，勞工的報酬增加。雖然原因不同（生育減少相對於腺鼠疫），但結果相同——勞工報酬增加，和投入成本上漲。遷移工廠到越南和印尼將無濟於事，因為這些國家將經歷自己的人口結構內爆。這種動態是全球一致的。

和債務對GDP比率上升一樣，人口結構似乎可能製造出通貨膨脹，但這將是一個緩慢的過程，持續二十年或更長的時間。我們不需要拒絕償債高峰或人口崩潰高峰來製造通貨膨脹。消費者、投資人和經濟學家將看到它的到來。在原因達到臨界質量前，通貨膨脹就會加速，這就像核反應堆核心在熔化前會升溫一樣。儘管如此，這些現象的顯現會持續數十年，而非幾個月或幾年。

我們的第三個因素——貨幣政策——在大多數通貨膨脹短期原因的清單中排名第一。但事實上，它根本不會對通膨造成任何影響，而且更可能是會緩和通膨。流行的觀點是，聯準會印鈔票過頭必然導致通貨膨脹。正如前面提到，聯準會藉由從銀行購買美國公債來創造所謂的基礎貨幣。這些銀行只是以超額準備金的形式把錢還給聯準會。因此那些貨幣不會進入真實的經濟，也不會在消費或其他可能導致消費者物價通膨的活動中發揮任何作用。唯一可能導致通膨率上升的貨幣形式是M1，即商業銀行在發放貸款或提供其他形式的信用（例如如擔保或備用信貸額度）

時創造的資金。這種貸款的增加可能會發生，也可能不會發生，但它們與聯準會關係不大。商業銀行確實需要一定程度的準備金，來支持其資產負債表上增加的貸款，但今日的超額準備金水準如此高，以至於銀行的貸款幾乎不受任何限制，並且在可預見的未來基本上也不受限制。商業銀行貸款增加需要願意借款的個人或企業，兩個人才能跳探戈。

聯準會政策觸及真實經濟的一個領域是製造資產泡沫。聯準會的零利率和低利率政策確實支持著銀行和避險基金資產負債表的槓桿，而這種槓桿進而被轉移到股票、債券和房地產等資產類別。資產泡沫本身不會導致通貨膨脹，但它們是真實的，可以產生重要的經濟後果。聯準會想像有一種所謂的財富效應，即投資組合中上漲的資產價格會讓消費者感覺變富裕，並因此更願意花錢。財富效應的經驗證據顯示，那只是一種幻想——那只是聯準會經濟學家沒有好理由，卻堅持緊抱的有缺陷的模型。事實上上漲的投資組合價格，導致投資人增加對投資組合的投資，造成資產泡沫進一步擴大。這種行為使富人更有錢，因為他們擁有最大的泡沫資產配置。它對那些很少或根本未投資股票、債券或房地產的低收入者沒有幫助。這種模式會一直持續到泡沫破裂。泡沫膨脹和破裂的節奏是不對稱的。擴張階段持續數年甚至數十年，但崩盤發生在幾週或幾個月內（儘管一九二九年的股市崩盤從高峰到低谷花了近三年時間，從一九二九年十月到一九三二年六月下跌了八二%）。不斷擴大的泡沫不會特別刺激通貨膨脹，因為動物精神（animal spirits）是針對股票和債券而非消費的。泡沫破裂可能帶來緩和通膨的影響，因為它們往往會改變心理，朝向減少消費和失業率上升的方向發展。簡單的說，沒有理由相信當前的資產泡沫會刺激通貨膨脹。但有理由預期，目前聯準會藉由出售資產和升息，來緊縮貨幣政策將導致資產泡沫破滅，進而可能導致消費減少。

今日由於景氣展望不佳，銀行大多不願意放貸。客戶也不願意借款，因為預防性儲蓄增加，加上經濟普遍疲軟，無法支援借款所需的那種成長。只有當銀行客戶改變他們的通膨行為時，這種情況才會改變。當前的通膨可能導致未來出現刺激進一步通膨的行為。反過來，這可能導致借貸和支出增加，因為消費者嘗試打敗價格上漲，以及企業擴增員工和庫存，以把握需求增加。然而，這些行為變化是心理的和有條件的，並且與聯準會的政策無關。它們取決於下面討論的外生性因素。聯準會和貨幣政策無法改變通膨行為，聯準會基本上是旁觀者，無法扮演實質的角色，政策只是為了作秀。

第四個因素是政治，它向來能對通膨產生明顯的影響，雖然這種影響可能很短暫。政治是大規模疫情救助計畫的驅動力，從二〇二〇年三月到二〇二一年十一月，向個人、小企業和全球公司提供了數兆美元的紓困。新的救助方案仍在籌劃中，儘管隨著二〇二二年二月新冠病毒奧密克戎變種的病例漸減，和過去救助計畫導致的通膨加速，增加支出的動力已經減弱。這種支出對通膨的影響並非來自赤字升高或聯準會的債務貨幣化——它們都是長期問題。通貨膨脹來自一個事實，即在產出受到封鎖和供應鏈斷裂限制的時候，資金被直接交到消費者和企業執行長手中。其結果是在產品稀缺的時候，引發對產品的消費熱潮。這對成本推動的通膨和需求拉動的通膨都是經典配方。

應對新冠疫情的第一項財政刺激措施，是二〇二〇年三月二十五日川普總統簽署的《冠狀病毒援助、救濟和經濟安全法案》，簡稱為CARES法案。CARES法案提供二兆七千億美元的新支出，相當於當時美國GDP的一〇%。CARES直接發給大多數美國人一千二百美元支票。這些直接支付是最接近所謂直升機撒錢的作法——傅利曼和柏南克（Ben Bernanke）在新冠疫情之前的幾十年裡都曾提出直升機撒錢的理論。作為施捨或擴大失業救濟的直接援助總額為六千一百億美元，醫療照護服務業者獲得一千八百五十億美元的援助，另有五千二百五十億美元用於支援大企業，加上六千億美元用於支援小企業。另外一千六百億美元用於航空業，其中大部分以一百億美元的形式分配給達美航空、聯合航空和美國航空等主要航空公司。最大的單項計畫有六千六百九十億美元，用於薪資保護計畫，向同意避免裁員的合格企業提供貸款。這些企業在貸款一年並證明已留住員工（或資金用於其他批准的用途，如辦公室租金）後，可以獲得貸款豁免，而且不必承擔貸款豁免通常會附帶的稅務後果。

CARES是有史以來支援美國經濟的最大直接赤字支出。有趣的是，這種大規模的赤字支出計畫，對通貨膨脹的直接影響很小。二〇二〇年全年的平均通膨率為一．二％，而且從二〇二〇年八月到十二月，通膨率沒有顯著上升，雖然當時大部分救助金已被花掉。當然，有人會說如果沒有援助，美國就會陷入通貨緊縮，所以即使是二〇二〇年底的溫和通膨，也足以證明通膨的影響性。有一個群體肯定沒有花掉大部分CARES錢，那就是收到一千四百美元支票的個人。這些錢大部分被存下來而沒有花掉。二〇二〇年四月在支票發放後，美國儲蓄率飆升至三二．二％，為歷來最高水準。美國人忍受下雨天，而且開始節省錢，以預防萬一雨下個不停。除此之外，部分錢被花在購買高單價的進口產品，例如洗衣機、冰箱和大螢幕電視。這加劇了供應鏈的崩潰，因為在海外的工廠幾乎無法持續開工之際，消費品的新訂單卻大幅增加。

下一個次財政刺激方案，在川普總統任期即將結束的二〇二〇年十二月實施。

二〇二〇年十二月二十七日，川普簽署了第二項冠狀病毒救濟法案，藉由聯準會貨幣化的赤字支出，向經濟再度挹注九千億美元。這項支出除了延續一些將於二〇二〇年十二月三十一日到期的失業救濟等計畫外，又再發給幾乎所有美國人六百美元支票，使每個人領到的直升機錢總額達到二千美元。這項法案背後的政治推力無疑的極其巨大，但經濟上的根據顯然很薄弱。美國經濟在二〇二〇年第三季展現有史以來最好的成績之一。失業率穩步下降。前財政部長桑默斯（Larry Summers）警告，第二輪刺激方案有導致通貨膨脹的風險[9]。他說的對。最終的全套方案比川普幾天前要求的要少，但桑默斯的分析仍然適用。他說，當可自由支配所得形式的救助超過經濟的生產能力時，就會出現通貨膨脹。與二〇二〇年三月幾乎沒有改變通膨指標的救助支出不同，二〇二〇年十二月的支出立即產生後果。這筆救助金於二〇二一年一月陸續分發，到二〇二一年三月通貨膨脹率已上升至二・六%，為二〇一八年八月以來最高水準。接下來的一個月，通膨率達到四・二%，為二〇〇八年九月以來最高水準。到了二〇二一年底，通膨率攀至七%，刷新了一九八二年以來的紀錄。

拜登新政府上任初期，為紓困疫情而進行的第三輪政府赤字支出，讓這股通膨趨勢更加惡化。二〇二一年三月十一日，拜登簽署《二〇二一年美國救援計畫法案》（ARPA），以提供一兆九千億美元的赤字融資刺激和疫情救助。該法案發放每週三百美元的延長失業救濟金，直到二〇二一年九月。它還提供第三輪直升機錢，這次是幾乎所有美國人發給一千四百美元支票。到了二〇二一年三月，桑默斯對二〇二〇年十二月法案發放六百美元支票，導致通貨膨脹的看法正確已很明顯。現在同樣的原因又讓情況益加惡化——直升機撒錢超過了美國經濟的生產能力，並透過進口管道影響了全球經濟。通貨膨脹在二〇二一年三月之後起飛，因為拜登的救援法案放大了川普二〇二〇年十二月救助方案的影響。零售業銷售大幅攀升，物價也同步飆漲。

國會手中還有一張王牌。二〇二一年十一月十五日，拜登簽署一兆美元的基礎設施投資和就業法案，由赤字支出和聯準會貨幣化提供資金。基礎設施法案不包括直升機撒錢，而且要求把錢花在五年以上的長期專案。因此它不太可能立即帶來像CARES、十二月新冠疫情救助或ARPA會有的通膨效應。儘管如此，傷害已經造成了。超過五兆五千億美元的赤字支出（不包括基礎設施法案），包括聯準會貨幣化的每人平均三千二百美元的直升機撒錢，已經造成影響。通貨膨脹率已經起飛，達到四十年來未曾見過的水準。

供應震撼是推動通膨的第五個因素。這種通貨膨脹是由經濟的供給面而非需求面引起的。它可以採取兩種形式。首先是供應完全短缺，這會導致顧客推高貨架上的產品價格。第二種是寡頭壟斷的價格上漲，由於沒有替代來源或可行的替代品，因此沒有別的辦法。這兩種情況都基於必需品的無彈性需求，才能維持價格上漲。

由人為的短缺和寡頭壟斷價格上漲造成的供應震撼，最著名的例子是一九七三年十月十七日開始的阿拉伯石油禁運。這項由沙烏地阿拉伯領導的禁運，目的是抵制在一九七三年十月六日贖罪日戰爭中，支援以色列的國家，包括美國。從一九七三年十月到一九七四年三月禁運結束，石油價格上漲了近三〇〇%，從每桶三美元漲到每桶十二美元。當時的美國人，包括我自己，都記得排隊等待一個小時或更長的時間，為自己的汽車加油。我們通常被限制一次只能加幾加侖油。一些地區規定根據車牌號碼最後一位數字決定偶數日或奇數日才能到加油站加油。經常有許多加油站無油可加，必須等到運來新油才能重新開張。美國在一九七〇年代初允許國內石油產量大幅下降，導致自己容易受到阿拉伯石油武器的影響，而這種政策類似拜登今日所採取的政策。這對美國通膨的影響是立即的。在石油禁運之前的一九七二年，美國的通膨率只有三．三%。從這個基數出發到一九七三年，通膨率攀升到六·二％，並在一九七四年飆漲到一一·一％，經濟呈現大幅衰退。

同樣的供應震撼推升的通貨膨脹發生在一九七九年的第二次石油危機期間。這場油價震撼起因是當年的伊朗革命導致石油產量劇減。雖然一九七九年沒有正式的石油禁運，但產量短缺造成同樣的傷害。隨著一九七九年一月十六日伊朗國王遭罷黜和何梅尼成為新領導人，石油價格也從每桶二十美元上漲到每桶四十美元。美國加油站再度出現大排長龍的景況。美國印製汽油配給券，雖然它們從未真正發放給公民。通貨膨脹也捲土重來。通膨率從一九七八年七·六％的基數，攀升到一九七九年的一一·三％，和一九八〇年的一三·五％。當然，到一九七九年時還有其他通膨因素產生作用，包括更高的通膨預期心理和急劇加快的流通速度。儘管如此，一九七九年石油危機的供應震撼，是通膨率飆升的一個重要因素。

現在有證據顯示，美國和全球經濟正在經歷新一輪的供應震撼。新的供應衝擊不是來自單一產品（石油）和單一來源（中東），而是來自四面八方，因為貿易戰、疫情封鎖和供應鏈崩潰的疊加影響已經遍及全世界。

超市的空貨架是供應震撼最明顯的徵狀。儘管如此，貨架只是更深層次問題的表徵。化肥成本的上漲（部分原因是能源成本上升）導致農民把種植的玉米改變成使用較少肥料的黃豆。但這種改變有其限制，因為黃豆的種子短缺；儘管如此，這種改變正在進行中。其結果是到二〇二二年底將出現黃豆過剩和玉米短缺，而這將是長鞭效應的一個例子。這將造成廣泛的影響，因為玉米衍生物是各種消費品的添加物。更重要的是，玉米被用於生產乙醇和牲畜飼料。供應減少導致的玉米價格上漲將推升乙醇、牛肉和豬肉價格上漲。化肥價格上漲，將導致包括咖啡在內的其他農產品價格上漲。更嚴重的後果包括非洲部分人口的饑荒，因為化肥短缺將使供應世界上最貧困人口的糧食產量下降。

勞動力短缺是通貨膨脹的另一個驅動因素。正值適齡工作的人並不短缺，但實際上在尋找工作的人短缺。失業率（只計算有工作者或正在尋找工作的人）與大量根本沒在找工作的潛在勞工之間的差別，反映在勞動力參與率（LFPR）中。後者是以有工作者的總人數除以全部勞動力，而不管是否在尋找工作。這是一個比失業率更有意義的衡量標準，因為它反映了真實的勞動力供應。

LFPR在二〇〇一年三月達到六七．二％的高峰，正值那一年達康股市崩盤引發的經濟衰退開始顯現。（這個比率永遠不會接近一〇〇％，因為個人不加入勞動力的原因有很多，包括提前退休、殘疾、教育、照顧小孩和受疫情影響的人接受醫療照顧。）然後這項比率開始穩定下降，到二〇二〇年二月新冠疫情的衝擊顯現前降到六三・四％。隨著二〇二〇年四月與新冠疫情有關的市場崩盤和經濟封鎖加深，該比率也暴跌至六〇・二％，然後在二〇二二年六月小幅回升到六二・二％。這個比率仍比歷史最高水準低近五個百分點，比疫情前的低點也低了一個百分點。二〇二二年一月的勞動力超過一億六千二百萬人，比二〇〇一年三月少了五個百分點，這意味這段期間有八百一十萬人退出勞動力。連勞工統計局編製的失業報告也顯示，就業勞工人數比疫情前少五十二萬四千人。不管是哪一個數據都顯示有工作意願的人短缺，雖然潛在的勞工並不短缺。僱主要想利用這群脫離勞動力的勞工，最主要的方法是提供更高的工資和福利。二〇二二年六月的就業報告顯示，平均時薪比前一年同期增加了五・一％。失業勞工逐漸填補了工作的空缺，但代價是更高的薪資，而這將透過消費者物價升高的形式轉嫁給消費者。

能源價格是近來通貨膨脹上升的主要原因，因為它們直接影響加油站的汽油價格，同時對發電和各種中間產品製造（包括塑膠和化學品）的投入，也有廣泛的間接影響。原油價格從二〇二〇年四月二十八日的每桶一二・七八美元（之前因為與期貨交易有關的技術原因，原油價格曾一度下跌到每桶負三七・六三美元）到二〇二二年四月四日已飆升到一〇四・五四美元。兩年內七二〇％的漲幅在二〇二二年幾乎沒有回軟的跡象。一些市場分析師預測油價將超過每桶一百二十美元。加油站的汽油價格也一路挺升。美國普通汽油的平均價格從二〇二一年一月四日的每加侖二．一六美元，上漲到二〇二二年七月二十二日的每加侖四．四一美元，十八個月內飆漲了一〇四%。一些地區市場的價格甚至更高。美國人不需要博士學位就能了解通貨膨脹；他們直接從錢包支付了更高的價格。

與一九七三年和一九七九年的石油供應震撼不同，這次的價格震撼不是禁運引起的，也不是由恐慌性購買或通膨預期心理飆升驅動。這是拜登政府政策選擇不當的結果。這些政策包括關閉油氣管道、限制聯邦土地的新勘探租約，和增加有關水力壓裂作業的新規定。拜登的錯誤與德國前總理梅克爾（Angela Merkel）不相上下，她關閉了德國核電站和燃煤電廠的電力生產，使德國完全依賴俄羅斯的能源供應。烏克蘭戰爭加劇了這些非受迫性錯誤，因為戰爭可能導致對歐洲的天然氣供應中斷。最後，由於清零政策的物流挑戰，以及與澳洲貿易戰的短視導致煤運輸中斷，其結果是中國瘋狂搶購石油和天然氣，導致價格上漲。

糧食、勞動力和能源是商業和工業社會——事實上就是文明本身——三項最重要的投入。這三者及其衍生產品的價格在二〇二二年都節節攀升。

通貨膨脹將長期存在嗎？

這個分析帶我們繞了一個圓圈。通貨膨脹肯定在上升，但它會長久持續或因為有抵消的因素而消退？短期而言，通膨將持續在當前水準或接近當前水準（年比七％）。一旦通膨的動能建立起來，除非出現與二〇二〇年疫情類似的新震撼，否則趨勢很難就此打住。這個問題更好的問法是：通膨會不會在二〇二二年和二〇二三年期間上升到八％或更高水準，或者降回五％、並且最後降至二〇〇九年到二〇二〇年期間三％以下的常態水準？我們總結的流通速度和基數效應等五項因素，將可提供答案。

就此處的分析來說，過高的債務和悲觀的人口結構可以一併考量，因為它們在大致相同的時間範圍造成了相同的結果。兩項因素都不會在未來幾年助長通貨膨脹，但兩項因素都保證通膨會在十年到二十年內開始升高。以債務對GDP比率衡量的債務可能會持續增加一段時間，直到消蝕債務所需的通膨變成一項政策。消蝕二次大戰後堆積如山的債務花了三十五年時間（一九四六年—一九八一年）。它還需要聯準會和財政部兩者的合作，包括財政部在一九四二年到一九五一年期間實施利率上限，和一九五一年三月起財政部和聯準會達成的協議。這項努力是跨越黨派的，因為不管是民主黨（杜魯門、甘迺迪、詹森和卡特）或共和黨（艾森豪、尼克森和福特）政府都執行它。這是一項緩慢但穩定達成的成就。

大多數這些元素今日都不存在。兩黨合作已死。高債務是一個根本問題的概念已經被現代貨幣理論和二〇〇八年及二〇二〇年必須紓困的想法徹底壓制。不管在二〇二一年之前的十二年間，採用了多少種針對性的努力，聯準會還是未能把通膨率維持在溫和的二％以上。當央行想要通膨卻無法辦到時，那是很悲慘的情況。儘管如此，債務是個問題。在臨界狀態來到前，債務實際上會導致通貨緊縮，而非通貨膨脹。美國不會讓債務違約，因為它可以印製需要的鈔票。

當印鈔票導致信心喪失時，危機就會發生，也許是因為利率升高、複利效應，或印鈔數量太大，導致人們逃離美元。這時候，通貨膨脹將很快出現，且可能演變成惡性通貨膨脹。所以，沒錯，過高的債務會導致高通膨——但目前還沒有。

人口結構也是如此。古德哈特和普拉丹認為，即將到來的人口崩潰將使可得的勞動力薪資上漲。但同樣的勞動力短缺將降低產出，即使能獲得機器人技術和電算能力增加的助力。老齡化社會和老人照顧將拖累生產力。機器人不需要洗澡。較高的勞動報酬率與較低的整體生產力相結合，實際上就是通貨膨脹的定義。這些影響現在已開始顯現，但需要十年或更長時間才能達到臨界狀態。與過高的債務一樣，人口結構將導致高通膨——但目前還沒有。

聯準會實施的貨幣政策與通膨無關（因為流通速度下降），但與資產泡沫高度相關。公平地說，聯準會目前的貨幣緊縮措施，將以脫序的方式瓦解資產泡沫，這將帶來通貨緊縮的效應，與聯準會的預期相反。基於這個原因，聯準會在短期內不會成為通膨的來源。商業銀行和借款人如果增加借貸並促進支出以創造M1，可能會導致通貨膨脹。但這需要改善商業環境，以及動物精神和通膨預期心理的某種結合。目前兩者都不存在。銀行融資針對的是資產通膨，而不是產品和服務價格的通膨。這種情況將持續到泡沫破裂，到時候任何消費者物價通膨都將逆轉。

政治在短期的未來也不會助長通貨膨脹。有明確證據顯示，二〇二〇年三月到二〇二一年三月期間的五兆五千億美元赤字支出（不含二兆美元的基本預算赤字和一兆美元的基礎設施支出），是二〇二一年出現通膨的原因。特別是，無條件發放每人三千二百美元的直升機撒錢，刺激了二〇二一年的零售業銷售激增，造成供應鏈瓶頸和價格上漲。困難的是錢一花完後，銷售激增就會消失。這種影響是暫時的，無法長久持續。這符合超過一定水準的過高債務和赤字（美國已遠超過這個水準）更具通縮性，勝於具通膨性。更重要的是，如果沒有另一場疫情或類似的災難（如戰爭），就不會有進一步的刺激措施或直升機撒錢。美國參議院已經沒有多數議員支持類似川普和拜登在疫情爆發第一年推動的那種支出。疫情支出方案已經推出過，不會再推出了。

債務和人口結構對通膨的影響是長期的。在當前的情況下，貨幣政策和政治不會製造通貨膨脹。是不是有一項因素能在短期內推高通膨，並可能改變行為以產生一種會繼續推高價格的遞歸函數？是。這項因素就是供應鏈，以及出現推高價格的供應震撼，這種動力不像直升機撒錢那樣短暫。如果不迅速對治，它的影響力確實會不斷坐大。但基於供應鏈的複雜性，這是政策制定者無法控制的因素。

我們正目睹供應震撼所刺激的通膨上演。通膨正發生在加油站、雜貨店和美甲沙龍。二〇二〇年春季關門的企業已重新開業，但能源和勞動力成本升高，因此消費者的價格也上漲。供應鏈價格震撼還以消費者看不到的無數種方式出現，例如運輸成本、貨櫃成本、碼頭費用，倉庫費、滯期費、罰款，以及全球鏈條中數千個物流環節的成本。由於西方的政策失誤和東方的地緣政治，使得能源成本正在上升。在更高的層面上，中國和美國脫鉤以及牽涉新供應商和顧客的供應鏈重建，將增加未來幾年的成本。從國家安全的角度和人權來看，這些成本可能值得，但消費者必須買單。

供應鏈失靈造成的全面通貨膨脹正在發生，並將持續下去。接下來的問題是，通膨緩和的力量能不能阻止通膨列車的前進。這將是第五章的主題。

第五章　通貨緊縮已構成威脅嗎？

聯準會從二〇〇〇年到二〇〇二年明顯的股市泡沫危險，和從二〇〇六年到二〇一〇年出現更大的房地產泡沫危險，以及一九八〇年代末的日本和二〇〇七年的美國都面臨兩個資產泡沫同時爆破的超大風險，學到了什麼？什麼也沒學到。

——格蘭瑟姆（Jeremy Grantham），《讓大動亂開始吧》（*Let the Wild Rumpus Begin*），（二〇二二年）[1]

通貨緊縮的理由

由於近來美國的通膨攀至四十年來的高水準，和供應鏈中斷迫使價格因為短缺而上漲，出現通膨放緩（disinflation）或通貨緊縮（deflation）的理由看似很難成立，但其實不然。問題在於面對更強大的基本面因素時，價格上漲會不會開始減弱？這也是一個聯準會的抗通膨政策，會不會被證明時機不對和反應過度的問題。我們有充分的理由下結論說這兩種趨勢都是正確的：經濟從根本上是通貨緊縮的，以及聯準會的政策努力終究會失敗，就像它在二〇一八年那樣。目前的情況不是一九七〇年代的歷史重演。事實上，我們可能很幸運地避免了一九三〇年代的歷史重演。

在深入探研能預告通貨緊縮的動力前，很重要的是要釐清通貨緊縮和通膨放緩的區別。通貨緊縮意味實際的價格下降，這發生在一九三〇年代的全球各地。通膨放緩意味物價仍在上漲，但速度較慢。如果通膨率從四％下降到一．五％，那就是通膨放緩的情況；你仍然有一．五％的通膨率，但已大幅低於之前的通膨率。如果通膨放緩仍然是通貨膨脹，為什麼我沒有在討論通貨膨脹的上一章中討論它？答案與通膨放緩對實際利率和行為的影響有關。在這些方面，通膨放緩與通貨緊縮的共同點多過於與通貨膨脹的共同點。即使通膨放緩與通貨緊縮不是雙胞胎，它們至少是表親。以下的一些例子可以解釋這一點。

在通貨緊縮中，即使利率為零，實際利率仍然可能很高。如果利率為零，通貨緊縮率為三％（即通貨膨脹率為負三％），則實際利率為正三％。以數學來表達就是：[0－（－3）＝3]。相較於在名目利率為三％，通貨膨脹率為四％的情況下，實際利率為負一％。以數學表達為：3－4＝－1。數學很簡單，但就心理來說，你已經走進鏡子裡。在通貨緊縮中，實質利率會走高，即使名目利率會走低。這就是通膨放緩比通貨膨脹更像通貨緊縮的地方。如果名目利率保持在三%，因為通膨率從五%降到一．五%（通膨放緩的情況），那麼實質利率就會從負二%（3 - 5 = -2）上升到正一．五%（3 - 1.5 = 1.5）。這種實質利率上升的趨勢，就是讓通膨放緩與通貨緊縮變成類似現象的原因。消費者的行為也是如此，如果通膨率從三%上升到七%，那麼一般美國人可能（但不確定）預期這種趨勢會繼續下去或變更糟。在這種情況下，適應行為——包括提早購買高價產品和延長囤積商品的時間——可能導致價格上漲，變成一種自我實現的預言。相反的，如果通膨率從三%下降到一%，美國人可能會預期它會進一步下降或至少不會上升，在這種情況下，購買可能會推遲，因為價格上漲的風險很小。七%和一%都是通貨膨脹，但重要的不是水準，而是趨勢。通膨放緩指向更低的通貨膨脹，朝向可能的通貨緊縮。通膨放緩通貨緊縮都指向實質利率上升、成長減緩以及消費延遲或減少。這就是為什麼我們以類似的名字稱呼它們，雖然它們分屬鏡子的兩邊，我們將很精確地使用這些術語。儘管如此，通膨放緩應該被視為類似於通貨緊縮，並具有許多相同的效應。

要了解今日的美國可能出現通膨放緩或通貨緊縮，可以從比較一九七〇年代情況（美國上一次通膨飆升而需要聯準會採取極端緊縮措施的時候）的研究著手。奇怪的是，一九七〇年代通膨的原因仍被經濟學家激烈辯論，而且沒有獲致廣泛的認同。經濟學家阿爾伯特（Dan Alpert）針對這些辯論歸納出三個思想流派，第一個是保守派，他們怪罪始於一九六九年的預算赤字和寬鬆貨幣政策；第二個是制度主義者，怪罪在一九七一年到一九七三年間，逐步終結布列敦森林金本位制的尼克森衝擊；第三個則是自由主義者，他們採取凱因斯觀點，怪罪一九七三年和一九七九年的兩度油價震撼[2]。

阿爾伯特駁斥保守派的觀點，認為預算赤字與低利率以及通貨膨脹都沒有密切的相關性。這種缺少正相關性在今日比一九七〇年代更為普遍。實際的情況反而是朝負相關性發展，也就是更高的赤字會導致較低的通膨或導致通貨緊縮。當時和現在的原因是一樣的——流通速度下降。如果流通速度下降得夠多，印鈔票就變得無關緊要；它不具通貨膨脹性。阿爾伯特較認同自由主義和凱因斯學派把通膨歸咎於兩度石油禁運的觀點。兩次石油禁運完全符合成本推動型通膨的模式，即外部供應震撼打擊了經濟，並在中間產品和製成品間引發連鎖效應。隨著時間推移，這種震撼可能升高通膨預期心理和要求提高薪資，也就是需求拉動型的通膨。儘管如此，動力是來自供應面。

制度主義者強調尼克森震撼的觀點，阿爾伯特給予最高的重視和評價。當尼克森總統暫停外國貿易夥伴以美元兌換黃金時，並沒有導致預期中以貶值的匯率恢復金本位制，反而是終結了金本位制和導致浮動匯率的出現，並且一直持續到今日。後果之一是黃金的美元價格迅速上漲，黃金開始在全球市場上自由交易，並穩步上漲，從一九七一年八月十五日尼克森宣布當天的每盎司三十五美元，攀升到一九七三年底的每盎司一百三十七美元，然後到一九七九年底續漲至每盎司四百五十美元。一九八〇年一月中旬，黃金一度觸及每盎司八百美元，此後轉而下跌。一九八〇年一月的平均價格為每盎司六百二十五美元。這些市場活動被普遍認為是黃金價格的上漲。然而黃金是一種惰性金屬，除了作為貨幣外，幾乎沒有其他用途。黃金價格上漲最好的解釋是美元價值崩潰。在一九七一年七月，一美元可以購買三十五分之一盎司黃金。到了一九七九年十二月，一美元可以購買四百五十分之一盎司黃金。一盎司黃金還是一盎司黃金，但美元已大幅崩跌。黃金價格的時間序列顯示，從一九七一年到一九七九年美元的價值暴跌了九二％。就百分比來說，這比大蕭條初期的股市崩盤更糟。

在這種情況下，黃金是衡量美元崩跌的唯一中性標準。其他貨幣不是有用的參考框架，因為這些貨幣兌換黃金的匯率也在崩潰，減少了它們之間匯率的變化。在一九七〇年代後期，所有主要貨幣都對黃金、白銀、土地、石油和其他硬資產大幅貶值。

美元的崩潰為一九七〇年代的油價上漲增添了火力，在第一次石油危機中，石油價格從一九七三年底到一九七四年初上漲了三〇〇%，從每桶三美元漲到十二美元。到了第二次石油危機，石油價格從每桶二十美元飆漲至一九七九年的每桶四十美元，漲幅達一〇〇%。從一九七三年到一九七九年的整個時期，石油價格上漲了一二〇〇%。黃金價格從一九七三年底的每盎司一百三十七美元上漲到一九七九年底的每盎司四百五十美元。從一九七三年到一九七九年，美元貶值了七〇%。阿拉伯人對石油收取更多的美元，但每一美元的價值都下跌。與一九七三年的美元相比，一九七九年的一美元只值〇・三美元。這意味在調整美元的購買力損失後，四十美元的石油實質上等於十二美元的石油。石油價格在一九七〇年代確實上漲了，但實質漲幅是三〇〇%，而不是一二〇〇%。與一九七一年相比，石油的實質價格只上漲了七%，在九年內從每桶三美元上漲到三・二〇美元，每年漲幅不到一%。總而言之，一九七〇年代沒有實質上的油價震撼。真正發生的是美元崩潰和瀕臨惡性通貨膨脹。我們很難怪罪阿拉伯人提高石油價格，他們只是想在美元下跌時保持收支平衡。

這裡回顧一九七〇年代能源價格的重點是，它不會再發生，至少不會以同樣直接的方式發生。現在沒有金本位可以放棄，並引發通膨預期心理上升的連鎖反應。

以貨幣指數衡量的美元在二〇二一年到二〇二二年期間持續走強，而非走弱。從二〇二一年以來，石油的實質價格一直在上漲。這很重要，因為實質油價上漲包含自身下跌的種子。當能源的實質價格上漲，消費者用於其他購買的可支配所得將隨之減少，能源使用者將尋求替代品，能源生產商將增加產量。經濟將逐漸放緩，油價也將跌回至較低的水準。實質價格的機制會自我糾正，而通膨（名目）價格機制則會自我強化。有一個例外就是重大戰爭；即便如此，戰爭也可能引發價格控制、戰略石油儲備的大量釋出，以及放寬目前對水力壓裂、新勘探和油氣管道的限制。石油價格和更廣泛的能源價格在二〇二〇年代不會產生與一九七〇年代相同的影響，因為初始的條件完全不同。放棄金本位意味美元兌黃金的匯率，不會馬上崩潰而啟動通膨列車。在美元王（King Dollar）的時代，油價上漲是實質的，而不只是名目的，這意味它們能漲多高受到實務上和政治上的限制。

阿爾伯特的通膨放緩觀點第二部分是，美國擁有大量未利用的勞動力和工業產能，這些勞動力和工業產能隨時可以吸收增加的政府支出、增加的消費者支出和增加的流通速度。美國在基礎設施、製造業、住宅和教育方面也有很大的空間可以增加投資。總之，美國經濟有巨大的閒置產能，部分原因是超全球化和離岸外包，部分原因則是勞動力的報酬率比資本低。這些閒置產能可以吸收巨大的支出和投資浪潮，包括由債務融資的支出，而不會造成瓶頸。這種支出如果做得明智，可以增加產出，提高生產力，而不會引發通貨膨脹。阿爾伯特補充說，即使是溫和的通貨膨脹也可能不是壞事，如果它是較高的勞動力報酬、更高的家庭購買力的結果，而且不加速上漲的話。這是必須小心控制的情況，但如果能夠實現，它還有降低實質債務負擔的附帶好處，而降低實質債務是政府必須儘早面對的另一項任務。

美國擁有龐大潛在勞工的想法是有根據的。勞動力短缺影響美國經濟——特別是中小企業——的說法，是一種誤導的托詞。的確，「徵求人才」的廣告處處可見。餐館經常警告顧客他們的晚餐可能會延遲，因為廚房的人手不足。麥當勞提供三萬五千美元的起薪和福利，加上接受點餐者和收銀員的培訓。超市怪罪空貨架的原因不是短缺，而是填補貨架的店員短缺。儘管奧密克戎變種病毒肆虐和供應鏈出問題，美國的失業率在二〇二二年七月降至三．五％。幾乎從每一種衡量方法看，勞動力短缺似乎是真實的。

這個數據隱藏著一個更有力的現實，那就是美國不缺潛在的勞工，而是缺願意工作的勞工。在所謂的勞動力短缺背後，有一支由大約八百萬名適齡的潛在勞工組成的大軍，他們根本沒有在找工作。這個群體中有一部分人有充分的理由不尋找工作，包括提前退休、負擔育兒責任、教育機會，或健康問題。種種原因導致有數百萬名潛在勞工不尋找工作。

有數以百萬計的職缺和數百萬名失業的勞工（包括那些因為不尋找工作而不算正式失業的人），為什麼那些工作沒有人填補？原因包括僱主無法支付市場出清（market-clearing）的薪資，因為他們自己的獲利受到投入成本升高、稅負升高和需求減少的擠壓，也就是受到疫情的殘餘影響。在服務業尤其如此，該行業受到封鎖、隔離、口罩規定和保持社交距離的打擊最大。與服務業比較，產品部門對疫情的抵抗力更強，但很大一部分產品是從廉價勞力國家進口的，那些國家可以藉由貨幣對美元貶值來管理成本。無論如何，美國勞動力不是外國產品的物質生產要素。進口需求不會對美國勞動力市場造成通膨壓力。美國勞動力利用率低迷的其他原因包括較高的失業救濟金、延長的失業救濟金，以及二〇二一年美國救援計畫中增加的兒童照顧稅額抵減。這使得美國人更容易待在家裡，而且在救濟金領完後，許多人還繼續待在家裡。有廣泛的研究支持一種觀點，即一旦勞工習慣不工作，他們就會失去技能和習慣，且往往因而使他們永久被排除在勞動力之外。所以，美國沒有勞動力短缺的問題，雖然有勞動市場機能失調的問題。更高的薪資、培訓的機會、停止某些政府福利，和擴大私營部門福利可以逐漸結合起來，以吸引數百萬人重返勞動力市場。如果能辦到，龐大的可用勞動力，將確保在可預見的未來由需求拉動的通膨不會成為消費者物價通膨的驅動因素。

最後一個證明支出和刺激措施不會引發通膨的因素是投資。支出不是全都一樣的，它可以針對救濟，或者長期投資在提高生產力、改善基礎設施或研究與開發。當支出指向後者時，它會產生兩種通貨緊縮或通膨放緩的效應。第一種是吸引可得的勞動力到更高薪的工作，帶來增加勞動力報酬和減少收入不平等的利益。這種就業現象與提高生產力是一致的。只要生產力超過薪資成長，就不會有通貨膨脹的動能。第二種效應是，改善的基礎設施和研發，將帶來造福整個社會的利益，而非局限於創造這些利益的勞工。同樣的，正如美國在一九五〇年代和一九六〇年代的經歷，提高生產力的支出是不具通膨性的。累加的結果是，它的效益超過投資本身。

任何經濟體都可能產生通貨緊縮，導致成長崩潰和高失業率。困難之處在於如何創造高成長和充分就業而不產生通貨膨脹。這就是與中國脫鉤能帶來通膨放緩和提高生產力的地方。廉價勞動力的吸引力，僅限於低附加價值的製造業，當需要高附加價值的製造業時，較昂貴的勞動力就能派上用場，因為它能提供較高的生產力。當這個程序得到投資的助力時，結果就是更多的就業、更多的產出，和更高的薪資，而不會通貨膨脹。通貨膨脹會保持溫和是因為過剩的勞動力被吸收，同時也因為生產力的成長超過包括薪資在內的投入成本上漲。就某些進口的投入來說，美元升值也使這些成本保持相對較低的水準。更高的利率不但不會拖累經濟成長，反而與強勁的經濟和強勁的資金需求有關。投資本身會創造新產能，然後新產能會吸收總需求而不會引起通貨膨脹。包括央行官員在內的美國政策制定者，花了太多時間追求低利率、低成本和低通膨，他們忘記了更高的利率、更高的薪資、強勢美元，和溫和的通膨都是經濟強勁的跡象。閒置的勞動力、藉由投資提高產能，以及藉由強勢美元降低外國投入成本，將能遏制通膨的潛力。

如果明智地進行投資，增加的生產力將抑制通貨膨脹。如果投資做得不好，債務對GDP比率升高也會抑制通貨膨脹。不同之處在於，勞工和社會在前一種情況下是贏家，在後一種情況下都是輸家。結果如何取決於政策決定，從短期來看，這是單薄的支撐力量。

聯準會屢戰屢敗

很少因素比聯準會的政策更容易預測。原因是聯準會告訴你它準備做什麼，而且真的會做。預測者要做的就是傾聽聯準會說什麼，相信它，然後考慮它毫無例外的失敗。隨著聯準會在錯誤的道路蹣跚前行，你的預測可以在一年或更長時間內保持準確。困難之處在於估計聯準會不得不屈服於現實的時間點，要做到正確的估計，你必須關注市場信號，尤其是債券市場和歐洲美元（Eurodollar）期貨曲線。這些指標和其他指標將證實聯準會正在走向懸崖的事實。聯準會將最後一個知道，但即使如此它最後也會改變方向。唯一的問題是在它醒來之前造成多少傷害。這時候，聯準會將宣布它的新政策，然後分析師可以重複這整個過程。

但直到一九九〇年代初之前的情況並非如此。以前的聯準也會犯政策錯誤，但它對發生錯誤會比較謙虛，並在宣布政策時比較謹慎。聯準會向來透過一個由選定的銀行和證券交易商組成的俱樂部運作，稱為初級交易商（primary dealers）。初級交易商沒有正式的執照，而是由聯準會授予一種信用許可，允許它們與紐約聯邦準備銀行的公開市場廳交易。目前的初級交易商名單包括二十四家公司，主要是著名的國際銀行如高盛、巴克萊（Barclays）和花旗，但也有一些鮮為人知的專家經紀商如Amherst Pierpont和Cantor Fitzgerald。初級交易商的義務，是持續在各種美國政府證券的雙向市場造市。初級交易商為聯準會操作提供流動性的方式，與紐約證券交易所的舊造市系統沒有太大區別。初級交易商得到的回報，是能夠直接與聯準會交易員交談，並衡量他們對稀缺性問題、整體流動性和任何買賣單失衡的看法，這些資訊對交易商評估自己的風險和提供客戶建議很有價值。

直到一九九〇年代後期，成為初級交易商的另一個好處，是扮演聯準會傳達政策改變的媒介。聯準會通常先轉向緊縮或寬鬆政策，然後才公開宣布。它會輪流讓一、兩個最喜歡的交易商知道這一點，這是終極的內線消息。消息會透過與客戶的電話或在漢諾威廣場的哈利酒吧喝酒，或曼哈頓下城自由街的紐約聯準銀行堡壘式總部附近的其他酒吧洩露出去。在幾天內，有時甚至更長的時間，受青睞的交易商可以在最終消息公布之前，獲得低風險的利潤。聯準會偏好這套系統，因為它可以在不必透過頭條新聞昭告全球市場的情況下試水溫。如果聯準會決定縮手，它可以謹慎地這樣做。這種內線交易是合法的，因為畢竟政府參與其中。這些都是遊戲規則的一部分。

當一九九四年二月聯邦公開市場委員會（FOMC）開始發布聲明，宣布改變它的聯邦資金利率目標時，聯準會與初級交易商之間這種舒適而有效的關係開始起了變化。一九九五年二月，FOMC開始公布延遲五年的聯準會會議記錄。一九九七年八月，聯準會承認其政策利率實際上是有針對性的，並開始以向紐約聯邦準備銀行下指令的形式，宣布此一目標。一九九八年十二月，在聯準會救援長期資本管理公司（LTCM）後不久，FOMC開始立即宣布貨幣政策改變的做法；一九九九年五月以後，FOMC在每次會議上就會發表聲明，不管政策是不是有改變。在十二年間，這些轉變持續逐步進行，包括有關風險平衡的聲明（一九九九年）、公布反對票（二〇〇二年）、增加通膨預測和會議三週後公布FOMC會議記錄（二〇〇四年）、在向國會提交的貨幣報告中增加兩年期預測（二〇〇五年）、預測的次數更頻繁和改變兩年預測為三年預測（二〇〇七年）、增加對GDP和失業及通貨膨脹的長期預測（二〇〇九年）、FOMC會議後的新聞記者會（二〇一一年），以及公布FOMC會議參與者對聯邦資金利率（即通稱的「點數」）的預測（二〇一二年）。從一九九四年到二〇一二年的十八年間，聯準會經歷從不透明到完全透明，再到預測未來。這段期間發生了一九九八年的亞洲金融危機、二〇〇〇年的網際網路泡沫、二〇〇八年的全球金融危機，以及二〇二〇年的新冠疫情恐慌。統計學的新手都知道，相關性不是因果關係，但聯準會透明度的努力，與頻繁金融危機之間的相關性確實很驚人。也許回到那種聯準會透過哈利酒吧分享秘密的隱密運作方式，是值得考慮的。

儘管如此，透明度還是受到歡迎，分析師可以分享穩定供應的聯邦資金目標、通膨預測和點數，以準確判斷聯準會將採取什麼行動（至少在短期內如此），並根據對聯準會失敗的合理估計推斷未來的轉折點。這對任何通貨膨脹或通膨放緩、甚至通貨緊縮的預測來說，都有重要意義。二〇二一年八月二十七日鮑爾在傑克森洞

（Jackson Hole）年度經濟研討會的演說中，預告將縮減購買資產的規模，此後聯準會一直走在緊縮的道路。在縮減後，鮑爾並沒有承諾升息，但升息似乎是合乎邏輯的下一步。鮑爾並未明確表示結束縮減的時機，市場從容不迫地接受了鮑爾的宣布。沒有出現所謂的「縮減恐慌」（taper tantrum；利率突然上升和債券價格下跌），像聯準會前主席伯南克在二〇一三年五月建議縮減購買資產時那樣。二〇二一年十一月三日，鮑爾正式宣布縮減購買資產。FOMC表示，每月將減少一百五十億美元的資產購買；依照這個速度，縮減將在二〇二二年七月完成。但短短三週後，高盛告訴客戶，聯準會將把縮減的資產購買擴大一倍，達到每月縮減三百億美元，意味縮減將在二〇二二年三月完成。FOMC在二〇二一年十二月十五日確認擴大一倍到三百億美元，以及到三月結束縮減的目標。也許聯準會向友好的銀行洩密的作法還存在。在二〇二二年一月二十六日的下一次FOMC會議上，該委員會確認縮減將在三月初結束，並補充說：「由於通膨率遠高於二%且勞動市場強勁，委員會預期很快將適合提高聯邦資金利率的目標區間[3]。」聯準會沒有令人失望。FOMC在二〇二二年三月十六日的會議宣布，調高聯邦資金利率目標到〇．二五%，二〇二二年五月四日再調高到〇．五〇%，二〇二二年六月十五日調高到〇．七五%，二〇二二年七月二十七日調高到〇．七五%。到了二〇二二年九月，聯邦資金利率已來到二・二五%，並將持續走高。聯準會還啟動了一項新的量化緊縮計畫（QT；quantitative tightening），每月將縮減其資產負債表約一千億美元。

採取縮減資產負債表和升息的雙重緊縮，是因為鮑爾在二〇二一年八月受到通膨驚嚇。隨著二〇二〇年的基數效應在二〇二一年七月消失，通膨並沒有像鮑爾預期的那樣暫時消失，這促使他突然轉向打擊通膨的模式，動用聯準會縮減購買資產和升息的緊縮工具。聯準會從二〇二一年十一月到二〇二二年三月的縮減購買資產和此後的升息，完全出自伯南克八年前設計的聯準會劇本。這就引出一個問題：伯南克當初的劇本成功了嗎？而根據之前劇本的表現，今日的市場參與者應該期待會有什麼樣的結果？答案指向一些股市投資人絕對會感到不愉快的結果。

目前的鮑爾劇本緊緊追隨著伯南克劇本的步驟進展。二〇一三年五月二十二日，伯南克表示聯準會將開始減少購買資產，亦即進行所謂的縮減。華爾街的樂觀主義者和金融評論家認為這沒有什麼大不了；畢竟，聯準會還在印鈔票，只不過是速度放慢一些。儘管如此，市場還是看到它帶來的結果。在經濟學中，一切都發生在邊緣。縮減是貨幣緊縮的一種形式。即使你還在購買證券，你減少購買也足以導致槓桿投資人退出套利交易，和導致資產配置者轉向美元（強勢美元是另一種形式的緊縮）。對縮減的恐慌反應，包括投資人拋售新興市場債券，將資金轉回美元，以及全面降低槓桿比率。這不是一場全面的金融恐慌，但從伯南克的角度看，它實在太接近了。儘管柏南克暗示縮減可能會從二〇一三年年九月十八日的FOMC會議後展開，但他一直沒有宣布啟動縮減。實際縮減從二〇一三年十二月十八日開始，並於二〇一四年十月二十九日完成。

然後，市場等待「起飛」，包括從二〇〇六年六月二十九日以來的首次升息。經過八年多的降息和零利率政策，升息的倒計時已經開始。但市場不得不等待一段時間，因為直到二〇一五年十二月十六日新任聯準會主席葉倫（Janet Yellen）當家後起飛才發生。全球經濟安然度過那一年八月和十二月的兩次人民幣暴跌，以及八月期間的美國股市崩盤。當時還不是採取緊縮政策的好時候，但聯準會還是收緊了政策，除了想避免在進入第三個年頭還沒有起飛的尷尬外，沒有更好的解釋。這是一個好例子，用來證明聯準會往往在錯誤的時機做錯誤的事，只為了不辜負自己公布的前瞻指引（forward guidance）。二〇一五年十二月後，一直到二〇一六年十二月十四的第二次升息之前，有整整一年時間聯準會沒有動作，然後升息的節奏大大加快了。二〇一七年三月、六月、九月和十二月各升息了〇・二五個百分點，二〇一八年三月、六月、九月和十二月也各升息相同的幅度。直到二〇一八年十二月十九日，聯邦資金利率目標已上升到二・二五%到二・五%間，是自二〇〇八年三月，全球金融危機初期貝爾斯登倒閉以來的最高水準。在這個過程中，鮑爾於二〇一八年二月五日出任聯準會主席，但那沒有什麼差別。聯準會的目標早已刻在前瞻指引上，由思想觀念一致的伯南克、葉倫和鮑爾共同奉行。重要的是政策，而不是個性。到了二〇一八年十二月，聯準會實際上已經實現其長期追求的利率正常化目標。在聯準會升息的同時，它也把資產負債表上的M0基礎貨幣從二〇一五年十月（升息前）的四兆一千億美元高峰，減少到二〇一九年九月的三兆二千億美元，減幅達二二%。大幅減少基礎貨幣供給是對升息的補充措施，既是貨幣緊縮的一種形式，也是在二〇〇八年至二〇一五年的寬鬆政策和大舉印鈔後，讓利率和貨幣供給正常化的努力。

聯準會的緊縮政策存在一個巨大的問題。從二〇一八年九月開始，它遇到一波激烈的市場動盪。標準普爾五百指數在二〇一八年九月二十日觸及二九三〇點歷史新高後，在二〇一八年十二月二十四日暴跌至二三五一點，成了惡名昭彰的平安夜大屠殺。這波暴跌的幅度高達一九．八%，使該指數在不到一百天內就跌到熊市邊緣。值得注意的是，即使市場持續崩跌，聯準會仍繼續升息和減少貨幣供應。換句話說，聯準會堅持它的前瞻指引和正常化劇本，儘管有明確的市場證據顯示這是錯誤的決策。通貨膨脹率從二〇一八年十月的二．五%下降到十一月的二．二%、十二月的一．九％，和二〇一九年一月的一．六％。市場下跌和通膨下跌是聯準會過度緊縮的明顯跡象，但他們視而不見，繼續照常執行。聯準會甚至在市場開始崩潰三個月後的二〇一八年十二月十九日進一步緊縮升息。這次升息是最後一根稻草。二〇一八年十二月二十四日，標準普爾五百指數單日下跌近三．〇％，是有史以來最糟的平安夜表現。聯準會並不特別關心股市的趨勢（與大多數聯準會批評者的觀點剛好相反），但它確實關心市場何時出現脫序。十二月二十四日的表現是在九月到十二月的崩跌之後發生的，而它被認為是脫序的表現。聯準會終於接收到市場的訊息。

聯準會的改變在幾天內化為行動。二〇一九年一月四日，鮑爾在與伯南克和葉倫一起參加亞特蘭大舉行的美國經濟學會年會時表示，「我們將耐心等待」進一步的升息。聯準會觀察家知道，「耐心」這個詞代表「我們不會在沒有事先警告的情況下升息，所以你們可以放心」。市場很開心，道瓊工業指數在鮑爾轉向後的幾分鐘內上漲了六百點。儘管如此，鮑爾從鷹派到鴿派的轉變只完成了一半。他仍預期會再升一次息才讓市場得以喘口氣，減少基礎貨幣仍然持續進行。主要股市指數在最初的反彈後，到二〇一九年十月仍處於二〇一八年九月的水準，到二〇一九年九月底，聯準會結束淨資產出售，基礎貨幣供給為三兆二千億美元。鐘擺開始擺動。

聯準會開始新一輪量化寬鬆，並在二〇二〇年一月慢慢把M0提高到三兆四千億美元。聯準會也從二〇一九年七月三十一日開始降息，並在隨後的九月和十月各降息〇．二五個百分點。然後是新冠病毒疫情爆發。聯準會在二〇二〇年三月三日的緊急會議中宣布降息〇．五個百分點。在二〇二〇年三月十五日、三月十九日、三月二十三日和三月三十一日的緊急會議，利率又下降了四次。在短短不到三十天，利率又降回到零。與此同時，基礎貨幣在二〇二〇年五月猛增至五兆一千億美元，然後在二〇二一年十二月再度飆升至六兆四千萬億美元。其他貨幣成長指標的升幅還更大。聯準會的正常化計畫已被徹底毀壞。利率回到零，貨幣供給處於歷史最高水準。聯準會的逃生失敗。

從這個失敗可以得到哪些教訓？第一是聯準會將堅持遵循它宣布的政策，不管市場警告它是走在錯誤的道路上。截至二〇一八年十一月應該已經很清楚的是，聯準會的緊縮政策已導致經濟疲弱，但它仍在二〇一八年十二月繼續執行最後一次升息，以至於觸發一次幾近市場崩盤。第二是聯準會不知道如何解讀真正的經濟。它的領導階層關注失業率（因為勞動力參與率太低而有誤導性）、薪資成長（因為通貨膨脹而有誤導性）和股市上漲（因為被動型指數投資而提供虛假的安慰）。股市是一種落後指標。當它反轉下跌時，已經對經濟造成嚴重損害。貨幣政策成敗更好的指標可以從債券市場和歐洲美元期貨的曲線找到，但聯準會似乎沒有注意到。第三個教訓，也是與投資人最相關的教訓，是聯準會將再次失敗，而結果將是通膨放緩，而不是人們普遍預期的通貨膨脹。但即將到來的失敗和上一次失敗將有很重要的差異。

聯準會下一步將怎麼做以及它將如何影響經濟的最佳看法，將來自對整個緊縮週期每一步的考慮。第一步是在展開縮減購買資產之前進行預先檢視。接著是完成縮減，然後是升息。接下來將是藉由出售資產實現減少基礎貨幣。每個步驟的目標都是把利率推高至二．五％的區間，並把基礎貨幣減少到約二兆五千億美元。當進行貨幣緊縮時，經濟將隨之減緩，因為經濟依賴寬鬆的貨幣政策。通膨預期下降，是因為資產價格開始下降。儘管有這些訊號，聯準會仍堅持緊縮貨幣，因為它錯誤解讀了債券市場的線索和歐洲美元期貨的殖利率曲線倒掛（curve inversion）。只要下跌不是脫序的，聯準會就不會為股價下跌煩心。最後，隨著流動性危機升高，脫序的市場崩盤發生了。聯準會很快停止升息和縮減基礎貨幣供給。隨著經濟和市場進一步走弱，聯準會轉向降息和擴張基礎貨幣，直到利率降回零，基礎貨幣達到歷史新高。資產價格回升了，企業環境也改善了。這時候，整個週期已經完成，而聯準會將等待下一次縮減的機會。

就由伯南克啟動並由葉倫和鮑爾接續的週期來說，整個過程從二〇一三年五月伯南克發出縮減購買資產的訊號，到二〇二一年八月鮑爾發出新縮減的訊號，僅花了八年多時間。緊縮階段持續了不到六年，從二〇一三年五月到二〇一九年一月鮑爾宣布不再升息，寬鬆階段則持續十五個月，從二〇一九年一月到二〇二〇年三月利率降到零。由於這一過程是反覆發生的，我們可以輕易指出再上一個寬鬆週期為十五個月，從二〇〇七年九月到二〇〇八年十二月利率也降至零。顯然寬鬆週期比緊縮週期快得多，因為它們是針對緊縮造成的脫序市場狀況所做的緊急反應。

在目前的循環中，緊縮週期將比伯南克在二〇一三年展開的六年過程快得多。第一個原因是，相較於伯南克當家時的兩年，鮑爾展開縮減購買資產和他第一次升息只間隔四個月。第二個原因是，鮑爾結束縮減購買資產和開始升息中間沒有延遲，而伯南克的繼任者葉倫則延遲了十三個月。第三個原因是，鮑爾領導下的第一次升息和隨後的升息節奏都很快，而葉倫的第一次和第二次升息間有十二個月的延遲。總之，鮑爾的動作很快。他對二〇二一年底的通膨飆升感到驚訝，並希望彌補在壓制通膨上損失的時間。他也希望回到他在二〇一九年一月平安夜大屠殺後，放棄的利率和貨幣供給正常化的道路。快速升息能達成這兩個目的。

市場早已見過這個劇本。二〇一三年到二〇一八年的緊縮過程剛開始獲得市場的支持，因為市場認為聯準會的緊縮政策意味經濟將恢復強健，全球金融危機的後果將可徹底清理。如果經濟愈來愈強大，而全球化能降低成本和增加利潤，那麼提高利率就有意義。這是正常的景氣循環會發生的事。但二〇一三年之後的情況並不正常，特別是景氣一點也不強勁。川普時期的平均經濟年成長率，幾乎與歐巴馬時期相同，從二〇〇九年復甦開始到二〇二〇年疫情爆發，平均年長率只有約為二・二%。這是美國歷史上最長的復甦（一百二十九個月），但也是最弱的復甦。奧巴馬—川普復甦期的平均年增長率為二・二%，比起從一九八〇年到二〇二一年所有復甦期的平均年成長率則為四・四%。川普期間的經濟表現還可以，但並不像川普的辯護者不斷吹噓的那麼棒。從二〇一八年開始的貿易戰，可能有很好的政策理由，但它阻礙了經濟成長。二〇一八年美國各季的 GDP 成長率分別為：第一季三・八%、第二季二・七%，第三季二・一%，第四季一・三%。二〇一八年的成長逐季下降，分別對應於各季的貿易戰情況，並為第四季的股市大跌揭開序幕。聯準會的緊縮政策導致經濟疲軟，但緊縮仍然持續。股市在二〇一八年底下跌了二〇%。

正如鮑爾加快了緊縮時程表，市場將加快它的反應。鮑爾可能成功阻止失控的通膨，但他也將減緩成長，把經濟推向衰退邊緣，就像二〇一八年的情況。到那時通貨膨脹將不是問題。問題將是市場崩盤。

風暴警訊

通貨緊縮和通膨預期下降的最短路徑，是市場崩潰，這似乎是在不遠的未來會發生的事。確切的時間並不確定——這是複雜動態系統突現的特質。儘管如此，從整個系統的規模和系統本身的密度函數看，崩潰的可能性仍然相當高。政策制定者和華爾街啦啦隊對任何崩盤的討論都抱持一種不難理解的厭惡態度，這可能造成被散戶投資人和機構資產配置者忽視的不利結果。當然，這對投資組合的影響很大。在崩盤中仍有很多方法可以賺錢；首先你必須能預見崩盤發生，我們最主要的目的是解釋為什麼會崩潰。從崩潰開始，接踵而至的通貨緊縮動力將不言而喻。

幹練的投資人格蘭瑟姆和他的研究夥伴，一直在利用過去一百年的數據研究市場泡沫[4]。他們定義泡沫是與趨勢偏差二西格馬（2-sigma）的市場水準；西格馬指的是統計度量中的標準差。使用像是拋硬幣的試驗方法，二西格馬事件大約在四十四次試驗中會發生一次。以一個曆年做為試驗的期間，處於二西格馬狀態的市場，總是會透過市場崩盤的機制回到泡沫前的趨勢。由於市場是人類行為驅動的，人類行為比拋硬幣更不理性，因此二西格馬下的崩盤實際頻率，約為每三十五年發生一次。

格蘭瑟姆已經發現他稱之為超級泡沫的特定偏差。這種三西格瑪（3-sigma）事件，大約每百年隨機發生一次，雖然在由人類行為驅動的市場中實際上更頻繁，所以大約每四十年發生一次。頻率增加，也是由於不同的市場同時存在多個超級泡沫。格蘭瑟姆的團隊使用這種方法，辨識出過去二百年來最大的五個超級泡沫：一九二九年和二〇〇〇年的美國股市；二〇〇六年的美國房地產市場；一九八九年的日本房地產市場；和一九八九年的日本股市。這五個超級泡沫都以驚人的方式崩潰，價格跌回到泡沫前的趨勢。由於溢出效應和金融傳染，一個超級泡沫的崩潰通常會導致其他市場的類似崩盤。例如，一九二九年美國股市崩盤導致商業房地產崩盤。二〇〇六年美國抵押貸款市場崩潰，導致牽涉股市、銀行業和衍生性金融商品市場的全球金融危機。這個特性在一九八九年日本的房地產和股市的雙重崩潰中，表現得最為明顯；從此以後的三十三年，這兩個市場都沒有再回到一九八九年的高點。

格蘭瑟姆認為，美國和世界正處於四個同時存在的超級泡沫中，構成了有史以來最危險的金融狀況；這四個超級泡沫存在於房地產、股票、債券和商品市場。今日美國的房價比家庭所得的倍數，是有記錄以來最高的，甚至高於二〇〇六年房地產崩盤前的倍數。在澳洲、中國和英國的房價比家庭所得倍數甚至還更高，使得全球性崩潰更有可能發生。使用多個指標衡量——包括本益比、股票總市值佔GDP比率（巴菲特指標），以及席勒本益比（Shiller CAPE）——股票價格都處於歷史高點或接近高點。二〇二二年二月的股票市值佔GDP比率（使用Wilshire 5000計算）為一八九．四％。相較之下，二〇〇八年全球金融危機前的比率為一〇五．三％，二〇〇〇年達康崩盤前為一四〇．七％。二〇二二年二月的席勒本益比為三六．一七，而一百五十年平均比為一六．九二，中位數比則為一五．八七。這個比率高於一九二九年的高點三〇，僅次於二〇〇〇年達康泡沫的高點四四．二，債券市場泡沫只是低利率或零利率的結果。不管利率升高是出於好理由（持續成長）或壞理由（通貨膨脹），債券價格都會下跌，這是債券市場無可避免的反應。今日我們看到的食物、能源和金屬價格上漲終究會反轉下跌。這些價格上漲短期可能持續，但最終將推高成本、減緩經濟成長、降低企業利潤（或者造成消費者的可支配所得縮水），進而導致價格的逆轉，就像一九八〇年代中期和二〇〇八年全球金融危機後發生的情況。

格蘭瑟姆不是唯一指出這些風險的分析師。Gavekal研究公司葛夫（Louis-Vincent Gave）設計一項獨特的指標，把股價與能源價格的關係納入考量[5]。該指標根據的觀點是：經濟活動是轉換的能源（energy），而貨幣則是儲存的能源。這有點道理。為了賺錢，你把某種形式的能源消耗在工作上，可能是體力、智力的或創業精神。你的錢儲存了這些能源，當你把錢花在產品或服務上，或投資在他人的努力時，就釋放出這些能源。能源本身可以用石油價格來衡量。能源投入的經濟效率可以用股票價格來衡量。因此，股票價格與石油價格的長期比率，可以當作確定當前股價相對於該趨勢是高或低的基線。用葛夫的方法算出一百二十年來的標準普爾五百指數／油價比率為四八七，相較於目前的比率為一〇八〇。葛夫說：「美國的結構性熊市都是從標準普爾五百指數相對於能源指數被嚴重高估時開始的（一九一二年、一九二九年、一九六八年和二〇〇〇年）。如果能源價格上漲的速度開始超過系統增加價值的速度（也就是比標準普爾指數上漲更快），系統就必須提高價格以彌補能源成本。在這種情況下，通貨膨脹會升高、需求會下降，熊市會展開[6]。」這個觀察結果非常符合當前的能源成本上升，然後股市下跌和通膨放緩的情景。這也與格蘭瑟姆的觀點一致，即大宗商品與股票一樣處於泡沫之中。

葛夫的計算顯示，股市應該下跌約五〇%以重回相對於石油的趨勢。格蘭瑟姆的計算則顯示，股市應該比二〇二二年二月的股價下跌四七%；如果泡沫比那時候更擴大，跌幅也將更大。包括朱肯米勒（Stanley Druckenmiller）、羅森伯格（David Rosenberg）岡雷克（Jeffrey Gundlach）在內的其他知名投資人和分析師，也對股市將大幅下挫做出類似的可怕預測。面對股市泡沫和歷史市場動態的數據，格蘭瑟姆總結說：「如果所有這些資產類別的價格，回到歷史常態的三分之二，那麼光是美國的總財富損失將達到三十五兆美元[7]。」這種規模的崩潰會產生巨大的後果。我們將在本書其餘部分討論其中的一些後果。但現在暫時只要說市場崩潰將使通貨膨脹消失就足夠了。

實質貨幣，實質債務

除了勞動市場疲軟、提高生產力的投資、聯準會的政策錯誤，以及多個市場的超級泡沫外，還有另外三種動力強烈趨向通膨放緩或通貨緊縮，而不是通貨膨脹。這些動力牽涉市場訊號、債務水準，和通膨預期真正的作用。我們將依序檢視這些動力。

研究人員斯奈德（Jeffrey Snider）和他的協作者卡林諾斯基（Emil Kalinowski）提出一個獲得堅實數據支持的論點，但遭到市場參與者和政策制定者的嚴重低估。困難之處是，他們的論點探討鮮少人了解的衍生性金融商品市場，以及像是附買回協議（repo）等融資工具。當世界關注股票和房地產時，斯奈德和卡林諾斯基用顯微鏡檢視債券市場，以尋找預測分析的線索[8]。他們發現那是很明顯且確定的警告訊號，但對主流投資經理人和普通投資人來說，這個主題似乎太過深奧。但那是他們的損失，這兩位專家的論點很正確。

首先是聯準會創造的基礎貨幣M0幾乎無關緊要，因為它存放在銀行交易商帳戶中。這些銀行再把這些錢，當成超額準備金存入聯準會。這些錢永遠不會進入實體經濟，因此對通貨膨脹、流通速度或製造產品和服務沒有影響。由美國商業銀行創造或存入貨幣市場基金的貨幣M1和M2影響更大，但由於流通速度下降，對全球市場的影響很小。全球金融、貿易和投資的真正引擎，是一種由中央銀行職權範圍以外的銀行創造的影子貨幣——歐洲美元。它們是銀行相互之間的貸款和存款，以及對大公司的貸款；它們以美元計價，但在倫敦、法蘭克福、東京和世界各地的境外銀行中心創建，不受銀行直接監管或報告的約束。歐洲美元存款可以用來購買高品質的證券，然後將其質押給其他銀行，以獲得更多現金用於購買更多證券，然後這些證券也被質押，依此類推直到形成存在一個由不受監管的美元、質押證券和極高槓桿組成的巨大金字塔，目的是製造銀行手續費、銀行利差、交易利潤，和潤滑國際貿易和外國直接投資的輪子。好像不受監管的美元和質押證券的金字塔還不夠，還有一個更大的金字塔以衍生性金融商品的形式，放在歐洲美元堆的頂部，基本上是對銀行帳上的標的部位（underlying positions）進行附帶押注。這些衍生性商品附帶押注不但不受監管，而且是看不見的。它們以總名目價值的形式，存在於不透明財務報表的註腳裡，但不出現在財務報表本身上，也不披露更多細節。相對於標的部位的特定價值，可以創造的衍生性金融商品的名目價值沒有上限。十億美元的衍生性部位可以套在一百萬美元的證券部位上，而別忘了，一百萬美元的證券部位可能只有低至五千美元的現金支援，亦即〇．五%所謂的估值折扣（haircut），其餘九十九萬五千美元，則由附買回協議形式的質押證券組成。如果十億美元的隱形衍生性商品，只由五千美元現金權益支援的想法聽起來很可怕，那麼你已開始看到斯奈德每天都會看到的東西。

這個槓桿高得不可思議的歐洲美元世界，最重要的東西是擔保品。如果你以五千美元現金和九十九萬五千美元的擔保品支援一百萬美元的部位，這個擔保品最好是世界上最安全、流動性最高的證券。對槓桿交易人不利的市場小波動，會立即吞噬掉現金部分。交易人將收到追加保證金通知，要求在交易日結束時（有時是在當日內）提供更多擔保品，視市場的狀況而定。如果交易人拖欠追加保證金，交易對手將終止交易並出售證券抵押品以補償原始貸款。同樣的，規模大得多的衍生性商品交易也有其自身的變動保證金要求，如果部位虧損，交易人必須以高品質的擔保品滿足這些要求。從出借方的角度來看，交易對手在交易中虧損（因此需要追加擔保品）就已經夠糟了，但如果擔保品本身失去價值，加上交易損失和信用違約，情況將是雪上加霜。由於有這些顧慮，只有一種類型的擔保品可以滿足貸方對流動性、信用度和低波動性的要求——短期美國公債。

根據這些起始條件，斯奈德和卡林諾斯基推想如下：

- 短期美國公債是龐大的歐洲美元金字塔和槓桿貸款與衍生性金融商品的首選安全擔保品。
- 如果短期美國公債供不應求，將迫使銀行交易商使用較不理想的擔保品形式。反過來，風險較高的擔保品將迫使銀行降低槓桿比率，並縮減資產負債表。

- 在極端情況下，擔保品短缺和資產負債表萎縮，可能導致全面的流動性危機和普遍的美元短缺，因為銀行將爭搶美元和短期美國公債，來支撐它們的貸款。
- 在危機階段，聯準會將啟動與選定的外國央行的美元交換額度，向這些央行提供美元，以便它們能夠紓困自己的銀行，因為這些銀行無法從銀行間市場獲得美元。

這一系列事件的兩個推論是，貿易和金融收縮的方式扼殺了新生的通貨膨脹，而中央銀行總是最後一個看到美元危機到來的。這一危機的序列在二〇〇八年和二〇二〇年像發條一樣上演。投資人的問題是，它會再次發生嗎？

研究提供了具體的實證跡象，足以警告投資人全球美元短缺，和相關的短期公債短缺是否正在出現，這是對另一場全球金融崩潰的預警。第一個跡象是美國國債殖利率曲線走平，這不一定是名目利率下降的問題，而是短期和長期利率趨同到同一水平的問題。這意味市場不預期強勁的成長或通膨，而是正好相反的展望。它的極端形式是殖利率曲線倒掛，亦即長期殖利率低於短期殖利率。這是個刺眼的警訊，幾乎總是與經濟衰退或更糟的情況有關。一個密切相關的警告是歐洲美元期貨合約的定價（可從芝加哥商業交易所取得，它是世界上最大的衍生性金融商品市場）。

這些合約以一個月和三個月遞增為期結算，並可提前十年進行本息分離債券交易（STRIPS）。它們的價格告訴你交易者認為未來兩年、三年或更長時間的短期歐洲美元匯率會是如何。價格以由面值決定的結算價打折扣，這意味價格愈低，殖利率就愈高。正常形狀的殖利率曲線呈現出價格隨著連續的結算月而降低，因為遠期的殖利率會高於近期殖利率。同樣的，任何殖利率曲線倒掛（意味較一些遠期的殖利率較近期的高）都是警告信號，顯示市場預期經濟將放緩或更糟。最後一個市場訊號是，銀行正在以比聯準會免費提供還低的殖利率，競標新發行的短期公債。聯準會將從交易商那裡獲得現金，並以附買回協議的形式擔保證券。聯準會支付這些現金利息。為什麼交易商要以比聯準會免費提供還低的殖利率，競標短期公債？答案是，銀行很想取得公債，以用來當作支持高槓桿資產負債表的擔保品。

公債殖利率曲線、歐洲美元期貨曲線和短期公債殖利率，就像應用於患者的溫度計、聽診器和心電圖，它們能告訴你病人是健康或生病。市場告訴我們金融體系的健康情況如何？截至二〇二二年七月二十二日，一年期以上的公債殖利率曲線呈現倒掛。一年期公債殖利率（三．〇二九％）和十年期公債（二．七五八％）的殖利率差略超過二十七個基點（一％的百分之二十七）。這種長期殖利率低於短期殖利率的情況極不尋常，是經濟衰退和通膨放緩的明顯警訊。

歐洲美元期貨價格敘說一個更有趣的故事。通常到期日愈近，價格就會愈低，意味市場預期殖利率將上升；這是預期的走勢。在二〇二二年七月下旬時，這種模式出現在持續到二〇二三年二月的頭七個月合約。然後價格在二〇二三年三月突然走高（殖利率走低），這種遠期殖利率反而降低的模式一直持續到二〇二五年六月的八個月合約。這就是倒掛的殖利率曲線，它在正常市場中不會發生。此事預告了經濟可能放緩，二〇二三年初可能出現衰退。必須說明的是，這些價格每天都在變動；當你讀到這裡時，它們肯定已經改變，而且第二天還會再次改變。這種危險訊號可能消退，但危險訊號出現的事實已引發嚴重關切。最近的公債標售產生的到期殖利率也低於聯準會目前提供的殖利率。總之，所有三個指標——殖利率曲線利差、歐洲美元期貨和公債殖利率——都在閃紅燈，顯示成長緩慢、可能出現衰退和全球流動性危機加劇的前景。這些情況與通貨緊縮和通膨放緩一致，而非通貨膨脹。

斯奈德和卡林諾斯基提出了另外兩個有說服力的觀點。第一是他們的數據來自實際市場，而不是來自學術模型或只是意見。他們使用的資訊來自實際押注的真實交易員，而且資訊不斷更新。這並不表示交易人永遠是對的，但這確實意味使用貝葉斯技術（Bayesian techniques）更新對通膨放緩和衰退的先驗預期，使得市場預測更有可能比其他預測正確。他們的第二個觀察是，這個預測與聯準會對未來幾年升息的預期大相徑庭。事實上，聯準會的政策可能是市場預期經濟會放緩或變更糟的原因。市場參與者預期聯準會將採取緊縮政策，進而導致經濟放緩或衰退。這與我們的觀點一致，即聯準會幾乎總是錯的，而且總是最後一個知道。

下一個通貨緊縮的動力來自龐大的聯邦債務水準。同樣的，事實明顯可見，而且研究支持美國正走向成長減緩甚至衰退的觀點。美國國債最近突破了三十兆美元大關。更重要的是，這個金額使國債高達美國GDP的一三〇%。愈來愈多研究令人信服地顯示，國債超過GDP的九〇%將使GDP成長下降約一・二個百分點。已開發經濟體的平均GDP成長率大約為三・五%，而平均債務水準則低於九〇%。超過九〇%將使這些成長水準下降到約二・三%。一・二個百分點的下降聽起來微不足道，但事實並非如此。持續二十年的高債務造成的成長損失，將使GDP減少四分之一。以今日的GDP計算，這相當於六兆美元的財富損失。如果要舉一個真實例子來說明這個論點，只需看看疫情爆發前的美國GDP報告。（疫情造成了不尋常的衰退和復甦，暫時扭曲了GDP的平均水準；疫情前的報告提供了更有意義的基準。）一九八〇年後所有經濟復甦的GDP平均年成長率為三・二二%。二〇〇九年到二〇一九年的長期復甦，平均年成長率為二・一%。從長期的復甦平均水準到較晚近的復甦下降了一・一個百分點，幾乎完全符合高債務模型所預測的成長減緩和財富損失。

這個領域的主要學者是卡門・萊因哈特（Carmen M. Reinhart）和羅格夫（Kenneth S. Rogoff），他們與樊尚・萊因哈特（Vincent R. Reinhart）合作在二〇二一年共同撰寫的一篇論文，研究從一八〇〇年以來高債務對經濟成長的影響[9]。這項研究辨識出先進經濟體的二十六次高公共債務事件。高公共債務被定義為債務超過GDP的九〇%，且每次事件的定義為持續五年或更長時間，以排除特殊或異常情況。作者總結道：「我們發現，絕大多數高債務事件——二十六次中的二十三次——都與成長大幅放慢吻合。」重要的是，作者的結論是，高債務/低成長事件不見得與高利率有關：「我們發現，公共債務積壓的國家，不一定經歷實質利率急劇上升，或沒有資本市場的管道。事實上，在公共債務佔GDP比率超過九〇%門檻的二十六個案例中，有十一個案例的實質利率比債務佔GDP比率較低時期低，或大約相同。這個發現與美國在二〇〇九—二〇一九年復甦期的經驗完全一致，當時的債務上升、成長停滯，但利率為零或接近零，而且美國財政部為債務籌資沒有困難。

央行藉由貨幣化提供融資的高債務必然導致惡性通膨的想法，是完全不正確的。這種情況可能發生，但更可能的結果是慢慢陷入某種債務人囚牢，導致債務水準上升到佔GDP的二〇〇%或更高，而經濟成長逐漸減緩到零。要了解這個結果，你不需要想到威瑪德國，而只要想想一九八九年以後的日本。

以本國貨幣融資的國家和以外國貨幣（通常是美元）融資的國家之間，存在很實際的區別。以美元融資但不能印製美元的國家，可能導致自己的貨幣貶值，或者直接違約並重新協商債務。在萊因哈特和羅格夫的研究中，阿根廷不算是先進經濟體，但它是很好的例子說明連續違約和債務引發惡性通膨的樣子。以自己印製的貨幣發行債券的國家，不需要技術性違約，它們可以印鈔以償還債務。這為包括美國在內的國家提供了一種選擇，可以追求緩慢、穩定的通膨，在不引起恐慌或改變一般消費者行為的情況下，削減債務的實質價值。這種政策被稱為財政主導（fiscal dominance），意味財政政策（債務）主導貨幣政策（印鈔）。從一九四六年到一九八〇年，美國成功地做到了這一點，儘管通貨膨脹在一九七六年以後還是失去控制。財政主導成功的關鍵之一是貨幣幻覺——民眾難以察覺低水準通膨的現象，即使低水準的通膨每天都在偷走他們的購買力。財政主導政策的危險在於，一些外生事件可能打破貨幣幻覺的泡沫，導致行為突然轉變為需求拉動的通貨膨脹，因為消費者花更多錢來因應價格上漲，和勞工要求加薪以保持購買力，這就是一九七〇年代後期美國在油價上漲的供應震撼後發生的事。一旦加油站的價格漲為三倍，貨幣幻覺就消失了。如果支持無限赤字和無限印鈔的現代貨幣理論持續更久，這種情況可能再度發生。

雖然不能排除長期通膨的可能性，但基於債務陷阱的動力，出現短期通膨放緩或通貨緊縮的可能性要大得多。正如萊因哈特和羅格夫描述的：「這種看似平淡無奇的高債務情況讓我們想起艾略特（T. S. Eliot；一九二五年）在《空心人》（*The Hollow Men*）中的詩句：『這就是世界結束的方式／沒有發出巨響，而只是一聲嗚咽』。」高債務存在於今日的美國，令人信服的證據顯示，這將導致成長減緩和通膨放緩。未來幾年將不會出現通貨膨脹。

最後，主張將出現通膨放緩或通貨緊縮的人，必須解決通膨預期可以獨立存在，並透過適應行為造成通膨結果的論點。很顯然在通膨發生時，消費者會做出即時的反應。但有證據顯示，消費者會根據對未來通膨的預期，而改變今日的行為嗎？事實上支持這個論點的經驗證據很少，甚至不存在。美國聯準會經濟學家魯德（Jeremy B. Rudd）在近日的研究論文中深入探討這個主題[10]。他在總結中指出：「許多經濟學家認為預期心理是通貨膨脹過程的核心；同樣的，許多央行認為『錨定』（anchoring）或『管理』公眾的通膨預期，是一個重要的政策目標或工具。我認為使用通膨預期來解釋觀察到的通膨動態是沒有必要的，也是不合理的：沒有必要是因為存在另一種同樣可信、甚至更可信的解釋，而不合理則是因為引發預期心理缺少令人信服的理論或經驗基礎，而且可能導致嚴重的政策錯誤。」

魯德坦承，如果通貨膨脹肆虐，員工將要求更高的薪資（向老闆提出要求，或辭職以尋找更高薪資的工作），企業將提高價格。但這種行為是基於實際通膨，而不是預期。即使消費者預期明年會出現通膨（大多數人可能根本不會想這種事），它對今日的行為通常影響很小或沒有影響。當然，如果今日的通膨持續存在（如第四章所述），預期就可能變成現實，行為也會開始改變。儘管如此，適應性行為可能需要數年時間，才能將通膨變成自我實現的預言（正如我們在一九六八年－一九七五年看到的情況）。最好的證據是，通膨預期在導致通膨上沒有任何作用。如果出現持續的通膨，行為可能會改變，但不會很快改變。就目前而言，我們面臨的通膨很快就會因為閒置產能、新投資、生產力提高，和高債務壓力導致成長減緩而受到抑制。被誤導的聯準會緊縮政策，將在通膨變成自我實現前終結通膨。在可預見的未來，通膨預期不會產生任何影響。結局可能是通膨佔上風，但這可能還需要數年時間。目前，通膨放緩和通貨緊縮佔上風，並將持續如此，直到對美元的信心淪喪。

結語

當意識形態在卡斯楚時代的古巴、前蘇聯和委內瑞拉等地扭曲法律的執行、摧毀任人唯才的制度、壓抑言論自由時，社會的架構就隨之解體。在這種意識形態的反烏托邦中，最後連貨架都變空、貨幣貶值，國家也倒退回貧困和混亂。這就是我們等待的未來嗎？

——維克多．戴維斯．漢森（Victor Davis Hanson），《為什麼意識形態是文明的宿敵》（*Why Ideology Is the Ancient Enemy of Civilization*）（二〇二二年）[1]

供應鏈是一個複雜的系統，具有來源、中間人、終端使用者和許多個節點，包括倉庫、港口和工廠。它的結締組織是船舶、卡車、飛機和無人機穿梭的運輸走道。與任何複雜系統一樣，當瓶頸出現或扼制點堵塞時，它可能崩潰。單一的點故障可能產生連鎖效應，導致整個系統崩潰。這類事件並不罕見，儘管人們沒有料到它們會發生。供應鏈系統的韌性，來自能迅速辨識故障並採取有效的補救措施。這類反應通常得事先規劃，做好準備，並經過精心排練。

今日供應鏈管理面臨的困難，遠遠超過在單一鏈條中斷一個環節的問題。我們所說的元供應鏈真的存在，它實際上是一個全球性的、無形的，而且規模不可估量的無數供應鏈組成的供應鏈。經過三十年的超全球化，「全球化」這個詞似乎已經眾所周知，但它不只意味從上海到西雅圖的一條通道，一端是工廠而另一端是配送中心。它意味一條供應鏈連結到另一條供應鏈以獲取其供應，並且所有供應鏈連結成一個無縫的網絡，遍及世界上每個國家。它是看不見的，因為它太廣、太密，無法看到整體。我們可以研究它的理論並了解它的動態，不過沒有人能完全通曉它。規模很重要，災難式崩潰的風險是規模的超線性函數。當你增加規模一倍時，你可能把崩潰的風險升高為四倍；當你把規模擴大一百萬倍時，釀成災難的風險就是一兆倍——換句話說，那是無法想像和幾近確定的，只是遲早的事。

這就是世界現在面臨的狀況。元供應鏈正在崩潰。港口堵塞、卡車司機短缺，和空貨架等現象是徵兆，而不是主事件本身。

崩潰的速度也是大規模的函數。雪崩是系統性崩潰的一個例子：一片雪花觸發了一個已蓄積動力的滑坡，導致整個積雪崩陷，埋葬了下面的一座村莊。那可能在幾秒鐘或幾分鐘內發生。並非所有的系統性崩潰都進展那麼快。一個帝國的崩潰可能需要幾十年，例如大英帝國，甚至需要幾個世紀，就像羅馬帝國。元供應鏈的崩潰需要幾年時間應該也不足為奇。最重要的是這個進程已經開始。

我們可能指出具體的原因，但這更像是不穩定的混合物中的催化劑，而不是簡單因果關係的元素。真正的原因是元供應鏈本身的規模和複雜性，而不是特定的行為。儘管如此，某些事將不可避免地啟動這個過程。崩潰始於二〇一八年川普與中國的貿易戰，疫情放大了貿易戰的效應，導致港口、配送中心和運輸通道的關閉。長鞭效應從關閉的零售店，回傳到中國的工廠。接下來是政治化的公共衛生應對措施，包括無用的口罩規定、無意義的封鎖和無效的疫苗。數據顯示，採取這些強制措施並未阻止病毒傳播，而且對致死率的影響，也與未採取如此極端措施的地區沒有明顯差異。除了貿易戰、疫情和引發恐懼的官方措施外，反抗壓迫性公共政策的公民不服從運動，紛紛在世界各地出現，展現為示威遊行和罷工等形式，最顯著的是加拿大的自由車隊（Freedom Convoys）的抗爭，以及導致從渥太華到阿姆斯特丹等許多首都城市關閉的類似行動。這場加拿大的卡車司機抗議一度關閉了美國和加拿大（分別為全球最大和第九大經濟體）間的大使橋（Ambassador Bridge），而經由這座橋運送的貿易產品佔兩國貿易量的三〇％。這些因素沒有一個足以獨自中斷元供應鏈，但如果疊加在一起，元供應鏈的崩潰將無可避免。

這個問題現在如此嚴重，以至於過去用過的補救措施將不管用。如果卡車司機短缺持續存在，逐步緩解洛杉磯港貨櫃堵塞的方法，將無法讓貨物運送出去。參加自由車隊活動的卡車司機不會返回港口，未參加車隊的卡車司機仍會受到參加車隊司機的影響。無人駕駛卡車的趨勢，讓年輕人不願加入這個行業。中國的清零政策導致難以預測製造和運輸中心什麼時候會被關閉。俄羅斯入侵烏克蘭推高了能源價格並造成供應緊縮。美國和德國的綠色政策關閉了燃煤電廠和石油管道，而風力渦輪機和太陽能無法擴大規模和填補此一空白，停電和電價高漲將接踵而至。同樣的，這些都是徵狀而非主要原因。供應鏈崩潰的原因，是供應鏈本身的規模和複雜性。

矯治的方法不是拼湊各種修補措施，而是重新發明供應鏈，或者我們所稱的供應鏈2.0。這牽涉讓商品投入和製造業回歸美國，包括澳洲、日本、台灣、歐盟國家和英國等國家結盟。新盟友也可以加入這個由民主和法治指導的網絡，包括印度、智利和巴西。渴望加入但仍然專制或腐敗的國家如土耳其、越南和奈及利亞，如果同意採取具體措施以邁向個人自由和人權的方向，也可考慮被納入其中。最重要的是，那些侵犯人權、進行種族滅絕或壓制言論自由和宗教自由的國家，必須被排除在全球貿易網絡之外。這些應被排除的國家最明顯的是中國、北韓、敘利亞、古巴、委內瑞拉和伊朗。當然，這份清單並未納入許多介於中間地帶的國家，包括從俄羅斯到阿根廷等國，它們必須決定自己支持哪個集團。美國可以提供協助，至少是敞開大門並務實地回應提議，而非只從政治面考量。其結果將是一個崇尚民主、人權和以法治為本的商業的新合議國（College of Nations）。

這種再造不只是編製成員名單。供應鏈2.0需要具體步驟，包括建立參與國家的新製造能力、簽訂僅限自由化國家的新貿易條約、建設促進成員國之間運輸通道的基礎設施、支持外國直接投資，以及尊重智慧財產權和放寬授權與合理化權利金協議。大公司將被告知它們必須在合議國成員的境內生產，否則將面對不得銷售給消費者的禁令。蘋果可以在中國生產並出售給中國人，但將被禁止賣給美國市場和合議國成員市場。這並不像聽起來那麼具有破壞性，有無數的製造業競爭對手正排隊等候美國援引《第五修正案》，以些微的權利金徵用蘋果技術並捐給新創業者。重點是建立自由國家當初天真地接納中國加入世貿組織時，所希望建立的全球貿易體系。中國違反了世貿組織和國際貨幣基金的所有規則，並顛覆了它獲准加入的其他所有多邊組織的治理。現在該是拋棄世貿組織和國際貨幣基金，為合議國建立新機構的時候了。讓中國去與伊朗貿易吧，讓芬克（Larry Fink）和他的同黨與習近平主席把酒言歡吧。歷史巨輪即將轉動；他們將被拋在後面。

這種方法已經在全球菁英中愈來愈受歡迎。二〇二二年四月十三日，美國財政部長葉倫在大西洋理事會（Atlantic Council）的演說中，把這個構想稱為只包括可信賴合作夥伴的「友岸外包」（friend-shoring）供應鏈。二〇二二年五月九日，法國總統馬克宏在歐洲議會演說時提議，建立一個民主國家的「歐洲邦聯」（European confederation），將在投資、基礎設施和能源等領域比歐盟更廣泛、更有彈性。著名記者安布羅斯．埃文斯－普里查德（Ambrose Evans-Pritchard）把馬克宏的想法稱為想共同貿易和投資的「民主自由國家星座」[2]。這些構想的共同點是形成新的供應鏈，同時排除中國等極權主義國家。

雖然合議國的做法是可行的，但它將付出代價。勞動成本可能升高，雖然中國與其他國家之間的單位勞動成本差距已大為縮小。這種成本升高如果存在的話，可以藉由機器人和人工智慧來減輕，同時為回流產業的高薪工作留下足夠的人才。如果要公允地計算成本，就必須同時考量這種有形成本，以及在今日超全球化世界中產生的無形成本。中國種族滅絕的成本是什麼？剛果的事實奴隸制代價有多少？墨西哥卡特爾統治的成本有多高？這些成本是超全球化和不加區別的供應鏈採購的眾多成本之一。合議國建立的自由世界貿易結構將降低有形成本，並使那些無形成本的製造者付出它們惡行的代價。供應鏈2.0短期內從一些有形的衡量標準看，將顯得缺乏效率，但當同時考量有形和無形的標準時，將更有效率和更永續。只有道德敗壞的達佛斯人才會反對它。

第三章討論的五眼同盟報告是一幅很好的藍圖，但它將只是合議國的起點。主要的構想是把世界劃分成自由集團和其餘的部分。有些國家可以加入合議國或成為試用成員。這個合議體制將因為開放資本帳、外國直接投資、相對自由貿易和新設計的高效且彈性的供應鏈而欣欣向榮。那些拒絕自由和人權的國家，將只能自求多福。它們終將失敗，正如這類國家向來都是失敗的。

如果沒有健全的貨幣，重新建構的供應鏈和合議國的世界貿易方法都不會成功。這不需要一套金本位制，儘管金本位制可能是個好的開始。對黃金的反對意見摻雜了謠傳、神話和動聽的謊言，由想掌控貨幣權力的貨幣主義者、新凱因斯派學者和央行官員所宣揚[3]。諷刺的是，黃金熱愛者應該反對金本位制，因為這意味一旦價格固定，美元的利潤就會結束。那些擁有黃金的人將在沒有金本位制和高通膨的世界最有利可圖，因為黃金將成為實質和名目上表現最好的資產類別之一。

通貨膨脹是穩健貨幣最大的敵人。它摧毀資本形成，阻止儲蓄，放大資本錯置，製造很快就會爆破的資產泡沫，並變成向窮人課徵的稅。通貨膨脹在二〇二一年底出現，原因是揮之不去的基數效應、能源供應震撼、供應鏈中斷和聯邦支出揮霍無度。通膨會持續或加速與貨幣政策關係不大，而是與消費者心理較有關。危險在於現在的通膨（與通膨預期不同）會導致行為改變，包括要求提高薪資、為尋找更高的薪資而辭職、加速購買高價耐久財，以及提高槓桿。在那種世界裡，一個反饋迴圈被創造出來，需求拉動型通膨會自我反饋，驅使消費者物價走高，且速度比央行官員的預期還快。另一個威脅是現代貨幣理論，該理論支持由聯準會靠無限貨幣化來資助的無限支出。印鈔本身不會引起通貨膨脹，但如果它助長揮霍無度的支出就可能會。這為通膨失控或促成市場崩盤、衰退，或兩者同時發生的政策反應種下禍根。所有三種通膨的情況——持續存在、加速，和崩潰——都與改善供應鏈所需的價格穩定和政策一致性背道而馳。除了更廣泛的社會成本外，通貨膨脹與前面談過的物流因素一樣，是供應鏈效率的障礙。最好的情況是，通貨膨脹消退而且貨幣政策卻沒有錯誤。但那是極不可靠的期望。

通貨緊縮是供應鏈改善的另一個敵人，雖然幾十年來從未發生過。儘管目前通貨膨脹高漲，如果通貨膨脹不能很快自我實現，那麼通貨緊縮或通膨放緩將佔上風。往這個方向推動的力量包括聯準會領導的央行緊縮政策、勞動市場疲軟、政府債務過高、貨幣流通速度持續下降，以及歐洲美元市場的全球美元短缺。同樣的，如果貨幣的價值不穩定，長期規劃就會受影響。扮演成長真正動力的信貸創造將受到阻礙，因為即使資產價格下跌，債務價值也會在通貨緊縮中上升。在現金和政府債券變得相對較有價值的世界裡，資產配置者偏好什麼都不做，即使股票和房地產的價值縮水了。在通貨緊縮的世界，供應鏈基礎設施的改善，需要政府干預達到與戰時相當的強度。這有可能辦到，但卻是次優的作法。

貨幣需要穩定是在貨幣概念本身還不明確的時候出現的。自一八四〇年代以來全球電子環境不斷成長，已開發社會轉變成一個後文盲、非線性的聲學世界（acoustic sphere），被麥克魯漢（Marshall McLuhan）稱之為地球村（global village）。在這個世界裡的人（我們所有人）對這種觀念的轉變幾乎渾然不覺，雖然他們很熟悉智慧手機和推特這些新奇的東西。它造成的影響遠超出本書的範圍，但在與貨幣有關的方面，它使貨幣的概念備受挑戰。最早是貨幣即黃金，然後是黃金擔保的紙幣，然後是紙幣，及至晚近的數位信用變身為加密貨幣和央行的數位貨幣，達到以虛擬貨幣在虛擬世界購買虛擬土地的地步。這與聲學村（acoustic village）的概念一致，但與二千五百年來的理性思維不合拍。政策制定者擔心消費者的預期會脫離價格穩定，並轉向通貨膨脹。他們很少考慮貨幣脫離貨幣本身、並轉向貨幣性（moneyness）或準貨幣（quasi money）的概念。

這種覺識的改變可能採取幾條路徑。首先是朝向良性的數位脫序（digital disarray），其中政府貨幣、私人貨幣和自由浮動的貨幣代幣，存在於一個虛擬狀態空間，跳動的價格和數量像鬼魂在大型鬼屋中相互碰撞那樣。那可能發揮交易媒介的作用。儘管如此，即使在最理想的情況下，儲蓄和投資也會問題重重。在沒有貨幣效率甚至沒有我們所理解的貨幣的世界裡，供應鏈效率可能變得無關緊要。另一條路徑是央行數字貨幣與其他數位模式的政府壓迫相結合，以及全面監控的興起，以便在達佛斯重置旗幟下推動菁英的議程。切斷異議者的財源將像切斷重症監護病人的氧氣一樣其結果是可以預測的，至少在菁英眼中是如此。這條路終將失敗的事實，不表示不會有人嘗試它。

隨著供應鏈陷於脫序和惡化，通貨膨脹、經濟衰退和通貨緊縮迫近、和經濟戰正全面展開，不難想見投資人會感到困惑。一個預防通貨膨脹的投資組合很容易構建。預防通貨緊縮的投資組合也是如此。建立一個能抵抗通膨、並在時機來臨時能輕易轉向抵抗通縮的投資組合似乎很容易，但實際上沒那麼容易。如果市場崩盤和經濟衰退意外襲來，通貨緊縮浪潮可能在一夜之間出現（它們總是出乎意料）。即使已經轉向抗通縮的組合，押注錯誤造成的損失也很難彌補。更糟糕的是，有些部位不容易退出。那可能是因為鎖定期、贖回限制、贖回費、流動性不足，以及從改變資產配置過程中，產生的其他收費。重新配置的成本和市場損失，可能會侵蝕原本就正確投資的收益。有利通貨緊縮的配置，可能在你加入後早已機會不再。重新分配的成本，至少會稀釋初始就選定正確配置的收益。

較好的方法是以分散的投資組合應對不確定性。這意味你的初始投資組合將同時包括抗通膨和抗通縮（和現金）配置。這種投資組合將包括槓桿投資的住宅房地產、黃金、能源股票、農田和博物館品質的藝術品，以作為抗通膨組合。它也將包括美國公債、公用事業、市政債券、年金和人壽保險，以作為抗通縮組合。大量的現金配置，將降低投資組合的波動性，並提供視需要從抗通膨轉向抗通縮的選擇。

依照這些原則建立的投資組合不是一成不變的。當通貨緊縮出現時，會有充裕的機會結束抗通膨的部位，尤其是槓桿性房地產。你可以在通膨消退時添加公債部位。在組合的邊緣會有充足的重新配置空間。重點是你不必在崩盤的時候進行這些操作。在某種程度上，你已經在進行通縮交易了。你可以省下通膨交易的贖回費。這是平衡的問題。

一般資產經理人會反對這種優化。他們會在當前的情況有利於某類資產時，宣稱你投資組合的其他部分「虧錢」。這種批評暴露了對分散投資的不了解。分散投資並不意味在多頭市場擁有十個產業的三十支股票。那不是分散投資，而是集中在單一的資產類別，而且可能在幾天內因為條件相關性而重挫。真正的分散投資牽涉一籃不相關的資產。

抗通縮資產在通膨環境下的表現應該會不佳。事實上，所謂的表現不佳是你為預防各種情況而支付的保險費。沒有人希望自己的房子發生火災，但如果發生這種情況，你會認為支付火災保險費很值得。

事實上，投資人面臨的最大挑戰不是資產配置，而是穩健貨幣已經不復存在。穩健貨幣體系不是強加的；它是透過體系成員的信任贏得的。數位貨幣可能是一種新的知覺模式，但它不會改變人性。信任是右腦情感和左腦計算的絕佳結合。它存在（或不存在）於村鎮和央行理事會的會議室，供應鏈中斷和貨幣混亂的解決辦法是建立一個新的合議國——志同道合的國家，致力於人權和依循民主規範的共和治理。在追求效率和韌性時，如果能切實考量勞動報酬減少和自由淪喪的無形成本，就能遠離那些情況。中國和其他國家將被排除在外，直到他們放棄極權主義意識形態。在一個脫鉤的世界里，重視人權和培養信任的一方，將重新發現貨幣會照顧好它自己。

致謝詞

我很感謝我的出版商 Portfolio/Penguin Random House 優秀團隊給我的鼓勵和支援，包括 Adrian Zackheim、Niki Papadopoulos、Kimberly Meilun 和 Jane Cavolina。他們是完美的專業人士，他們讓撰寫和出版一本書的過程既和諧又收獲良多。除了出版商團隊外，還有我的個人團隊，包括業務經理 Ali Rickards 和編輯 Will Rickards。他們緊迫盯人地督促我完成這本書，而因為我有拖延的傾向，所以這是一件好事。讓這支專業團隊臻於完美的是我的明星級出版經紀人 Melissa Flashman。她是催化劑；沒有她什麼事都不會發生。

我要特別感謝 Center for Global Enterprise 董事長、也是ＩＢＭ前執行長 Sam Palmisano。Sam 在ＩＢＭ工作期間幾乎是一手發明了二十一世紀的供應鏈，並把ＩＢＭ本身變成了一家無縫的全球企業，在學術界被奉為全球化和供應鏈效率的圭臬。Sam 對現代供應鏈是如何建立和為什麼需要一段時間來重建，提供了無價的見解。

我有幸擁有一個由通訊人、同事和朋友組成的密集網絡，他們提供了源源不絕的資訊和見解，如果不是他們，這些資訊將很容易被大多數人忽略。這個群體0Santelli、Frank Giustra、Dave “Davos” Nolan、TraderStef、Velina Tchakarova、Shae Russell、Larry White、Hans-Joachim D?bel、Dan Amoss、Frank Devechio、Julia Kane 和 Terry Rickard。謝謝你們。

如果沒有我不斷添加新成員的大家庭給我的愛和支持，本書的寫作將不可能完成：這個大家庭已經壯大到第四代，成員的名單愈來愈長，而且每個人都很重要。謝謝 Scott、Dom、Rob、Ali、Will、Abby，當然還有下一代的 Thomas、Sam、James、Pippa 和 Remi。當我開始寫作時，我會告知每個人，在寫作完成前我將是他們認識的最不愛社交的人，但我保證在我完成時彌補失去的時間。雖然如此，我的妻子 Ann 沒有辦法避開我，她是源源不絕的愛、靈感和恰如其分的批評的來源。在疫情恐慌最嚴重的時候，她是我們前往匹茲堡安迪．沃荷博物館和費城藝術博物館杜象畫廊的漫長路途中的司機、導遊和有趣的伴侶。沒有比參觀藝術作品更好的方法，足以逃疫情的混亂和保持專注，而從中獲得的洞見也讓本書成為一本更好的書。謝謝，我愛你。

最後，如果本書有任何錯誤都是我一個人的過錯。

註解

前言

1. Reuben E. Slone, J. Paul Dittmann, and John J. Mentzer, *The New Supply Chain Agenda: The 5 Steps That Drive Real Value* (Boston: Harvard Business Press, 2010)。

2. John Maynard Keynes, *The Economic Consequences of the Peace* (Las Vegas, NV: IAP Press, 2019), 9。

第一章 貨架是空的

1. Yossi Sheffi, *The Resilient Enterprise: Overcoming Vulnerability for Competitive Advantage* (Cambridge, MA: MIT Press, 2005), 35。

2. Sheffi, *The Resilient Enterprise*, 35。

3. Michael Hugos, *Essentials of Supply Chain Management*, 4th ed. (Hoboken, NJ: John Wiley & Sons, 2018), 21– 22。.

4. Reuben E. Slone, J. Paul Dittmann, and John J. Mentzer, *The New Supply Chain Agenda: The 5 Steps That Drive Real Value* (Boston: Harvard Business Press, 2010), 172。

5. Lionel Shriver, *The Mandibles: A Family*, 2029– 2047 (New York: HarperCollins, 2016)。

6. Kerry J. Byrne, Steven Vago, and Melissa Klein, "Candy Cane Shortage Fueled by COVID, Weak Peppermint Harvest,"

New York Post, December 18, 2021。

7. Hannah Frishberg, "Cream Cheese Shortage Forces Junior's to Pause Cheesecake Production," *New York Post*, December 9, 2021。

8. Jaewon Kang, "Supermarkets Play Supply-Chain 'Whack-a-Mole' to Keep Products on Shelves," *Wall Street Journal*, October 31, 2021。

9. Jared Malsin, "Turkey's Currency Crisis Slams the Nutella Global Supply Chain," *Wall Street Journal*, December 20, 2021。

10. Patrick Reilly, "Champagne Shortage Ahead of New Year's Eve Due to Supply Chain Issues: Report," *New York Post*, December 30, 2021。

11. Hillary Richard, "A Perfect Storm of Disruptions Will Create a Global Champagne Shortage," *Wine Enthusiast*, December 15, 2021。

12. Matt Stoller, "What the Great Ammunition Shortage Says About Inflation,"BIG, Substack, January 5, 2022。

13. Tim Higgins, "Apple Warns of Supply Chain Woes While Amazon Faces Increased Labor Costs,"*Wall Street Journal*, October 28, 2021。

14. Francesco Casarotto, "Europe's Fertilizer Crisis Could Become a Food Crisis,"Geopolitical Futures, December 14, 2021。

15."South Korea: CJ Logistics Delivery Workers' Strike to Impact Local Businesses,"Stratfor Situation Report, December 28, 2021。

16. Helaine Olen, "American Airlines' Cancellations Are a Window into Why People Are So Upset with the Economy,"*Washington Post*, November 2, 2021。

17. Daniel Henninger, "No, Joe Biden Didn't Save Christmas,"*Wall Street Journal*, December 29, 2021。

18. Emma Loop, "Black Friday Deals Expected to Be Weaker This Year amid Supply Chain Problems,"*Washington Examiner*,

November 9, 2021。

19. Stephanie Yang and Jiyoung Sohn, "Global Chip Shortage 'Is Far from Over' as Wait Times Get Longer,"*Wall Street Journal*, October 28, 2021。

20. Peter S. Goodman, "A Car a Minute Used to Flow Through Here, but Chaos Now Reigns,"*New York Times*, December 2, 2021。

21. Cassie Buchman and Alex Caprariello, "Looters Raid L.A. Cargo Trains, Leaving Tracks Covered in Damaged Packages,"ＫＴＬＡ5, Los Angeles, January 14, 2022。

22. Rich Calder, "Supermarkets Face Empty Shelves from Labor Shortages, Shipping Costs,"*New York Post*, January 15, 2022。

第二章　誰破壞了供應鏈？

1. Michael Hugos, *Essentials of Supply Chain Management*, 4th ed. (Hoboken, NJ: John Wiley & Sons, 2018), 89。

2. Lori Ann LaRocco, *Trade War: Containers Don't Lie, Navigating the Bluster* (Stamford, CT: Marine Money, 2019). Much of the shipping data in the 2018– 2019 stage of the trade war in the following pages is derived from this book。

3. LaRocco, *Trade War*, 103。

4. James Rickards, *Currency Wars: The Making of the Next Global Crisis* (New York: Portfolio/ Penguin, 2011), 203。此處的分析也取材自由密西根大學教授 Scott E. Page 在二〇〇九年發表的以「了解複雜性」為主題的許多演講。

5. Edward N. Lorenz, "Deterministic Nonperiodic Flow,"*Journal of the Atmospheric Sciences* 20 (March 1963)。

6. Rickards, Currency Wars, 218, as adapted from Eric J. Chaisson, *Cosmic Evolution: The Rise of Complexity in Nature*

(Cambridge, MA: Harvard University Press, 2001)。

7. Joseph A. Tainter, *The Collapse of Complex Societies* (Cambridge: Cambridge University Press, 1988)。

8. Daniel Stanton, *Supply Chain Management for Dummies*, 2nd ed. (Hoboken, NJ: John Wiley & Sons, 2021), 27。

9. 參考 Letter from the Secretary of Transportation and the FAA Administrator to AT& T and Verizon, December 31, 2021; Todd Shields and Alan Levin, "Buttigieg Asks AT& T, Verizon to Delay 5G over Aviation Concerns,"Bloomberg, December 31, 2021; Drew FitzGerald, "AT& T, Verizon Refuse FAA Request to Delay 5G Launch,"*Wall Street Journal*, January 2, 2022; and Andrew Tangel and Drew FitzGerald, "AT& T and Verizon Agree to New Delay of 5G Rollout,"*Wall Street Journal*, January 3, 2022。

10. Tina Bellon and Eric M. Johnson, "From Boeing to Mercedes, a U.S. Worker Rebellion Swells over Vaccine Mandates,"Thomson Reuters Foundation News, November 2, 2021。

11. Nicole Ogrysko, "Biden Will Now Require Vaccines for All Federal Employees via New Executive Order,"Federal News Network, September 9, 2021。

第三章　為什麼短缺將持續存在？

1. Anthea Nicolas and Nicolas Lamp, *Six Faces of Globalization: Who Wins, Who Loses, and Why It Matters* (Cambridge, MA: Harvard University Press, 2021)。

2. Jeff Mordock, "Biden Administration Won't Remove Tariff That Experts Say Could Ease Supply Chain Bottleneck,"*Washington Times*, December 3, 2021。

3. Julian Evans-Pritchard, "U.S. China Trade Deal Stalemate Will Drag On,"Capital Economics, February 10, 2022。

4. Jeffrey Wilson, "Australia Shows the World What Decoupling from China Looks Like,"*Foreign Affairs*, November 9,

2021。

5. Daniel Michaels and Drew Hinshaw, "EU Hits Back at China over Trade Limits, Taking Lithuania Fight Global,"*Wall Street Journal*, January 27, 2022。

6. Allysia Finley, "California Is the Supply Chain's Weakest Link,"*Wall Street Journal*, November 4, 2021。

7. Madeleine Ngo and Ana Swanson, "The Biggest Kink in America's Supply Chain: Not Enough Truckers,"*New York Times*, November 9, 2021。

8. Ngo and Swanson, "The Biggest Kink in America's Supply Chain."

9. Daniel Michaels, "China's Growing Access to Global Shipping Data Worries U.S.,"*Wall Street Journal*, December 20, 2021。

10. Interview of Kendra Phillips by Craig Fuller, CEO of FreightWaves, Domestic Supply Chain Summit, December 15, 2021。

11. Thomas V. Inglesby et al., "Disease Mitigation Measures in the Control of Pandemic Influenza,"*Biosecurity and Bioterrorism: Biodefense Strategy, Practice, and Science* 4, no. 4 (2006), https:// pubmed.ncbi .nlm.nih.gov/17238820/.

12. Chris Bertman, " 'Have the Military Run It': CNBC's Jim Cramer Wants Military Enforcement of Vaccine Mandate,"*Daily Caller*, November 30, 2021。

13. "Ambassador Bridge Protest: Truckers Block Vital Canada-US Border Crossing,"BBC News, February 9, 2022。

14. Liyan Qi and Natasha Khan, "Covid-19 Lockdowns Ripple Across China— 'I Wonder How Long I Can Hang On,' "*Wall Street Journal*, November 4, 2021。

15. Data and analysis in this section are mostly taken from Steven E. Koonin, *Unsettled: What Climate Science Tells Us, What It Doesn't, and Why It Matters* (Dallas: BenBella Books, 2021)。

16. Edward N. Luttwak, "From Geopolitics to Geo-Economics: Logic of Conflict, Grammar of Commerce,"*National*

Interest, no. 20 (Summer 1990):17–23。

17. James Rogers et al., "Breaking the China Supply Chain: How the 'Five Eyes' Can Decouple from Strategic Dependency,"Henry Jackson Society, May 2020。

18. Steven Lee Meyers and Alexandra Stevenson, "China's Births Hit Historic Low, a Political Prcblem for Beijing,"*New York Times*, January 17, 2022, quoting Professor Yi Fuxian of the University of Wisconsin– Madison。

19. Darrell Bricker and John Ibbitson, *Empty Planet: The Shock of Global Population Decline* (New York: Broadway Books, 2020), 163。

20. Bricker and Ibbitson, *Empty Planet*, 163。

21. Thomas J. Duesterberg, "Economic Cracks in the Great Wall of China: Is China's Current Economic Model Sustainable?,"Hudson Institute, December 2021, 11。

22. Michael Beckley and Hal Brands, "The End of China's Rise,"*Foreign Affairs*, October 1, 2015。

23. Daniel H. Rosen, "China's Economic Reckoning,"*Foreign Affairs*, July/ August 2021。

24. Duesterberg, "Economic Cracks in the Great Wall of China,"40。

25. Thilo Hanemann et al., "Two Way Street— An Outbound Investment Screening Regime for the United States?,"Rhodium Group, January 26, 2022。

26. See Beckley and Brands, "The End of China's Rise,"and Hal Brands and Michael Beckley, "China Is a Declining Power— and That's the Problem,"*Foreign Policy*, September 24, 2021。

27. Jared M. McKinney and Peter Harris, "Broken Nest: Deterring China from Invading Taiwan,"*U.S. Army War College Quarterly: Parameters* 51, no. 4, article 4 (November 17, 2021), 23– 36。

28. Rogers et al., "Breaking the China Supply Chain,"37。

29. "Background Press Call by Senior Administration Officials on Russia Ukraine Economic Deterrence Measures,"White

House, January 25, 2022。

第四章 通資膨脹會持久不退嗎？

1. Frederick Taylor, *The Downfall of Money: Germany's Hyperinflation and the Destruction of the Middle Class* (New York: Bloomsbury Press, 2013), 226。

2. Adam Tooze, as quoted in an interview by Cameron Adabi, "The Fall and Rise of the Russian Ruble,"*Foreign Policy*, April 8, 2022。

3. Thomas Barrabi, "Inflation Hits Another 40-Year High as Consumer Prices Surge to 7.5%,"*New York Post*, February 10, 2022。

4. This data and the following price-increase data are taken from the U.S. Bureau of Labor Statistics, Consumer Price Index: 2021 in Review, January 14, 2022 (prices not seasonally adjusted), https:// www .bls.gov/opub/ted/2022/consumer-price-index-2021-in-review.htm.

4. 此處的資料和隨後的價格上漲資料來源為 U.S. Bureau of Labor Statistics, Consumer Price Index: 2021 in Review, January 14, 2022（價格未經季節性調整）， https://www.bls.gov/opub/ted/2022/consumer-price-index-2021-in-review.htm。

5. Consumer Price Index, Federal Reserve Bank of Minneapolis, https:// www.minneapolisfed.org/about-us/monetary-policy/inflation -calculator/consumer-price-index-1913-。

6. See Stephanie Kelton, *The Deficit Myth: Modern Monetary Theory and the Birth of the People's Economy* (New York: Public Affairs, 2020)。

7. See Darrell Bricker and John Ibbitson, Empty Planet: The Shock of Global Population Decline (New York: Broadway

Books, 2020); and Charles Goodhart and Manoj Pradhan, *The Great Demographic Reversal: Ageing Societies, Waning Inequality, and an Inflation Revival* (London: Palgrave Macmillan, 2020)。

8. Walter Scheidel, *The Great Leveler: Violence and the History of Inequality from the Stone Age to the Twenty-First Century* (Princeton, NJ: Princeton University Press, 2017)。

9. Larry H. Summers, "Trump's $2,000 Stimulus Checks Are a Big Mistake,"Bloomberg, December 27, 2020。

第五章　通貨緊縮已構成威脅嗎？

1. Jeremy Grantham, "Let the Wild Rumpus Begin,"GMO Jeremy Grantham Viewpoints, January 20, 2022。

2. Daniel Alpert, "Inflation in the 21st Century,"Cornell Research Academy of Development, Law, and Economics, October 2021。 Much of the analysis of why conditions today are not supportive of inflation in the U.S. in this section are based on Alpert's work in this paper。

3. Federal Reserve Press Release, January 26, 2022, Board of Governors of the Federal System, https://www.federalreserve.gov/monetarypolicy/files/monetary20220126a1.pdf。

4. Grantham, "Let the Wild Rumpus Begin"。

5. Louis-Vincent Gave, "Of Prices, Profits, Energy and Markets,"Gavekal Research, January 4, 2022。

6. Gave, "Of Prices, Profits, Energy and Markets,"3。

7. Grantham, "Let the Wild Rumpus Begin,"7。

8. Jeff Snider, "Financial Market Indicators of Global Liquidity Risks,"Alhambra Partners, June 15, 2019。

9. Carmen M. Reinhart, Vincent R. Reinhart, and Kenneth S. Rogoff, "Public Debt Overhangs: Advanced Economy Episodes

Since 1800,"*Journal of Economic Perspectives* 26, no 3 (Summer 2012), 69–86。

10. Jeremy B. Rudd, "Why Do We Think That Inflation Expectations Matter for Inflation? (And Should We?),"Board of Governors of the Federal Reserve System, Series 2021-062, September 23, 2021。

結語

1. Victor Davis Hanson, "Why Ideology Is the Ancient Enemy of Civilization,"*Las Vegas Review-Journal*, February 12, 2022。

2. Ambrose Evans-Pritchard, "Emmanuel Macron's 'Confederation' May Be the Perfect Home for Brexit Britain,"*The Telegraph*, May 13, 2022。

3. See James Rickards, *The New Case for Gold* (New York: Portfolio/ Pen-guin, 2016)。

資料來源

文章

Acemoglu, Daron."The Supply- Chain Mess."Project Syndicate, December 2,2021.

Acemoglu, Daron, Vasco M. Carvalho, Asuman Ozdaglar, and Alireza Tahbaz- Salehi. "The Network Origins of Aggregate Fluctuations,"*Econometrica* 80,no.5 (September 2012): 1977–2016.

Alic, Haris. "Detour Ahead: Biden Infrastructure Package Faces Delays from Workforce Shortage, Supply Chain Snares."*Washington Times*, November 11, 2021.

Alpert, Daniel. "Inflation in the 21st Century."Cornell Research Academy of Development, Law, and Economics, October 2021.

"Ambassador Bridge Protest: Truckers Block Vital Canada US Border Crossing,"BBC News, February 9, 2022.

Anthes, Emily, and Noah Weiland. "As Omicron Spreads, Officials Ponder What It Means to Be 'Fully Vaccinated.' "*New York Times*, December 29, 2021.

Antràs, Pol, and Elhanan Helpman. "Global Sourcing."*Journal of Political Economy* 112, no. 3 (2004): 552– 80.

Barrabi, Thomas. "Inflation Hits Another 40 Year High as Consumer Prices Surge to 7.5%."*New York Post*, February 10, 2022.

——. "Walmart Faces Backlash on Chinese Social Media."*New York Post*, December 27, 2021.

Bass, George F. "Oldest Known Shipwreck Reveals Splendors of the Bronze Age."*National Geographic* 172, no. 6 (December 1987): 692– 733.

Beckley, Michael, and Hal Brands. "The End of China's Rise."*Foreign Affairs*, October 1, 2021.

Bellon, Tina, and Eric M. Johnson. "From Boeing to Mercedes, a U.S. Worker Rebellion Swells over Vaccine Mandates."Thomson Reuters Foundation News, November 2, 2021.

Bergman, Judith. "China in Latin America— Part 1."Gatestone Institute, December 23, 2021.

Bertman, Chris. " 'Have the Military Run It': CNBC's Jim Cramer Wants Military Enforcement of Vaccine Mandate."*Daily Caller*, November 30, 3021.

Blankley, Bethany. "Vaccine Mandate Could Drive Truckers Off the Road, Worsen Supply Chain Crisis, Industry Warns."Just the News, November 8, 2021.

Bobrowsky, Meghan. "Intel to Invest at Least $20 Billion in Ohio Chip- Making Factory."*Wall Street Journal*, January 21, 2022.

Bonifai, Niccolo W., Ifran Nooruddin, and Nita Rudra. "The Hidden Threat to Globalization."*Foreign Affairs*, December 3, 2021.

Bordoff, Jason. "Why This Energy Crisis Is Different."*Foreign Policy*, September 24, 2021.

Borrell, Josep, and Vladis Dombrovskis. "Joint Statement on China's Measures Against Lithuania."EIN Presswire, December 8, 2021.

Bradley Jr., Robert. "The Climate Movement and Its 10 Biggest Failures of 2021."Natural Gas Now, December 29, 2021.

Brands, Hal. "In the Next War, America's Homeland Will Be a Target."*Bloomberg*, December 15, 2021.

——. "The Overstretched Superpower."*Foreign Affairs*, January 18, 2022.

Brands, Hal, and Michael Beckley. "China Is a Declining Power— and That's the Problem."*Foreign Policy*, September 24,

2021.

——. "Washington Is Preparing for the Wrong War with China."*Foreign Affairs*, December 16, 2021.

Buchman, Cassie, and Alex Caprariello. "Looters Raid L.A. Cargo Trains, Leaving Tracks Covered in Damaged Packages." KTLA5 Los Angeles, January 14, 2022.

Byrne, Kerry J., Steven Vago, and Melissa Klein. "Candy Cane Shortage Fueled by COVID, Weak Peppermint Harvest."*New York Post*, December 18, 2021.

Calder, Rich. "Supermarkets Face Empty Shelves from Labor Shortages, Shipping Costs."*New York Post*, January 15, 2022.

Camara, Santiago. "Spillovers of US Interest Rates— Monetary Policy & Information Effects."Arxiv.org, November 17, 2021, arXiv:2111.08631v1.

Casarotto, Francesco. "Europe's Fertilizer Crisis Could Become a Food Crisis."*Geopolitical Futures*, December 14, 2021.

Catenacci, Thomas. "Biden Mulls Shutting Down Pipeline That Supplies Energy to Midwest."*Daily Caller*, November 8, 2021.

"China's Major Port City Under Partial Lockdown to Curb Virus Surge."Global Times, January 4, 2022.

Choi, Joseph. "Top Economist Says Supply Chain Issues Could 'Contaminate' Demand."*The Hill*, November 28, 2021.

Chokshi, Niraj. "Why Christmas Gifts Are Arriving on Time This Year."*New York Times*, December 22, 2021.

Chung, Christine. "Facing a Shortage of Truck Drivers, Pilot Program Turns to Teenagers."*New York Times*, January 9, 2022.

Clark, Joseph. "Cargo Ship Backup Worsens After Biden Attempts to Untangle Supply Chain."*Washington Times*, November 15, 2021.

Cochrane, John M. "The Revenge of Supply."Project Syndicate, October 22, 2021.

Coleman, Justine. "WTO Faces Renewed Scrutiny amid Omicron Threat."*The Hill*, December 5, 2021.

Colias, Mike. "Ford Steps into the Chips Business."*Wall Street Journal*, November 18, 2021.

Colibasanu, Antonia. "Globalization After the Pandemic."*Geopolitical Futures*, January 3, 2022.

Cookson, Richard. "Shunning Fossil Fuels Too Soon May Be Ruinous."*Bloomberg*, October 21, 2021.

Cox, Jeff. "Wholesale Prices Measure Rises 9.6% in November from a Year Ago, the Fastest Pace on Record."CNBC, December 14, 2021.

Coyle, Diane, et al. "Supply- Shock Therapy."Project Syndicate, October 21, 2021.

Crane, Emily. "Hundreds More Flights Canceled over COVID- Driven Staffing Issues."*New York Post*, December 27, 2021.

Curran, Enda. "The 'Mother of All' Supply Shocks Lurks in China's Covid Crackdowns."*Bloomberg*, January 12, 2022.

Dacey, Elisha. "Crossing Delayed Monday at Manitoba U.S. Border as Truckers Protest Vaccine Mandate."Global News, January 17, 2022.

Datoc, Christian. "The Supply Chain Crisis Is Exacerbated by Biden's Union Allies."*Washington Examiner*, October 26, 2021.

Daye, Chu. "China Unveils State- Owned Logistics Giant to Improve Competitiveness Globally."Global Times, December 6, 2021.

DeLong, Bradford J. "Why All the Inflation Worries?"Project Syndicate, November 8, 2021.

DePasquale, Ron. "Covid Live Updates: U.S. Daily Record for Cases Is Broken."*New York Times*, December 29, 2011.

Domm, Patti. "Not Since Americans Came Home from World War II Has Inflation Run Through the Economy Like It Is Now."CNBC, November 24, 2021.

Dorsey, James M. "China's Belt and Road Initiative: Slowly Imploding?"The Globalist, December 17, 2021.

Duesterberg, Thomas J. "Economic Cracks in the Great Wall of China: Is China's Current Economic Model Sustainable?"Hudson Institute, December 2021.

Economy, Elizabeth. "Xi Jinping's New World Order."*Foreign Affairs*, January/ February 2022.

Evans, Ailan. "Biden Administration Relying on Informants to Enforce Vaccine Mandates."*Daily Caller*, November 10, 2021.

Evans- Pritchard, Ambrose. "Europe's Energy Crisis Is Fast Turning into a Political and Strategic Disaster."*Daily Telegraph*, December 21, 2021.

——. "Omicron Is a Horrible Dilemma for Zero- COVID China."*Daily Telegraph*, December 7, 2021.

Evans- Pritchard, Julian. "U.S. China Trade Deal Stalemate Will Drag On."Capital Economics, February 10, 2022.

Federal Aviation Administration. "Airworthiness Directives; Transport and Commuter Category Airplanes."*Federal Register* 86, no. 234 (December 9, 2021): 69984– 87.

Federal Trade Commission. "FTC Launches Inquiry into Supply Chain Disruptions."Press Release, November 29, 2021.

Feuer, Will. "Cargo Thefts Spike as Backlog of Container Ships Continues to Grow."*New York Post*, November 3, 2021.

——. "Inflation Crisis Slamming US Troops, Pentagon Warns of 'Readiness Issue.' "*New York Post*, November 18, 2021.

——. "Plot of Digital Land in the Metaverse Sells for Record $2.43 Million."*New York Post*, November 25, 2021.

Fickenscher, Lisa. "COVID's Labor Market Shakeup: This Is Where the Missing 3.6M Workers Went."*New York Post*, December 17, 2021.

——. "Food Prices Are Reportedly Expected to Rise Again in January."*New York Post*, December 27, 2021.

Fickling, David, Brooke Sutherland, Daniel Moss, and Tom Orlik. "Everything You Need to Know About the Global Supply Chain Crisis."*Bloomberg*, November 26, 2021.

Finley, Allysia. "California Is the Supply Chain's Weakest Link."*Wall Street Journal*, November 4, 2021.

FitzGerald, Drew. "AT& T, Verizon Refuse FAA Request to Delay 5G Launch."*Wall Street Journal*, January 2, 2022.

Flatley, Daniel. "Democrat Blocks Uyghur Forced- Labor Bill over Child Tax Credit."*Bloomberg*, December 15, 2021.

Fosler, Gail. "Awaiting Powell's Next Pivot."GailFosler Group, December 21, 2021.

Fosler, Gail, and Frank Zuroski. "China's Modernization at Risk."GailFosler Group, November 8, 2021.

——. "Fed Asset Purchases Have No Effect on Credit."GailFosler Group, December 20, 2021.

Friedman, George. "The Republic of COVID 19."*Geopolitical Futures*, December 13, 2021.

Frishberg, Hannah. "Cream Cheese Shortage Forces Junior's to Pause Cheesecake Production."*New York Post*, December 9, 2021.

Galvin, Gabby. "Nearly 1 in 5 Health Care Workers Have Quit Their Jobs During the Pandemic."*Morning Consult*, October 4, 2021.

Gamio, Lazaro, and Peter Goodman. "How the Supply Chain Crisis Unfolded."*New York Times*, December 5, 2021.

Gangitano, Alex. "Rising Omicron Cases, CDC Guidance Threatens Businesses."*The Hill*, December 29, 2021.

Gave, Louis-Vincent. "Of Prices, Profits, Energy and Markets."Gavekal Research, January 4, 2022.

Georgieve, Kristalina, and Ceyla Pazarbasioglu. "The G20 Common Framework for Debt Treatments Must Be Stepped Up."International Monetary Fund IMF Blog, December 2, 2021.

Gertz, Bill. "Global Reach: China Expands Port and Military Base Network to Boost Commerce, Clout."*Washington Times*, January 4, 2022.

Giustra, Frank. "Is the U.S. Purposely Under- Reporting Inflation? It's Hard Not to Wonder When You Look at How It's Calculated."*Toronto Star*, January 11, 2022.

Glenn, Mike. "Aircraft Carrier Moves Closer to Deployment."*Washington Times*, December 24, 2021.

Goodman, Peter S. "A Car a Minute Used to Flow Through Here, but Chaos Now Reigns."*New York Times*, December 2, 2021.

——. "How the Supply Chain Broke, and Why It Won't Be Fixed Anytime Soon."*New York Times*, October 31, 2021.

——. "The Real Reason America Doesn't Have Enough Truck Drivers."*New York Times*, February 9, 2022.

Goodman, Peter S, and Keith Bradsher. "The World Is Still Short of Everything. Get Used to It."*New York Times*, November 14, 2021.

Grande, Peggy. "America's Supply Chain Issues Begin in Our Schools, Not Our Shipyards."*Washington Times*, October 29, 2021.

Grantham, Jeremy. "Let the Wild Rumpus Begin."GMO Jeremy Grantham Viewpoints, January 20, 2022.

Greenfield, Daniel. "Can Feminism Destroy China?"Sultan Knish, December 26, 2021.

Halaschak, Zachary. "Truckers Needed to Help Alleviate Supply Chain Woes Across the Nation."*Washington Examiner*, November 16, 2021.

Hamby, Chris, and Sheryl Gay Stolberg. "Beneath a Covid Vaccine Debacle, 30 Years of Government Culpability."*New York Times*, December 23, 2021.

Hanemann, Thilo, et al. "Two Way Street— An Outbound Investment Screening Regime for the United States?"Rhodium Group, January 26, 2022.

Hanson, Victor Davis. "Hosea's Prophecy for the Democrats."To The Point News, December 28, 2021.

——. "Why Ideology Is the Ancient Enemy of Civilization."*Las Vegas Review-Journal*, February 12, 2022.

——. "Why the Left Always Projects."To The Point News, November 16, 2021.

Hawes, Clarissa. "Exclusive: Central Freight Lines to Begin Closure Proceedings Monday."FreightWaves, December 11, 2021.

Hawley, Sen. Josh. "The Only Way to Solve Our Supply Chain Crisis Is to Rethink Trade."*New York Times*, October 29, 2021.

Hayashi, Yuka. "Retreat from Globalization Adds to Inflation Risks."*Wall Street Journal*, December 5, 2021.

Henninger, Daniel. "No, Joe Biden Didn't Save Christmas."*Wall Street Journal*, December 29, 2021.

Higgins, Tim. "Apple Warns of Supply Chain Woes While Amazon Faces Increased Labor Costs."*Wall Street Journal*, October 28, 2021.

Hille, Kathrin. "Lithuania Shows China's Coercive Trade Tactics Are Hard to Counter."*Financial Times*, December 14, 2021.

Jennifer. "Wind Manufacturers Blown Off Course."*Wall Street Journal*, November 6, 2021.

Hiller, Jennifer, and Katherine Blunt. "Wind- Turbine Makers Struggle to Profit from Renewable- Energy Boom."*Wall Street Journal*, August 23, 2021.

Hunt, J. B. "Dwell: How Intermodal Terminal Congestion Impacts Capacity and Service."J. B. Hunt Transport, Inc. White Paper, 2015.

Jiang, Yun, and Jordan Schneider. "The United States Needs More Wine to Stand Up to Chinese Bullying."*Foreign Policy*, December 10, 2021.

Johnson, Keith. "Winter Is Coming, and It's Only a Preview."*Foreign Policy*, October 19, 2021.

Johnson, Stephen, and Dominic Giannini. "Unemployed Australians Could Be Forced to Work for Their Centrelink Benefits to Solve Supply Chain Crisis Leaving Supermarket Shelves Bare."*Daily Mail*, January 12, 2022.

Kang, Jaewon. "Supermarkets Play Supply- Chain ' Mole' to Keep Products on Shelves."*Wall Street Journal*, October 31, 2021.

Kelley, Alexandra. "FTC Investigating Major Retailers over Supply Chain Backlog."Nextgov, November 30, 2021.

Kelly, Laura, and Brett Samuels. "Biden Sparks Confusion, Cleanup on Russia- Ukraine Remarks."*The Hill*, January 1, 2022.

Klatzkin, Shmuel. "Lockdowns Have Continuing Tragic Consequences."*American Spectator*, November 19, 2021.

Kofman, Michael. "Putin's Wager in Russia's Standoff with the West."War on the Rocks, January 24, 2022.

Kofman, Michael, and Andrea Kendall- Taylor. "The Myth of Russian Decline."*Foreign Affairs*, November/ December 2021.

Kolmar, Chris. "17 Stunning Supply Chain Statistics [2021]: Facts, Figures, and Trends."Zippia, September 28, 2021.

Kuo, Simon. "Progress in Importation of US Equipment Dispels Doubts on SMIC's Capacity Expansion for Mature Notes for Now, Says TrendForce."TrendForce Press Center, March 5, 2021.

Lane, Sylvan. "Consumer Prices Rise 0.9 Percent in October, 6.2 Percent in Past Year."*The Hill*, November 10, 2021.

LaRocco, Lori Ann. "HIDA: Millions of Critical Medical Supplies Delayed at Congested Ports."FreightWaves, December 17, 2021.

Lee, Hau, V. Padmanabhan, and Seungjin Whang. "The Bullwhip Effect in Supply Chains."*MIT Sloan Management Review*, Spring 1997.

Lee, Julian. "Saudis Are Right to Warn of a Collapse in Oil Supply."*Bloomberg*, December 19, 2021.

Lee, Yen Nee. "2 Charts Show How Much the World Depends on Taiwan for Semiconductors."CNBC, March 15, 2021.

Lee, Yimou, Norihiko Shirouzu, and David Lague. "T Day, The Battle for Taiwan."Reuters, December 27, 2021.

Letter from the Secretary of Transportation and the FAA Administrator to AT& T and Verizon, December 31, 2021.

Lichtenstein, Sam. "What Unrest Provoked by Inflation Could Look Like in 2022."Stratfor, December 27, 2021.

Lighthizer, Robert. "The Era of Offshoring U.S. Jobs Is Over."*New York Times*, May 11, 2020

Lim, Naomi. "Biden Supply Chain Spin Adds Political Kinks to Policy Response."*Washington Examiner*, December 14, 2021.

Lincicome, Scott. "America's Broken Supply Chain."*Washington Examiner*, October 19, 2021.

Liu, Jiangwei, and Xiaohong Huang. "Forecasting Crude Oil Price Using Event Extraction."IEEE Access 9 (2021): 149067–76.

Liu, Melinda. "China's Energy Conundrum."*Foreign Policy*, November 5, 2021.

Loop, Emma. "Black Friday Deals Expected to Be Weaker This Year amid Supply Chain Problems."*Washington Examiner*, November 9, 2021.

Lorenz, Edward N. "Deterministic Nonperiodic Flow."*Journal of the Atmospheric Sciences* 20 (March 1963).

Lott, Jeremy. "The Administration's 'Mission Accomplished' on Container Bottleneck Didn't Hold Up."*Washington Examiner*, November 2, 2021.

——. "Rail Freight Is at the Center of the Supply Chain Crisis."*Washington Examiner*, October 26, 2021.

——. "Shortage of Electronic Parts Making Car Repairs More Expensive."*Washington Examiner*, December 7, 2021.

——. "The Supply Chain Crisis Puts Pete Buttigieg in an Unfriendly Spotlight."*Washington Examiner*, December 14, 2021.

Luttwak, Edward N. "From Geopolitics to Geo- Economics: Logic of Conflict, Grammar of Commerce."*National Interest* 20, no. 20 (Summer 1990): 17– 23.

Maheshwari, Sapna, and Michael Corkery. "Retailers Scramble to Attract Workers Ahead of the Holidays."*New York Times*, November 8, 2021.

Mahtani, Shibani. "Hong Kong Bans All Flights from U.S. and Seven Other Countries as Omicron Spreads."*Washington Post*, January 5, 2021.

Makarov, Igor, and Antoinette Schoar. "Blockchain Analysis of the Bitcoin Market."SSRN Abstract 3942181, October 13, 2021.

Malsin, Jared. "Turkey's Currency Crisis Slams the Nutella Global Supply Chain."*Wall Street Journal*, December 20, 2021.

McCabe, Caitlin. "Day Traders as 'Dumb Money'? The Pros Are Now Paying Attention."*Wall Street Journal*, January 16, 2022.

McKinney, Jared M., and Peter Harris. "Broken Nest: Deterring China from Invading Taiwan."*U.S. Army War College Quarterly: Parameters* 51, no. 4, article 4 (November 17, 2021): 23– 36.

Menge, Margaret. "Indiana Life Insurance CEO Says Deaths Are Up 40% Among People Ages 18– 64."Center Square Contributor, January 1, 2022.

Metcalf, Tom, and Alex Morales. "Carney Unveils $130 Trillion in Climate Finance Commitments."*Bloomberg*, November 3, 2021.

Meyers, Steven Lee, and Alexandra Stevenson. "China's Births Hit Historic Low, a Political Problem for Beijing."*New York Times*, January 17, 2022.

Michaels, Daniel. "China's Growing Access to Global Shipping Data Worries U.S."*Wall Street Journal*, December 20, 2021.

Michaels, Daniel, and Drew Hinshaw. "EU Hits Back at China over Trade Limits, Taking Lithuania Fight Global."*Wall Street Journal*, January 27, 2022.

Michta, Andrew A. "Russia and China's Dangerous Decline."*Wall Street Journal*, December 14, 2021.

Miller, Greg. "It's Official: 96 Container Ships Are Waiting to Dock at SoCal Ports,"FreightWaves, December 5, 2021.

——. "Ships in California Logjam Now Stuck Off Mexico, Taiwan and Japan."FreightWaves, December 5, 2021.

Moore, Mark. "Top Economist Warns Conditions Are Ripe for 1970s- Style 'Stagflation.' "*New York Post*, November 28, 2021.

Moran, Rick. "Report: Russia Is Planning a Military Offensive Against Ukraine in Early 2022."PJ Media, December 4, 2021.

Mordock, Jeff. "Biden Administration Won't Remove Tariff That Experts Say Could Ease Supply Chain Bottleneck."*Washington Times*, December 3, 2021.

Moynihan, Lydia. "Wall Street's Smartest Hedge Funds Are Now Getting Smacked by Inflation."*New York Post*, November 3, 2021.

Murphy, Colin. "Covid Zero Challenge Spells Trouble for Xi."*Bloomberg*, January 7, 2022.

Myllyvirta, Lauri. "The Real Reasons Behind China's Energy Crisis."*Foreign Policy*, October 7, 2021.

Nakashima, Ellen, and Jeanne Whalen. "U.S. Threatens Use of Novel Export Control to Damage Russia's Strategic Industries If Moscow Invades Ukraine."*Washington Post*, January 23, 2022.

Newman, Kesse, and Jaewon Kang. "U.S. Food Supply Is Under Pressure, from Plants to Store Shelves."*Wall Street Journal*, January 23, 2022.

Ngo, Madeleine, and Ana Swanson. "The Biggest Kink in America's Supply Chain: Not Enough Truckers."*New York Times*, November 9, 2021.

Ogrysko, Nicole. "Biden Will Now Require Vaccines for All Federal Employees via New Executive Order."Federal News Network, September 9, 2021.

Olen, Helaine. "American Airlines' Cancellations Are a Window into Why People Are So Upset with the Economy."*Washington Post*, November 2, 2021.

O'Neil, Shannon K. "Why the Supply Chain Slowdown Will Persist."*Foreign Policy*, December 21, 2021.

O'Neill, Jesse. "Hundreds of More Flights Canceled as Omicron Surge Wreaks Havoc on Christmas Travel."*New York Post*, December 26, 2021.

Orr, Michael. "Four Scenarios for Rising Russia- Ukraine Tensions."Stratfor, December 23, 2021.

Ortiz, Alfredo. "Bideninflation Is the Next Pandemic."RealClearPolitics, November 12, 2021.

Palacio, Ana. "Five Visions for a New International Order."Project Syndicate, October 13, 2021.

Petrova, Magdalena. "We Traced What It Takes to Make an iPhone, from Its Initial Design to the Components and Raw Materials Needed to Make It a Reality."CNBC, December 14, 2018.

Philipp, Joshua. " 'I'm the Big Problem': COVID 19 Whistleblower on Why She Won't Be Silent Despite Threats to Her Life."Epoch Times, December 21, 2021.

Porter, Jack. "Viewpoint: 'As I See It' from the Trucking Activist— To Vax or Not to Vax."FreightWaves, November 17, 2021.

Puzder, Andy, and Will Coggin. "Meatpackers Are Biden's Latest Inflation Scapegoat."*Wall Street Journal*, January 9, 2022.

Qi, Liyan, and Natasha Khan. "Covid 19 Lockdowns Ripple Across China—'I Wonder How Long I Can Hang On.' "*Wall*

Street Journal, November 4, 2021.

Rasmussen Reports. "Americans Concerned About Supply Chain Crisis, Expect Federal Action,"October 14, 2021.

——. "82% Worry Supply- Chain Problems Could Cause Shortages,"November 12, 2021.

Rasoolinejad, Mohammad. "Universal Basic Income: The Last Bullet in the Darkness."Arxiv.org, arXiv:1910:05658v2, November 24, 2021.

Rees, Daniel, and Phurichai Rungcharoenkitkul. "Bottlenecks: Causes and Macroeconomic Implications."Bank for International Settlements, BIS Bulletin 48, November 11, 2021.

Reilly, Patrick. "Champagne Shortage Ahead of New Year's Eve Due to Supply Chain Issues: Report."*New York Post*, December 30, 2021.

Reinhart, Carmen M., and Clemens Graf von Luckner. "The Return of Global Inflation."Project Syndicate, February 11, 2022.

Reinhart, Carmen M., Vincent R. Reinhart, and Kenneth S. Rogoff. "Public Debt Overhangs: Advanced Economy Episodes Since 1800."*Journal of Economic Perspectives* 26, no. 3 (Summer 2012): 69– 86.

Reuters. "Chinese Manufacturing Hub Fights Its First 2021 COVID 19 Outbreak,"December 13, 2021.

——. "Delta, Alaska Air Cancel Hundreds of Flights Due to Bad Weather, Omicron Cases,"December 29, 2021.

Richard, Hillary. "A Perfect Storm of Disruptions Will Create a Global Champagne Shortage."*Wine Enthusiast*, December 15, 2021.

Rogers, James, et al. "Breaking the China Supply Chain: How the 'Five Eyes' Can Decouple from Strategic Dependency."Henry Jackson Society, May 2020.

Rogoff, Kenneth. "Why Is the IMF Trying to Be an Aid Agency."Project Syndicate, January 3, 2021.

Roos, Michael, and Matthias Reccius. "Narratives in Economics."Arxiv.org, arXiv:2109.02331, September 6, 2021.

Rosen, Daniel H. "China's Economic Reckoning."*Foreign Affairs*, July/ August 2021.

Rudd, Jeremy B. "Why Do We Think That Inflation Expectations Matter for Inflation? (And Should We?)."Board of Governors of the Federal Reserve System, Series 2021- 062, September 23, 2021.

Salai, Sean. "Pandemic, Supply Shortages Transform Black Friday into Monthlong Event."*Washington Times*, November 11, 2021.

Scheer, Steven. "IMF, 10 Countries Simulate Cyber Attack on Global Financial System."NASDAQ, December 9, 2021.

Schnell, Mychael. "Biden Adviser Points to Spending Package as Solution to Inflation."*The Hill*, November 14, 2021.

Scott, Heather. "IMF Warns of 'Economic Collapse' Unless G20 Extends Debt Relief."Agence France- Presse, December 2, 2021.

"SCRLC Emerging Risks in the Supply Chain 2013."Supply Chain Risk Leadership Council White Paper, 2013.

Seneff, Stephanie, and Greg Nigh. "Worse Than the Disease? Reviewing Some Possible Unintended Consequences of the mRNA Vaccines Against COVID 19."*International Journal of Vaccine Theory, Practice, and Research* 2, no. 1 (May 10, 2021): 38– 79.

Shaffer, Brenda. "Is Europe's Energy Crisis a Preview of America's?"*Foreign Policy*, October 5, 2021.

Shan, Shi, and Anne Zhang. "US and China Race to Control the Future Through Artificial Intelligence."Epoch Times, November 27, 2021.

Shepardson, David. "Biden Holding Meeting on Supply Chain Issues."Reuters, December 22, 2021.

Shields, Todd, and Alan Levin. "Buttigieg Asks AT& T, Verizon to Delay 5G over Aviation Concerns."*Bloomberg*, December 31, 2021.

Smialek, Jeanna. "Consumer Prices Popped Again in December as Policymakers Await an Elusive Peak."*New York Times*, January 12, 2022.

Smialek, Jeanna, Sara Chodosh, and Ben Casselman. "Millennials Confront High Inflation for the First Time."*New York Times*, November 28, 2021.

Smith, Adam M. "SWIFT and Certain Punishment for Russia?"*Foreign Affairs*, January 4, 2022.

Smith, Brandon. "Here's Why U.S. Supply Chain Problems Will Only Get Worse."Alt- Market.us, November 6, 2021.

Smith, Jennifer, Paul Berger, and Lydia O'Neal. "Shipping and Logistics Costs Are Expected to Keep Rising in 2022."*Wall Street Journal*, December 19, 2021.

Sneider, Jeff. "Financial Market Indicators of Global Liquidity Risks."Alhambra Partners, June 15, 2019.

Sohn, Jiyoung. "Samsung to Choose Taylor, Texas, for $17 Billion Chipmaking Factory."*Wall Street Journal*, November 22, 2021.

Soper, Spencer, Michael Tobin, and Michael Smith. "Amazon Driver Texts Reveal Chaos as Illinois Tornado Bore Down."*Bloomberg*, December 16, 2021.

Spence, Michael. "Regime Change in the Global Economy."Project Syndicate, January 14, 2022.

——. "Why Are Supply Chains Blocked?"Project Syndicate, November 3, 2021.

Stock, James H., and Mark W. Watson. "Has the Business Cycle Changed and Why?"National Bureau of Economic Research, Working Paper 9127, September 2002.

Stoller, Matt. "What the Great Ammunition Shortage Says About Inflation."BIG, Substack, January 5, 2022.

Stratfor. "South Korea: CJ Logistics Delivery Workers' Strike to Impact Local Businesses,"December 28, 2021.

Summers, Lawrence H. "The Fed's Words Still Don't Measure Up to the Challenge of Inflation."*Washington Post*, December 17, 2021.

——. "On Inflation, It's Past Time for Team 'Transitory' to Stand Down."*Washington Post*, November 16, 2021.

——. "Trump's $2,000 Stimulus Checks Are a Big Mistake."*Bloomberg*, December 27, 2020.

"Supply Chain Risk Management: A Compilation of Best Practices."Supply Chain Risk Leadership Council, August 2011.

Swanson, Ana, and Keith Bradsher. "Supply Chain Woes Could Worsen as China Imposes New Covid Lockdowns."*New York Times*, January 16, 2022.

Tan, Huileng. "China Is Imposing Quarantines of Up to 7 Weeks for Cargo Ship Crew, and It's Bad News for the Supply Chain."*Bloomberg*, November 26, 2021.

Tangel, Andrew, and Drew FitzGerald. "AT& T and Verizon Agree to New Delay of 5G Rollout."*Wall Street Journal*, January 3, 2022.

Tankersley, Jim, and Alan Rappeport. "As Prices Rise, Biden Turns to Antitrust Enforcers."*New York Times*, December 25, 2021.

Timiaros, Nick, and Gwynn Guilford. "How Do You Feel About Inflation? The Answer Will Help Determine Its Longevity."*Wall Street Journal*, December 12, 2021.

Tita, Bob, and Austen Hufford. "Workers Sick with Omicron Add to Manufacturing Woes. 'The Hope Was That 2022 Would Get Better.' "*Wall Street Journal*, January 10, 2022.

Tracinski, Robert. "The Left's Magical Thinking."*Washington Examiner*, November 23– 30, 2021.

Tracy, Marc, Daniel Victor, Adeel Hassan, and Ana Ley. "Flight Disruptions Continue with Thousands More Cancellations as Omicron Thins Airline Crews."*New York Times*, December 27, 2021.

"Vax Mandates Will Disrupt Supply Chains Further, Truckers Warn."Newsmax, December 3, 2021.

Vigna, Paul. "Bitcoin's 'One Percent' Controls Lion's Share of the Cryptocurrency's Wealth."*Wall Street Journal*, December 20, 2021.

Wang, Orange. "Xi Jinping Says China Must Be 'Self- Sufficient' in Energy, Food and Minerals amid Global Challenges."*South China Morning Post*, December 14, 2021.

Weise, Karen, and Glenn Thrush. "As Omicron Overshadows Christmas, Thousands of Flights Are Cancelled."*New York Times*, December 24, 2021.

Welling, Kate. "Disinflation Isn't Dead."Welling on Wall Street 11, no. 15, November 19, 2021.

White House. "Background Press Call by Senior Administration Officials on Russia Ukraine Economic Deterrence Measures."January 25, 2022.

White House. "Building Resilient Supply Chains, Revitalizing American Manufacturing, and Fostering Broad- Based Growth."June 14, 2021.

Williams, Jordan, and Laura Kelly. "Five Things to Know About Russia's Troop Buildup Near Ukraine."*The Hill*, December 6, 2021.

Wilmerding, Harry. "Republican Leaders Slam Biden as 'Inflation Contagion' Plagues the Nation."*Daily Caller*, December 10, 2021.

Wilson, Jeffrey. "Australia Shows the World What Decoupling from China Looks Like."*Foreign Affairs*, November 9, 2021.

Wood, Molly. "Video Games Went from Virtual Currency to Real Money, and It Changed the Business."Marketplace Tech, June 11, 2009.

Xi, Yu. "Birth Rates in 10 Provincial- Level Regions Fall Below 1% in 2020."Global Times, January 4, 2022.

Yang, Stephanie, and Jiyoung Sohn. "Global Chip Shortage 'Is Far from Over' as Wait Times Get Longer."*Wall Street Journal*, October 28, 2021.

Yergin, Daniel. "Oil and War: Why Japan Attacked Pearl Harbor."danielyergin.com, December 2021.

Zhu, Charlie, et al. "China's Property Developers Struggle to Find Buyers for Billions in Assets."*Bloomberg*, November 2, 2021.

Ziobro, Paul, and Tarini Parti. "FTC Asks Amazon, Walmart for Information About Supply- Chain Issues."*Wall Street*

Journal, November 29, 2021.

Zumbrun, Josh. "Biden's China and Climate Goals Clash over Solar Panels." *Wall Street Journal*, December 20, 2021.

書籍

Allison, Graham. *Destined for War: Can America and China Escape Thucydides' Trap?* Boston: Mariner Books, 2018.

Alpert, Daniel. *The Age of Oversupply: Overcoming the Greatest Challenge to the Global Economy*. New York: Portfolio/Penguin, 2015.

Anton, Michael. *The Stakes: America at the Point of No Return*. Washington, DC: Regnery Publishing, 2020.

Ayers, James B. *Handbook of Supply Chain Management*, 2nd ed. Boca Raton, FL: Auerbach Publication, 2006.

Bricker, Darrell, and John Ibbitson. *Empty Planet: The Shock of Global Population Decline*. New York: Broadway Books, 2020.

Brunnermeier, Markus K. *The Resilient Society*. Colorado Springs: Endeavor Literary Press, 2021.

Carroll, Lewis. *Alice's Adventures in Wonderland*. Vancouver: Royal Classics, 2020.

——. *Through the Looking- Glass*. Vancouver: Royal Classics, 2021.

Chaisson, Eric J. *Cosmic Evolution: The Rise of Complexity in Nature*. Cambridge, MA: Harvard University Press, 2001.

Chopra, Sunil, and Peter Meindl. *Supply Chain Management: Strategy, Planning, and Operation*, 6th ed. Harlow, Essex, UK: Pearson, 2016.

Flynn, Stephen. *America the Vulnerable: How Our Government Is Failing to Protect Us from Terrorism*. New York: HarperCollins, 2004.

Gattorna, John. *Dynamic Supply Chains: Delivering Value Through People*, 2nd ed. Harlow, Essex, UK: Prentice Hall, 2010.

Goldratt, Eliyahu M., and Jeff Cox. *The Goal: A Process of Ongoing Improvement*. Great Barrington, MA: North River Press, 2014.

Goodhart, Charles, and Manoj Pradhan *The Great Demographic Reversal: Ageing Societies, Waning Inequality, and an Inflation Revival*. London: Palgrave Macmillan, 2020.

Gurri, Martin. *The Revolt of the Public and the Crisis of Authority in the New Millennium*. San Francisco: Stripe Press, 2018.

Hemingway, Ernest. *The Sun Also Rises*. New York: Scribner, 2016.

Hugos, Michael. *Essentials of Supply Chain Management*, 4th ed. Hoboken, NJ: John Wiley & Sons, 2018.

Kelton, Stephanie. *The Deficit Myth: Modern Monetary Theory and the Birth of the People's Economy*. New York: Public Affairs, 2020.

Keynes, John Maynard. *The Economic Consequences of the Peace*, Las Vegas: IAP Press, 2019.

——. *The General Theory of Employment, Interest, and Money*. New York: Harcourt, Brace, Jovanovich, 1964.

Kissinger, Henry, Eric Schmidt, and Daniel Huttenlocher. *The Age of AI: And Our Human Future*. New York: Little, Brown and Company, 2021.

Knapp, Georg Friedrich. *The State Theory of Money*. Eastford, CT: Martino Fine Books, 2013.

Koonin, Steven E. Unsettled— *What Climate Science Tells Us, What It Doesn't, and Why It Matters*. Dallas: BenBella Books, 2021.

LaRocco, Lori Ann. *Trade War: Containers Don't Lie, Navigating the Bluster*. Stamford, CT: Marine Money, 2019.

Leonard, Mark. *The Age of Unpeace: How Connectivity Causes Conflict*. London: Bantam Press, 2021.

Mackinder, Halford. *Democratic Ideals and Reality: The Geographical Pivot of History*. Singapore: Origami Books, 2018.

McDonough, Ashley. *Operations and Supply Chain Management: Essentials You Always Wanted to Know*. Broomfield, CO: Vibrant Publishers, 2020.

McLuhan, Marshall. *The Gutenberg Galaxy: The Making of Typographic Man*. Toronto: University of Toronto Press, 2011.

——. *The Medium and the Light: Reflections on Religion*. Eugene, OR: Wipf & Stock, 1999.

——. *Understanding Me: Lectures and Interviews*. Cambridge, MA: MIT Press, 2003.

——. *Understanding Media: The Extensions of Man*. Cambridge, MA: MIT Press, 1994.

McLuhan, Marshall, and Quentin Fiore. *The Medium Is the Massage: An Inventory of Effects*. Berkeley, CA: Gingko Press, 1996.

McLuhan, Marshall, and Eric McLuhan. *Laws of Media: The New Science*. Toronto: University of Toronto Press, 1988.

McLuhan, Marshall, and Bruce Powers. *The Global Village: Transformations in World Life and Media in the 21st Century*. Oxford: Oxford University Press, 1992.

Ong, Walter J. *The Presence of the Word: Some Prolegomena for Cultural and Religious History.* Albany: State University of New York Press, 2000.

Prasad, Eswar S. *The Future of Money: How the Digital Revolution Is Transforming Currencies and Finance*. Cambridge, MA: Belknap Press, 2021.

Reinhart, Carmen M., and Kenneth S. Rogoff. *This Time Is Different— Eight Centuries of Financial Follies*. Princeton, NJ: Princeton University Press, 2009.

Rickards, James. *Aftermath: Seven Secrets of Wealth Preservation in the Coming Chaos*. New York: Portfolio/ Penguin, 2019.

——. *Currency Wars: The Making of the Next Global Crisis*. New York: Portfolio/ Penguin, 2011.

——. *The New Case for Gold*. New York: Portfolio/ Penguin, 2016.

——. *The New Great Depression*: Winners and Losers in a Post- Pandemic World. New York: Portfolio/ Penguin, 2021.

Roberts, Anthea, and Nicolas Lamp. *Six Faces of Globalization: Who Wins, Who Loses, and Why It Matters*. Cambridge, MA: Harvard University Press, 2021.

Rogoff, Kenneth S. *The Curse of Cash*. Princeton, NJ: Princeton University Press, 2016.

Russell, Stuart. *Human Compatible: Artificial Intelligence and the Problem of Control.* New York: Penguin Books, 2020.

Sarkar, Suman. *The Supply Chain Revolution: Innovative Sourcing and Logistics for a Fiercely Competitive World*. New York: AMACON, 2017.

Sassen, Saskia. *The Global City: New York, London, Tokyo*, 2nd ed. Princeton, NJ: Princeton University Press, 2001.

Scheidel, Walter. *The Great Leveler: Violence and the History of Inequality from the Stone Age to the Twenty- First Century*. Princeton, NJ: Princeton University Press, 2017.

Schreiber, Zvi. *Importing from China*: *The Experts Guide.* Hong Kong: Freightos, 2021.

Schwab, Klaus, and Thierry Malleret. *COVID 19: The Great Reset*. Geneva: Forum Publishing, 2020.

Schweizer, Peter. *Red- Handed: How American Elites Get Rich Helping China Win*. New York: HarperCollins, 2022.

Sheffi, Yossi. *The Resilient Enterprise: Overcoming Vulnerability for Competitive Advantage*. Cambridge, MA: MIT Press, 2005.

Shiller, Robert J. *Narrative Economics: How Stories Go Viral & Drive Major Economic Events.* Princeton, NJ: Princeton University Press, 2019.

Shlaes, Amity. *Coolidge*. New York: HarperCollins, 2013.

——. *The Forgotten Man: A New History of the Great Depression*. New York: HarperPerennial, 2008.

——. *Great Society: A New History*. New York: HarperCollins, 2019.

Shriver, Lionel. *The Mandibles: A Family, 2029– 2047*. New York: HarperCollins, 2016.

Shum, Desmond. *Red Roulette: An Insider's Story of Wealth, Power, Corruption and Vengeance in Today's China*. London: Simon & Schuster, 2021.

Slone, Reuben E., J. Paul Dittmann, and John J. Mentzer. *The New Supply Chain Agenda: The 5 Steps That Drive Real Value*. Boston, MA: Harvard Business Press, 2010.

Somary, Felix. *The Raven of Zürich: The Memoirs of Felix Somary*. New York: St. Martin's Press, 1986.

Stanton, Daniel. *Supply Chain Management for Dummies*, 2nd ed. Hoboken, NJ: John Wiley & Sons, 2021.

Tainter, Joseph A. *The Collapse of Complex Societies*. Cambridge: Cambridge University Press, 1988.

Taylor, Frederick. *The Downfall of Money: Germany's Hyperinflation and the Destruction of the Middle Class*. New York: Bloomsbury Press, 2013.

Tooze, Adam. *Shutdown: How Covid Shook the World's Economy*. New York: Viking Press, 2021.

Wells, H. G. *The New World Order*. New York: Orkos Press, 2014.

——. The Open Conspiracy: Blue Prints for a World Revolution. Naples, FL: Albatross Publishers, 2017.

全球視野
大缺貨：供應鏈斷裂、通膨飆升與地緣衝突如何拖垮全球經濟

2023年10月初版　　定價：新臺幣480元

著者　James Rickards
譯者　吳國卿
叢書編輯　連玉佳
校對　洪曉萍
內文排版　黃雅群
封面設計　陳文德

出版者　聯經出版事業股份有限公司
地址　新北市汐止區大同路一段369號1樓
叢書編輯電話　(02)86925588轉5315
台北聯經書房　台北市新生南路三段94號
電話　(02)23620308
郵政劃撥帳戶第0100559-3號
郵撥電話　(02)23620308
印刷者　文聯彩色製版印刷有限公司
總經銷　聯合發行股份有限公司
發行所　新北市新店區寶橋路235巷6弄6號2樓
電話　(02)29178022

副總編輯　陳逸華
總編輯　涂豐恩
總經理　陳芝宇
社長　羅國俊
發行人　林載爵

行政院新聞局出版事業登記證局版臺業字第0130號

本書如有缺頁，破損，倒裝請寄回台北聯經書房更換。　ISBN 978-957-08-7088-6 (平裝)
聯經網址：www.linkingbooks.com.tw
電子信箱：linking@udngroup.com

國家圖書館出版品預行編目資料

大缺貨：供應鏈斷裂、通膨飆升與地緣衝突如何拖垮全球經濟/
James Rickards著．吳國卿譯．初版．新北市．聯經．2023年10月．320面．
14.8×21公分（全球視野）
ISBN 978-957-08-7088-6（平裝）
譯自：Sold Out: How Broken Supply Chains, Surging Inflation, and Political Instability Will Sink the Global Economy.
1.CST：國際經濟關係 2. CST：供應鏈管理 3.CST：地緣政治 4.CST：經濟分析

552.1 112013149